책이었고 책이며 책이 될 무엇에 관한, 책

이 도서의 국립중앙도서관 출판예정도서목록(CIP)은
서지정보유통지원시스템 홈페이지(http://seoji.nl.go.kr)와
국가자료종합목록 구축시스템(http://kolis-net.nl.go.kr)에서 이용하실 수 있습니다.
(CIP제어번호 : CIP2019034011)

THE BOOK (ESSENTIAL KNOWLEDGE SERIES) by Amaranth Borsuk
Copyright © 2018 by Massachusetts Institute of Technology
All rights reserved.

This Korean edition was published by MATI PUBLISHING CO. in 2019 by
arrangement with The MIT Press through KCC(Korea Copyright Center Inc.), Seoul.

이 책은 (주)한국저작권센터(KCC)를 통한 저작권자와의 독점계약으로
도서출판 마티에서 출간되었습니다. 저작권법에 의해 한국 내에서
보호를 받는 저작물이므로 무단전재와 복제를 금합니다.

책   책이었고 책이며
        책이 될 무엇에 관한

애머런스 보서크 지음
노승영 옮김

마티

1   사물로서의 책   15

"책은 휴대용 기록·저장 수단이다"

2   내용으로서의 책   73

"책은 정신을 담는 투명한 그릇이다"

3 아이디어로서의 책   127

"책은 실험과 유희의 장이자 예술 작품이다"

아티스트 북의 정의 | 윌리엄 블레이크의 '채색 인쇄' | 음각과 양각 | 스테판 말라르메, '정신의 도구'로서의 책 | 에드 루셰이의 민주적 다양성 | 책을 만드는 새로운 예술 | 책의 이데아 | 가상현실로서의 책 | 영화적 공간으로서의 책 | 재조합 구조로서의 책 | 수명이 짧은 책 | 무언의 사물로서의 책

4 인터페이스로서의 책   217

"책은 수용의 순간에 독자의 손과 눈과 귀와 마음에서 생겨난다"

말하는 책 | 디지털 행위유도성 | 프로젝트 구텐베르크(전자 텍스트와 전자책) | 인터넷 아카이브 | 구글 북스 | 전자책 단말기 | 책다움과 파라텍스트 | 쌍방향성과 디지털 책 | 콜로폰이냐 잉키피트냐?

[일러두기]
후주는 저자의 것이며, 각주는 옮긴이의 것이다.

들어가며

책이라는 말랑말랑한 구조에 관하여

책 하면 누구나 웬만큼 안다고 생각한다. 많은 아이들에게 책
은 처음 접하는 장난감 중 하나다. 대비되는 색상과 뚜렷한 무
늬로 아기의 시각을 자극하려고 아기 침대에 넣어주는 헐렁헐
렁한 헝겊 책이 있는가 하면, 좀 더 큰 애들을 위해 도러시 컨하
트의 『토끼 쓰다듬기』(1940)처럼 대조적인 질감을 이용하여 촉
각을 자극하고 단순한 단어와 구절을 구사하여 (질서 정연한
서사로 이루어진) 세상을 상상하게 해주는 보드북*도 있다. 책
은 고체처럼 보일지도 모르겠지만, 바야흐로 허공 속으로 녹
아들기 직전이다. 솔직히 말하자면 적어도 10년 전부터 대중은
그런 위협을 느꼈다. 소니 리더(Reader, 2006년)와 아마존 킨들
(Kindle, 2007년) 같은 전자책 단말기가 등장하면서 사람들은
책이 퇴물 신세가 될 거라 생각했다. 하지만 책의 몰락에 대한
두려움은 훨씬 이전으로, 즉 사진, 영화, 텔레비전이 스토리텔
링을 대규모로 재발명한 급속한 기술 변화의 시기인 20세기 전

---

[*] board book: 무겁고 빳빳한 종이로 만든 책. 주로 영유아들이 종이를 찢거나
종이에 베이지 않도록 하기 위하여 만든다.

반으로 거슬러 올라갈 수도 있다. 서적사(書籍史)와 빅토리아 시대를 연구하는 리어 프라이스는 2012년 《뉴욕 타임스》 에세이에서 그런 경고들을 연대순으로 나열했는데, 그의 목록은 급성장하는 신문이 책을 죽일 것이라고 테오필 고티에가 개탄한 낭만주의 시대로 거슬러 올라간다.[1] 책의 사망을 선언하는 이런 글은 얼마든지 있으며, 아마도 엄살일 것이다.

　　디지털 독서 기기는 전자책 이전에도 있었으나, 전자책만큼 책의 기존 정의에 도전하면서 (한편으로) 인쇄술에 대한 향수를 불러일으키고 (다른 한편으로) 디지털 미래주의의 수사를 쏟아낸 것은 없었다. 얇고 가벼운 장치에 도서관 하나가 통째로 들어가 있는 이 기기들은 '책'이라는 단어를 들을 때 떠오르는 이미지—종이 양면에 활자를 인쇄하여 한쪽을 묶고 표지로 감싼 것—와는 사뭇 딴판이다. 우리는 으레 책을 하나의 사물로 여긴다. 그것은 **코덱스**(codex)로, '나무줄기'를 일컫는 라틴어에서 왔으며[2] 이름에 걸맞게 그 이미지는 서구 정신에 단단히 뿌리 내리고 있다.

　　이 형식은 150년경에 등장했으며 오랜 역사를 자랑한다. 하지만 그 이전에도 점토판과 파피루스 두루마리가 오랫동안 쓰였는데, 둘 다 코덱스보다 2000년 이상 앞서 등장했다. 그렇다면 전자책이 21세기에 두각을 나타내는 것은 적절해 보인다. 4000년에 걸친 문자 확산 시기의 한가운데에 코덱스를 경첩으로 삼은 북엔드인 셈이니 말이다. 사실 제본된 책 이전에도 코덱스와 비슷한 형식이 있었다. 접책 두루마리와 **폴립티크**(polyptych) 납판은 순차적 읽기에 (코덱스 덕에 가능해진) 랜덤 액세스*를 접목했다. 디지털 독서 기기는 글자를 무한정 스크롤할 수 있지만, 우리의 디지털 독서 환경은 책갈피, 페이지 넘김 효과, 견장정본을 본뜬 아이패드 케이스에 이르기까지 코덱스의 특징을 여전히 간직하고 있다. 납판(태블릿)과 두루마리(스크롤)가 의기양양하게 귀환한 지금 우리는 '책'을 어떻게 정의해야 할까? 새로운 독서 기기의 확산이 책의 죽음으로 이어질 거라고 대중 매체에서 호들갑을 떠는 이유는 무엇일까?

코덱스는 생각을 전파하는 수단으로 효과적이었기에 2000년 넘게 살아남았다. 많은 독자들, 심지어 전자책을 받아들인 독자들조차 전자책의 선배 코덱스에 아련한 향수를 느끼고 독서 환경에 따라 서로 다른 종류(디지털과 인쇄본)의 책을 읽고 싶어 하는 것은 놀랄 일이 아니다(몇 가지 조합을 들어보자면 기차나 버스에서는 전자책, 벤치에서는 종이책을, 또는 여행할 때는 전자책, 집에서는 견장정본을, 아니면 교과서는 전자책, 그래픽노블은 인쇄본을 읽을 수 있다). 이런 기기를 쓰지 않더라도 컴퓨터나 스마트폰, 또는 여러 구식 디지털 기기에서 책(또는 그 일부)을 읽을 수 있다. 하지만 전자책이 특정한 텍스트에 매여 있지 않다는 사실은 '책'이라는 용어가 매체와 내용을 넘나들 수 있음을 상기시킨다(비록 우리는 코덱스에 길들어 있지만).

---

[*] random access: 어떤 데이터를 기억 장소에 기록하거나 거기에서 읽어낼 때에, 기억 장소에 관계없이 동일한 접근 시간이 걸리는 접근 방식.

책의 죽음과 책의 미래라는 양면적 주제(또는 같은 논쟁
의 양면)가 대중의 관심을 사로잡은 지금, 책의 감각적 쾌락
을 물신화하는 종이책 찬가가 가상현실의 스토리텔링 능력
에 대한 찬사와 어깨를 나란히 하는 지금, 많은 이들은 책이
무엇이고 무엇이었는지, 또한 무엇일 것인지 더 분명하게 이
해하고 싶어 한다. 시인이자 학자이자 인쇄술과 디지털 기술
의 접점에서 일하는 북아티스트로서, 나는 예술적 탐구를 위
한 유연한 매체로서의 책에, 또한 저술을 자극하는 글쓰기 기
술로서의 책에 오랫동안 매료되었다. 이 짧은 책의 목표는 책
을 바라보는 여러 관점을 버무려 그 오랜 변화의 역사를 조명
하는 것이다. 이 책에서는 책의 개념과 관련한 서적사의 기본
적 사건들을 거론하기는 하지만 이 역동적인 분야를 샅샅이
톺아보는 것은 내 범위를 벗어난다. 인쇄술의 역사를 더 철저
히 들여다보고 싶은 사람을 위해 '더 읽을거리' 목록에서 이
분야의 주요 문헌을 소개했다. 또한 책이 무엇이고 무엇을 할
수 있는지 속속들이 이해하려면 어느 정도 직접 체험해봐야
한다고 믿기에 북아트를 배울 수 있는 링크를 실었다.

책처럼 애초부터 애매모호한 대상을 이해하기 위해 역
사를 출발점으로 삼긴 했지만, 이 책의 목표는 책이라는 기술
을 어떻게 정의할 것인가의 논쟁, 쟁점, 개념의 기본적 윤곽
을 독자에게 제시함으로써 많은 이들이 책에 매혹되면서도
그 미래를 우려하는 지금의 역사적 순간을 규명하는 것이다.
나는 책의 발전사를 설형문자에서 터치스크린 인터페이스로
나아가는 직선적 경로로 묘사하지 않고 이 시간축에서 종종

이탈하여 책의 구조와 제작, 문화를 하이퍼텍스트적으로 연결하려고 시도했다. 그래야 우리의 문화적 지형과 상상력 속에서 여전히 책을 순환시키는 많은 장치를 탐구할 수 있기 때문이다. 이 책은 역사와 북아트, 현대 전자문학(electronic literature)을 두루 살펴봄으로써 책이 유동적 인공물이고 그 형식과 쓰임새가 수많은 사회적, 금전적, 기술적 영향하에 변해왔음을 상기시킨다.

　　책 여기저기에 배치한 인용문에서 보듯 책을 정의하는 것은 쉬운 일이 아니다. '물질화된 텍스트'로서의 책을 추적하면 책의 물리적 형식과 대상 독자층, 예술적 내용이 또 다른 책의 진화를 어떻게 자극했는지, 또한 앞으로 어떻게 자극할 것인지 알 수 있다. 책이 어디로 갈지 알려면 책을 오랜 실험과 유희의 역사를 겪은 사물로 이해해야 한다. 일종의 지침서인 이 책은 책의 죽음을 애도하거나 인쇄 매체와 디지털 매체를 이분법적으로 구분하기보다는 연속성에 중점을 두어 책을 변화하는 기술로서 자리매김하며, 20세기와 21세기에 예술가들이 어떻게 우리로 하여금 책이라는 용어를 다시 생각하고 재정의하도록 했는가를 강조한다.

　　우리가 '책'이라고 생각하는 여러 겹의 사물을 집중적으로 탐구하고 서적사 연구에 영향을 미친 학제간 분야들을 짧게 섭렵하면서 나는 '아티스트 북', 즉 내용을 이용하여 형식에 질문을 던지는 책을 유익한 본보기로 삼아 디지털 책이라는 방향을 들여다본다. 책의 돌연변이는 가독성, 보급률, 시의성이 늘 개선되리라는 목적론을 반박하고 저술과 예술의 문화적 이상이 지극히 우연적임을 보여준다. 나는 이런 변화를 짚어가면서 책의 미래를 빚는 데 관심이 있는 사람들에게 앞길을 보여주고 싶다. 책의 죽음에 몸서리치는 것은 10년 전의 독서율 하락 소동만큼이나 헛다리 짚는 꼴이다. 미국 국립예술기금위원회에서 당시 발표한 연구 보고서 「위기의 독서」에서는 "독자 수가 1982년부터 2002년까지 10퍼센트포인트 하락했"다고 지적하면서[3] 독서율 하락을 개탄했지만, 이는 잘못된 정보로 밝혀졌다. 우리는 덜 읽는 것이 아니라 다르게 읽을 뿐이다. 인간이 언어와, 또한 글과 교류하려면 어떤 식으로든 휴대용 독서 수단이 필요하다. 책이 우리와 함께 성장하고 변화하는 것은 지극히 자연스러운 일이다.

　　내가 이 주제를 다루는 예술가이자 논평가로 성장할 수 있었던 것은 책의 경계를 탐구하는 데 도움을 준 조력자들 덕분이다. 매사에 나와 함께하는 브래드 바우스에게 감사한다. 그는 내게 전자문학 작품을 연구하라며 맨 처음 용기를 북돋워주었다. 엄밀한 논평가이자 너그러운 친구인 닉 몬트퍼드에게도 빚진 게 많다. 그는 내게 정규식*을 소개해줬으며 이 책의 첫 독자였다. 특수 자료실 사서이자 워싱턴 대학교 북아트 자료실의 '살아 있는 색인' 샌드라 크루파는 귀한 길잡이가 되어주었다. 많은 사람들이 인쇄 매체와 디지털 매체의

---

[*] regular expression: 형식 언어 이론을 바탕으로 하여 주어진 문자열의 집합을 정확하게 표현하기 위하여 사용되는 표현 규칙. 형식 언어 이론에서 어떤 언어의 문법을 정의하는 데 널리 사용되고 있다. 문자 편집기에서는 문자열 검색, 문자열 대치 따위와 같이 패턴 매칭을 위하여 사용되고 있다.

접점에 대한 나의 창조적이고 비판적인 사유에 영향과 영감을 주었다. 특히 제시카 프레스먼, 딘 그리거, 케이시 인만 베렌스, 스테파니 스트릭랜드, 엘리카 오르테가, 알렉스 사움-파스쿠알에게 감사한다. 또한 나를 초청해준 샌프란시스코의 '레바 로건·데이비드 로건 북아트 심포지엄', 멕시코시티의 '마키나스 데 인미넨시아: 에스테티카스 데 라 리테라투라 엘렉트로니카',[*] 홍콩 시티 대학교의 디지털 기술과 인문학의 미래, 애리조나 주립대학교 과학·상상연구소의 '스프린트 비욘드 더 북'에 감사한다. 이 책의 몇몇 개념은 MIT에서 멜런 박사후 연구원으로 일하던 시절에 잉태되었다. 그곳에서 나는 영광스럽게도 '언바운드: 책의 미래에 대한 사색' 심포지엄을 그레첸 프랜시스 베넷과 공동 개최했다. 내가 이 책을 끝낼 수 있었던 것은 워싱턴 대학교 보셀 캠퍼스 예술·과학 협동과정의 너그러운 지원을 받고 워딩턴 혁신 장학금 덕에 집필에 필요한 시간을 할애할 수 있었기 때문이다. 원고의 일부는 감사하게도 내게 은신처와 필사실이 되어준 워싱턴 대학교 휘틀리 센터에서 완성되었다. 마지막으로, 모든 형태의 책에 대한 나의 사랑은 우리 가족에게서 시작되었다. 고마워, 이선.

[*] Maquinas de inminencia: esteticas de la literatura electronica: '임박한 기계: 전자문학의 미학'이라는 뜻.

1
사물로서의 책

책의 형식이 어떻게 달라지는가에 대한 이야기는 내용이 어떻게 달라지는가에 대한 이야기와 얽혀 있다. 책은 한마디로 휴대용 데이터 저장·배포 수단이며, 구술 문화가 문자 문화로 바뀔 때(이는 수 세기가 걸리며 평화적이면서도 강제적인 문화 교류를 통해 이루어진다) 그 부산물로서 생겨난다. 점토판이 코덱스로 발전하는 과정에서 각 매체의 행위유도성(affordance), 즉 형식에 의해 제시되는 이용 가능성은 특정 양식의 표현을 촉진한다. 이집트 상형문자이든 대화형 동영상 클립이든 특정한 표현 양식이 두각을 나타내면 그 표현 양식에 가장 알맞은 매체가 발전하며 경우에 따라서는 앞선 매체를 대체한다.

　우리는 이 사실을 직관적으로 알지만, 이 일련의 변화가 오로지 필경사나 저자(그는 상품의 판매와 교환을 기록하고, 행정 규제를 문서화하고, 종교적 신조를 계율화하고, 신화와 서사시를 받아 쓴다)의 표현 욕구에 의해 결정된다거나, 가설적 대상 독자(그는 영수증이 필요하고, 규제의 정당성을 확보해야 하고, 영적 지침을 바라고, 로맨스에 굶주렸다)의 욕구에 의해 결정된다고 생각하는 것은 오해의 소지가 있다. 내용은 단순히

이 책에서는 '책'을 인간의 지식을 휴대용—적어도
운반 가능한—인공물의 형태로 유포하기 위한
저장고이자 기호의 배열을 통해 정보를 전달하는
매체로 간주한다.

— 프레더릭 킬고어, 『책의 진화』

형식을 규정하는 것은 아니라 형식과 더불어 발전하고 영향을
주고 내용의 유포를 촉진하는 기술적 수단에 의해 영향을 받는
다. 이런 저장 메커니즘이 질서 정연한 진보의 시간축에서 서로
를 대체한다고 가정하는 것도 착각이다. 서적사가 프레더릭 킬
고어에 따르면 책의 발전은 "사회의 증가 일로에 있는 정보 욕
구"에 의해 추동되는 일련의 "단속 평형"이다.[1] 이 관점에서 책
의 변신을 살펴보면 유익할 것이다. 책의 역사에서는 점토판과
두루마리, 두루마리와 코덱스, 필사본과 인쇄본, 종이책과 전
자책처럼 서로 다른 기술이 늘 공존한다. 책의 변화하는 물성
을 들여다보면 책을 정의하는 데 유용한 형식과 내용의 관계가
겪어온 역사를 더 깊이 이해할 수 있을 것이다.

태블릿의 원조

글쓰기 도구가 2000년에 걸쳐 점토판에서 파피루스로 바뀐 과
정을 들여다보면 책의 형식과 내용이 서로의 발전에 얼마나 큰
영향을 미치는지 알 수 있다. 진흙을 이용하여 정보를 기록하
는 방법은 수메르(지금의 이라크)에서 등장했다. 수메르인들은
유목 생활을 하다 기원전 8500년에서 기원전 3000년 사이에
도시 문화로 이행했는데, 사람들이 정착하고 왕권 체제가 성립
하면서 거래 내역을 추적하고 통치에 관한 정보를 기록할 방법
이 필요해졌다. 설형문자가 기원전 2800년경 메소포타미아 남
부에서 발전한 것은 재료 입수의 용이성, 언어의 발달, 설형문
자 자체의 유용성 등 여러 요인이 어우러진 덕이었다.[2] 수메르

인은 티그리스강과 유프라테스강에서 나는 풍부하고 재생 가능한 재료인 진흙을 오래전부터 건축과 공예에 활용했다('메소포타미아'라는 지명은 '두 강 사이'를 일컫는 그리스어에서 왔다). 이 지역에는 석재나 목재가 많지 않았기에 수메르인은 진흙을 체질하고 가공하여 튼튼하고 오래가는 건축물을 만드는 기술을 고도로 발전시켰으며, 그런 까닭에 진흙은 글쓰기 수단으로 안성맞춤이었다.

수메르인은 처음에는 여러 모양의 진흙 물표(物標)를 회계에 썼으며 경우에 따라서는 여러 개를 끈으로 엮기도 했다. 그러다 기원전 3500년경에 물표를 불라(bulla)라는 구형(球形) 진흙 용기에 넣기 시작했다. 용기를 밀봉하기 전에 물표를 겉에 눌러 찍었기에 안에 든 내용물이 무엇인지 알 수 있었다(그림 1 참고).[3] 이 체계는 이를테면 원뿔 모양 물표 세 개와 실제 양 세 마리를 짝짓는 것이 아니라 물표의 자국 세 개와 물표 자체를 짝지음으로써 구어에서 문어로 표현의 도약을 이루는 데 필요한 추상화 수준을 달성했다. 자국이 사물을 나타내도록 하면 영수증이 굳이 용기 역할을 겸할 필요가 없기 때문에 기원전 3200년경에 불라는 속이 꽉 찬 형태가 되었으며, 점차 납작해지다 점토판으로 바뀌고서는 수천 년간 휴대용 기록 수단으로 쓰였다. 기원전 3100년경에 필경사들은 예전에 물표 자국으로 나타내던 물건을 묘사하기 위해 **첨필**(stylus)로 도형을 새기기 시작했으며, 이로써 점토판에 기록하는 그림문자 체계가 탄생했다.[4]

점토판 자국은 쓸모가 있었지만, 진흙은 쓰기에 알맞은 매

[그림 1] [a] 진흙 불라, 원본은 루브르 박물관 SB1940(기원전 3300년경),
[b] 설형문자 점토판, 원본은 메트로폴리탄 미술관 11.217.19(기원전 2041년경),
[c] 두루마리(기원전 2500년경), [d] 간책, 원본은 역사문물진열관 128.1(기원후
95년경), [e] 패엽경/포티(기원전 200년경), [f] 키푸(기원전 1500년경).
삽화: Mike Force(Lightboard).

체가 아니었다. 축축한 진흙에는 첨필을 긁기가 힘들었으며, 그림 모양이 표준화되지 않은 것도 문제였다(각자 나름의 관점에서 그림을 그린다면, 여러분의 양[羊]은 내 양과 전혀 다르게 생겼을 것이다). 수메르인은 진흙의 행위유도성에 걸맞은 쐐기— '설형문자'를 뜻하는 영어 단어 '큐니폼'(cuneiform)은 '쐐기'를 뜻하는 라틴어 '쿠네우스'(cuneus)에서 왔다—모양의 특수 첨필을 개발했는데 이번에도 자신들에게 풍부한 재료를 활용했다. 그것은 갈대였다. 갈대는 쉽게 쪼개고 껍질을 벗길 수 있었기에 끝을 뾰족하게 깎기가 수월했다.

　　필경사는 한 손에 첨필을, 다른 손에 축축한 점토판을 들고서 갈대 끝을 비스듬히 눌러 자국을 냈다. 쐐기 모양을 조합하여 글자를 만들었는데, 이로써 그림문자 시대가 저물고 음절문자 시대가 열렸다. 형태로 단어를 묘사하는 방식에서 기호로 소리를 나타내는 방식으로 바뀌면서 정보 전달에 필요한 글자의 수도 줄었다. 언어는 그림을 물체나 개념과 일대일로 대응시키는 것이 아니라 표현되는 사물로부터 추상화되었다. 이런 식으로 간추린 문자 체계는 기원전 2000~1000년에 그 지역의 다른 구어를 기록하는 데도 응용할 수 있었으며 그 덕에 서아시아 전역에 쓰기가 전파되었다.

　　초창기 문자 기록 매체인 점토판은 대중의 상상력에서 크나큰 자리를 차지하고 있다. '점토판'이라는 말을 들으면 우리는 영화 「십계」에서 모세 역을 맡은 찰턴 헤스턴이 작은 묘비를 빼닮은 돌판 두 개에 새긴 십계명을 들고 있는 장면을 떠올린다. 메소포타미아인이 돌에 글자를 새긴 것은 사실이지만, 이 지역에는 돌이 귀했기 때문에 중요한 사건을 기록할 때만 썼을 것이다.[5] 이에 비해 점토판은 훨씬 간편했다. 대부분은 크기가 작아서 필경사의 손바닥에 쏙 들어갔으며, 정사각형에 약간 볼록한 모양으로 보건대 손바닥을 오무려서 만들었음을 짐작할 수 있다(그림 1 참고). 설형문자 점토판은 크기가 성냥갑만 한 것부터 대형 휴대폰만 한 것까지 다양했는데, 앞뒤 좌우 위아래에 글씨를 쓸 수 있었으며 평평한 표면에 놓아두고 보관하거나 참고할 수 있었다. 어떤 것은 화덕에서 굽기도 했지만 대부분은 그냥 햇볕에 말렸다.

법률, 상업, 종교, 문화사를 문자로 기록해야 할 필요성이 커지면서 읽고 쓸 줄 아는 전문가의 수요도 커졌다. 그리하여 필경사가 탄생했다. 하지만 이 초창기 필경사들은 저자보다는 서기에 가까웠다. 주목할 만한 예외로 수메르의 공주이자 여사제 엔헤두안나는 달의 여신 이난나에게 바치는 시를 썼는데, 이 시의 화자는 왕이 아니라 그녀 자신이다.

나의 여인이여
어느 날에 내게 자비를 베푸실 건가요
얼마나 오래 비탄의 기도를 올려야 하나요
나는 당신의 것이건만
왜 날 죽이시나요[6]

그녀의 이름은 이 시편들뿐 아니라 그녀가 지은 찬미가에도 등장한다. 이로써 엔헤두안나는 최초의 기명 저자가 되었다.[7] 필

쓰기의 역사에는 라스코 동굴 벽화에서 고대 돌기둥,
컴퓨터 디스크, 에어쇼 글자 쓰기에 이르기까지
온갖 것이 포함될지도 모르지만, 책에 대한 우리의
정의는 휴대할 수 있는 형태의 기록에 한정되어야
합니다. 이것은 적어도 수메르 점토판까지 거슬러
올라가며, 물리적으로 다룰 수 있는 재료와 기법에
좌우되었습니다.

— 토머스 보글러, 「책이 책 아닐 때」

경사는 주로 상류층 가문에서 선발한 젊은이로 이루어졌다. 이들은 읽고 쓰는 기술 덕에 중요한 지위를 차지했으며 임무에 걸맞은 교육을 받았다.[8] 지금까지 남아 있는 점토판 중 상당수는 필경사 학교에서 나온 것으로, 학생들은 공식 문서와 달리 테두리가 둥근 진흙 원반에 필기를 했다.

문서가 증가하면서 문서를 넣어둘 보관소도 발달했다. 가장 인상적인 보관소는 7세기 아시리아 왕 니네베의 아슈르바니팔이 세웠는데, 점토판 3만여 점을 소장했으며 주제별 색인 체계를 도입하여 현대 도서관의 주춧돌을 놓았다. 기원전 612년 니네베에서 대화재가 일어나 무수한 두루마리와 납판이 유실되었으나 이 점토판들은 진흙으로 만든 덕에 살아남았다.[9] 소장품 중에는 편지와 정부 문서뿐 아니라 점성술, 수학, 의학, 과학 문헌과 잠언, 노래, 서사시, 신화도 있었다. 문서들은 일련의 방에 나뉘어 보관되었는데, 문서의 주제를 새긴 점토판이 문가에 놓여 있었다. 오늘날의 도서관과 달리 이 문서들은 공익을 위한 것이 아니라 아슈르바니팔 왕의 존엄과 학문적 업적을 과시하기 위한 것이었다. 기록에 따르면 성직자, 전문가, 식자층도 도서관을 찾았다고 한다. 어떤 점토판에는 빌려간 그날 반납하지 않으면 혼쭐을 내주겠다는 경고문이 적혀 있었다.[10]

아슈르바니팔 왕의 보관소에서 가장 유명한 설형문자 점토판은 『길가메시 서사시』의 아시리아어 번역본 단편(斷片)일 것이다. '홍수 점토판'으로 알려진 이 자료는 1860년대에 번역되었는데, 창세기의 홍수 이야기와 비슷한 이야기 구조로 회제기되었다.[11] 『길가메시 서사시』는 기원전 2700년경 우루크의 왕을 찬미하는 연작시로, 그를 신화적 반열에 올려놓았다. 이 시들은 하나로 엮여 장편 서사시가 되었는데, 길가메시 왕과 싸움꾼 들러리 엔키두가 겪은 파란만장한 모험을 자세히 묘사했다. 두 악동이 겪은 전쟁, 대결, 연애, 그리고 둘의 우정은 전부 훌륭한 로드 무비의 소재다.

니네베에서 발견된 『길가메시 서사시』 판본은 점토판 열두 개로 이루어졌는데, 대다수 현대 번역본의 저본이며 점토판 구조가 어떻게 설형문자를 낳았는지 잘 보여준다. 필경사는 글이 잘 읽히도록 하려고 어떤 절에 가로줄을 긋거나(첨필 옆구리를 점토판에 누르면 쉽게 자국을 낼 수 있었다) 이어지는 절의 첫 줄을 들여쓰기 하기도 했다. 단어를 분리하거나 단어가 이름임을 나타내려고 특수 기호를 썼으며 단어 뒤에 한정사 기호를 붙여 범주(이를테면 사람, 지명, 신, 구체적 물건)를 표시하는 방법을 발전시켰다. 그중에서 한정사 기호가 특히 눈길을 끄는데, 그 이유는 소리 내어 읽는 용도가 아니라 다의어의 중의성을 해소하기 위한 일종의 독자용 메타데이터 역할을 했기 때문이다.

필경사들은 『길가메시 서사시』처럼 여러 점토판에 나뉘어 있는 작품을 검색하기 위한 수단을 발전시켰으니, 점토판 뒷면에 내용의 요약, 필경사와/또는 소유자의 이름을 밝히는 콜로폰(colophon, 간기[刊記]), 다음 점토판의 첫 줄인 **잉키피트**(incipit) 등을 적어둔 것이다. 공교롭게도 '콜로폰'과 '잉키피트'는 문헌학 용어이기도 한데, 책의 형식상 변화를 추적하는 데는 요긴하지만 애초에 필경사들이 그런 용도로 쓴 것은 아니었다.

'콜로폰'은 '마무리 획'을 일컫는 그리스어로, 마지막 장에 문서의 제작 관련 정보를 펜과 잉크로 적음으로써 책을 끝맺는다는 뜻이다. '잉키피트'는 '여기에서 시작한다'를 일컫는 라틴어로, 첫 마디 어구를 책 제목으로 삼는 필경사 전통에서 유래했다.

파피루스 두루마리

수메르인들이 손쉽게 구할 수 있는 재료로 책을 발전시켰듯 이집트인들도 자기네 강에서 글쓰기 재료를 찾았다. 그것은 나일강 유역에서만 자라는 식물인 **파피루스**였다. 이집트인들은 파피루스를 건축 재료, 의복, 심지어 식량으로 두루 활용했다. 이집트 최초의 글은 돌에 새긴 **상형문자**인데, 기원전 4000년으로 거슬러 올라간다.[12] 상형문자는 도형과 그림을 결합하여 사물을 나타내는 그림문자, 뜻을 나타내는 표의문자, 소리를 나타내는 표음문자 등의 체계로, 많은 독자에게도 친숙할 것이다.[13] 상형문자는 신전 벽과 오벨리스크에 새겨져 종교적·역사적 기록으로 남아 있지만, 까팡이*에 새겨진 일상적인 기록도 찾아볼 수 있다. 문서 수요가 늘고 휴대성이 뛰어난 기록 매체가 필요해지자 이집트인들은 파피루스로 이상적 재료를 만들어냈다. 파피루스 종이는 반들반들하고 낭창낭창했으며 문서의 쓰임새에 맞게 자를 수 있었다.

파피루스 표면에 글을 쓰기 위해 이집트인들은 숯으로 만

[*] 질그릇의 깨어진 조각.

든 수용성의 검은색 잉크와 산화철로 만든 붉은색 잉크, 그리
고 글자를 빠르고 맵시 있게 쓸 수 있는 골풀 펜을 개발했다.
이로써 상형문자는 점점 단순해져 **신관문자**(hieratic)가 되었다.
신관문자에서는 낙필*과 수필†이 구분되지 않는다(이것은 물
질적 형식이 내용에 영향을 미친 사례 중 하나다). 어떤 학자들
은 파피루스를 뚫을까 봐 조심하느라 그랬을 거라 추측한다.14
선의 굵기가 일정하다는 것은 압력이 일정하다는 뜻이다. 이에
반해 종이나 양피지에 글을 쓸 때는 낙필이 굵고 수필이 가늘
다. 어쩌면 갈대 펜 자체가 촉이 말랑말랑하고 끝이 뾰족하기
때문일 수도 있다. 어느 쪽이든, 파피루스가 널리 쓰이던 1500
년간 필경사들은 자신들이 선택한 필기구를 잘 활용했다.

　대(大)플리니우스(23~79)의 『박물지』에는 이집트의 제지
술에 대한 한계가 있긴 하지만 유용한 설명이 실려 있다(이 설
명은 테오프라스토스를 그대로 베낀 것이다).15 키페루스 파피
루스(cyperus papyrus)는 길이가 5미터에 이르는 기다란 세모
꼴 줄기가 한데 모여 나며 줄기 끝은 먼지떨이처럼 생겼다. 고
대 이집트에서 어찌나 많이 쓰였던지 기원후 1000년에는 멸종
할 뻔하기도 했다. 파피루스를 만드는 방법은 줄기를 일정한 길
이로 잘라 초록색 겉껍질을 벗겨내고 고갱이를 가닥가닥 나누
는 것이었는데, 여기에는 두 가지 방법이 있었다. 플리니우스에
따르면 제지공은 고갱이를 세로로 갈랐는데, 단면이 세모꼴이

[*] 落筆: 펜을 대어 획을 시작하는 일, 또는 그 획.
[†] 收筆: 펜을 떼어 마무리하는 일, 또는 그 획.

어서 너비가 점점 작아졌다. 가장 작은 가닥은 버렸다. 하지만
현대의 연구에서 밝혀진바, 경우에 따라서는 세모꼴 줄기를 나
선형으로 조심스럽게 벗겨내기도 했는데,[16] 이렇게 하면 넓은
한 장의 가닥을 얻을 수 있었으며 버리는 부분도 적었다. 두 방
법 다, 이렇게 얻은 가닥을 하나는 세로로, 하나는 가로로 두
겹으로 깔고 섬유가 엉길 때까지 두드렸다(파피루스의 수액을
천연 접착제로 이용했다). 이렇게 만든 판은 세로가 20~30센티
미터, 가로가 20~25센티미터로, 요즘 사무용지와 거의 비슷했
다. 이 판을 햇볕에 말리고 표백한 뒤에 돌이나 조개껍데기로
광을 내면 표면이 하얗고 매끈해졌다. 재료의 특성상 자연적인
얼룩이 지긴 했지만.

　　이 판을 스무 장씩 녹말풀로 이어 붙여 두루마리를 만들
었는데, 필요에 따라서나 편의를 위해 잘라내어 폭을 줄일 수
도 있었다.[17] 이런 두루마리는 대개 한 면에만 글씨를 썼으며,
신문처럼 단을 나눴다(두루마리를 펼쳐 들면 한 번에 일부만
볼 수 있으므로). 파피루스가 두 겹이어서 자연스럽게 종이 '결'
이 생겼는데, 이에 따라 글을 쓰는 면과 두루마리를 마는 방향
이 정해졌다. 안쪽 결이 가로이고 바깥쪽 결이 세로가 되도록
말면 갈라지지 않기 때문이다.[18] 두루마리가 마르면 한쪽으로
휘어져서 반대쪽으로 말기가 힘들었다. 그래서 두루마리 양면
에 글을 쓴 드문 경우에 뒷면의 내용은 대체로 앞면과 별개였
으며, 이는 두루마리를 연이어 쓴 게 아니라 재활용했음을 보여
준다(그림 1 참고).

　　파피루스는 오래가고 이어 붙여 늘일 수 있고 굳어버리는

진흙과 달리 가필할 수 있는 등 여러 행위유도성이 있었다. 표면이 매끄러워서 둥글둥글한 신관문자가 발달할 수 있었으며 붓을 쓰면서 채색이 더욱 발전했다(일부 이집트 파피루스에는 아름다운 채색 삽화가 들어 있다). 가장 잘 알려진 것은 내세에 들어가는 길을 일러주는 글 모음으로, 고대 이집트인들은 '낮에 나옴에 관한 책'이라고 불렀으며 흔히 '이집트 사자의 서'로 알려져 있다. 이 책은 200개의 주문으로 이뤄졌는데, 처음에는 무덤 벽과 석관에 새겨지다가 기원전 1700년경에 표준화되어 두루마리에 기록되었으며 망자와 함께 매장되었다.[19] 주문의 순서와 개수는 두루마리마다 달랐으며 디자인은 소유자의 지위를 반영했다. 부자들의 책은 정교한 그림이 그려진 맞춤형으로, 맘에 드는 주문을 고를 수 있었고 망자에 대한 묘사가 책에 담겼다. 반면에 무명씨를 위한 사전(事前) 제작본은 빈칸에 망자의 이름만 채워 넣게 되어 있었다.[20]

파피루스 두루마리에는 코덱스와 현대 디지털 독서 기기의 전신(前身)이 담겨 있다. '두루마리'(scroll)는 길이 9~12미터의 지면에 단을 나눠 글을 연이어 쓸 수 있다는 점에서 훗날 화면에 다 들어가지 않는 글을 상하좌우로 움직여 읽는 행위를 일컫는 용어 '스크롤'(scroll)이 되었다. 두루마리용으로 개발된 검색 도구의 상당수는 코덱스 형식에서도 살아남았다. 두루마리 겉면에는 작품의 내용이나 첫마디, 작가 이름을 써두었는데, 이것은 초기의 표지 격이었다. 훼손되기 쉬운 두루마리 겉에 쓴 탓에 시간이 지나면서 대부분 지워지고 말았지만.[21] 이집트의 필경사들은 다양한 잉크를 활용하여 주서*를 도입했는데,

붉은색 잉크를 이용하여 중요한 단어와 개념을 강조하고 새 문
단의 시작을 표시했다. 설형문자를 눌러 찍던 시절에는 불가능
하던 대비 효과였다. 그리스와 로마의 필경사들도 주서를 받아
들였으며 초기 인쇄본에도 주서가 남아 있었다. 제목, 주석, 표
제는 붉은색으로 썼으며 점과 점선으로 절과 문장을 분리했다.
어느 경우이든 필경사들은 가독성을 높이는 기법들을 개발했
는데, 이는 책이 단순한 정보 저장 수단이 아니라 정보 인출 수
단이기도 함을 보여준다.

　　파피루스는 글과 그림의 발전을 촉진하기는 했지만 이상
적인 보관 재료는 아니었다. 마르면서 약해지고 습기와 곤충에
(특히 유럽의 기후에서) 취약하기 때문이다. 고스란히 보존된
파피루스 두루마리가 거의 없는 것은 이 때문이다. 두루마리
의 또 다른 단점은 둘둘 말린 형태로 돌아가려는 경향이 있어
서 읽을 때 양손으로 붙잡거나 평평한 표면에 놓고 물건을 올
려둬야 한다는 것이다. 요즘 사람에게는 번거롭게 들리지만, 학
자들에 따르면 이것은 이집트인 독자들에게 제2의 천성이 되었
을 것이다.[22] 읽기 행위가 이런 식으로 정상화된다는 사실은 기
억해둘 만하다. 21세기를 살아가는 우리는 코덱스 형태에 하도
익숙해져서 우리가 기대하는 독서 경험에 어긋나는 것은 책이
아니라고 생각한다. 하지만 책을 왼쪽에서 오른쪽으로 읽고 말
없이 눈으로 글을 훑고 표지에 제목과 저자 이름을 쓰는 것은

[*] 朱書, rubrication: 서예와 활판 인쇄에서 한 페이지에 서로 다른 색의
　　서체나 활자를 사용하는 것.

책은 언어를 기록하기 위한 물질적 수단으로
이해하는 게 가장 좋을 것이다.
이 범주에는 두루마리와 코덱스, 심지어 명문(銘文),
즉 손으로 쓸 수 있고 여러 메커니즘으로 인쇄할 수
있는 것과 다양한 디지털 미디어가 포함된다.

— 제시카 브랜틀리, 「책의 전사(前史)」

모두 학습된 행동일 뿐이다.

광물, 식물, 동물

두루마리는 단점이 있었음에도 2000년 넘도록 이집트 문명과 이를 수입한 그리스 문명에서 보편적인 책 형태로 군림했다. 기원전 1600년경에 발전한 양피지는 파피루스의 대안으로 내구성이 좋았으며 그리스와 로마에서 오랫동안 두루마리 재료로 쓰였다. 양피지 두루마리를 일컫는 라틴어 볼루멘(volumen)은 '권수'를 가리키는 책 용어인 '볼륨'(volume)이 되었다.[23] 양피지를 일컫는 영어 단어 '파치먼트'(parchment)는 기원전 4세기에 양피지 생산의 중심지이던[24] 페르가몬(지금의 터키에 있다)을 일컫는 라틴어 '페르가뭄'(pergamum)에서 왔다. 양피지는 식물 섬유가 아니라 짐승 가죽으로 만들었는데, 나긋나긋하고 질기고 파피루스보다 크게 자를 수 있고 글 쓰는 표면이 무척 매끄럽고 양면에 써도 비치지 않을 만큼 불투명했다. 하지만, 양피지가 결국 파피루스를 대체한 데는 이런 특징들도 한몫했으나 뭐니 뭐니 해도 가장 큰 장점은 이동성이었다. 양피지는 소, 염소, 양을 키울 땅만 있으면 어디서나 만들 수 있었던 반면에 파피루스는 이집트가 생산 및 수출을 독점하고 있었기 때문이다.

그리스와 로마의 두루마리는 이집트 파피루스와 마찬가지로 단을 나눴는데 그리스인들은 이를 파기나(pagina)라고 불렀다. 파기나는 페이지를 일컫는 기본 용어가 되었으며, 정보과학자 보니 맥 말마따나 책의 "인지적 구조"를 확립했다.[25] 우리는

'페이지'라는 단어를 들으면 묶음 단위로 팔거나 한 권으로 묶은 종이쪽을 떠올리지만, 옛 필경사들이 그랬듯 독자의 시선을 인도하는 장치이자 가독성을 높이는 정보를 담는 수단으로 볼 수도 있다. 이런 파기나들은 대개 크기가 레터 용지*와 비슷했다. 두루마리의 크기는 내용과 수준에 따라 다양했다. 이를테면 그리스 시는 높이가 약 13센티미터가 되도록 쳐냈으며 경구는 간결한 글에 알맞은 5센티미터짜리 짧은 두루마리에 실었다.26 이 장 뒤쪽에서 설명할 **콘서티나**(concertina) 두루마리가 발전하면서 우리에게 친숙한 페이지 형태가 등장했는데, 양피지를 각 파기나에 맞춰 접으면 낱낱의 테두리를 강조하면서도 연속적으로 읽을 수 있었다.

두루마리를 쉽게 펼치고 말 수 있도록 두루마리보다 길어서 위아래로 삐져나오는 권축(卷軸)에 감기도 했다. 이 **움빌리쿠스**(umbilicus)27 — '배꼽'이라는 뜻으로, 두루마리를 말았을 때 한가운데에 오는 축이 모양에 빗댄 것이지만 두루마리의 한쪽 끝에 있는 손과 반대쪽 끝에 있는 글이 데이비드 크로넨버그식으로 연결되는 장면을 연상시키기도 한다 — 를 탁자 아래로 늘어뜨리면 두루마리가 펼쳐져 있게 하는 무게추 역할을 하기도 했다.28 일반적으로 독자는 오른손으로 두루마리를 펼치고 왼손으로 말면서 글을 읽었는데, 이렇게 하면 한 번에 한두 단밖에 볼 수 없었기에 앞의 내용을 다시 읽으려면 릴 테이프

[*] letter: 미국 표준 규격에 따른 8.5×11인치(21.6×27.9센티미터) 크기의 용지이다. 국제 표준 규격의 A4(21×29.7센티미터)와 크기가 비슷하다.

나 카세트테이프, 비디오테이프처럼 되감아야 했다. 이 과정은
유대교에서 제의적 형식으로 발전하여, **심하트 토라**(Simchat
Torah. 토라를 기뻐함) 절기가 되면 랍비가 사람들 앞에서 토라
두루마리를 되감는다. 마지막 부분을 읽고 나면 두루마리를 들
고 회중 주위를 돈 뒤에 첫 부분부터 읽을 수 있도록 다시 감는
데, 이는 해(年)와 글의 순환적 성격을 상징한다.

　　언뜻 생각하기에는 연약한 파피루스가 금세 양피지에 대
체되었을 법하지만, 점토판과 두루마리가 그랬듯 두 가지 두루
마리도 수 세기 동안 나란히 공존했다. 어떤 학자들에 따르면
양피지 생산을 체계화하고 규모를 키우기가 힘들었기 때문이
다. 양피지와 **독피지***는 짐승의 가죽을 벗겨 털을 뽑고 석회수
에 담그고 잡아당겨 천천히 말린 뒤에 표면을 질기고 매끄럽게
다듬어 만든다. 양피지를 제작하기 위해서는 지극정성을 쏟아
야 했을 뿐 아니라, 가축을 대량으로 도살해야 했기에 비용이
많이 들었다. 전자책의 휴대성, 내구성, 비용 효율성이 종이책보
다 분명히 뛰어난데도 두 매체가 여전히 공존하는 것에서 보듯,
한번 자리 잡은 생산 및 사용 방식을 바꾸는 데 시간과 자원이
드는 것은 예나 지금이나 마찬가지다.

알파벳

앞에서 보았듯, 물질화된 텍스트(material text)가 등장한 것은

---

[*] 犢皮紙, vellum: 주로 송아지 가죽으로 만드는 최고급 양피지.

주로 행정적 목적을 위해서였다. 그 덕에 급성장하는 도시의 기록과 회계 자료를 보관하고, 통치자의 권력을 확고하게 다지고, 제의 절차를 성문화할 수 있었다. 구어에서 문어로의 변화는 글쓰기가 더욱 발전하는 데 중요한 역할을 하며 이를 통해 저자를, 또한 저자에게 꼭 필요한 청중인 독자를 만들어낸다. 글쓰기가 서구에서 책의 발달을 뒷받침할 수 있었던 것은 그리스에서 알파벳이 발전했기 때문이므로, 잠시 주제를 바꿔 그리스인들이 어떻게 문어에 혁명을 일으켰는지 들여다보자.

기원전 2200년경 초기 그리스인은 이집트인과 마찬가지로 그림문자를 썼는데, 이로부터 기원전 17세기에 음절문자 체계를 발전시켰으며 여기에다 단어나 구, 관념을 나타내는 기호인 표어문자도 일부 이용했다. 음절문자에서는 글자가 사물이나 개념이 아니라 소리를 나타내므로 글이 단순해지고 어휘가 엄청나게 풍부해질 수 있다. 하지만 하나의 음절에 자음과 모음이 둘 다 들어 있어서 알파벳을 이루는 글자 수가 많아질 수밖에 없다. 학자들이 '선형 A 문자'라고 부르는 미노아어 문자는 글자가 90개 이상, 그 뒤를 이어 '선형 B 문자'라고 부르는 14세기 크레타어 문자는 75개다. 이 때문에 글쓰기가 힘들어서 일부 계층만이 글을 익힐 수 있었다. 이런 선형문자는 진흙에 새기는 데 알맞았기에 행정 기록에 주로 쓰였다.

우리가 알고 있는 알파벳은 음절문자에서 생겨난 것이 아니라, 기원전 1700년경 시나이 반도에서 이집트어와 셈어의 상호 영향을 통해 발전한 자음문자에서 생겨났다. 기원전 10세기에 페니키아인은 자음문자 체계를 스물두 글자 알파벳으로 발전시켰다.[29] 한편 그리스인은 이 글자들을 그리스어 구어에 맞게 변형했는데, 남는 자음을 모음으로 전용하고 모자라는 글자를 새로 만들었다. 자음과 모음에 각각의 기호를 부여한 문자 체계를 확립함으로써 그리스인은 언어의 표현력을 비약적으로 증대시켰으며 이로써 단어의 개수와 이를 통해 표현할 수 있는 개념의 수가 엄청나게 늘었다. 그리스어 알파벳은 그리스어 구어를 글로 옮길 수 있었을 뿐 아니라, 어떤 방언과 언어에도 응용할 수 있었기에 서구 전역에 전파되어 발전했다. 로마인들은 기원전 7세기경 그리스어의 에트루리아 방언을 라틴어에 맞게 수정했다. 라틴어 알파벳은 그 뒤로 200년간 발전하면서, 세계에서 가장 널리 보급될 친숙한 문자 형태를 확립했다.

　　그리스인이 자모음 알파벳을 발명한 덕에 문어가 발달하고 점토판이 두루마리로 바뀌었다. 그리스어 알파벳은 기호의 개수가 훨씬 적었기에 앞선 문자들보다 쉽게 배우고 쓸 수 있었다. 또한 이집트의 신관문자처럼 진흙보다는 파피루스에 적합하여 두루마리가 널리 쓰이는 데 이바지했다. 이렇듯 파피루스가 널리 보급되면서 그리스에서는 또 다른 중요한 물건이 발명되었으니, 바로 펜이다. 갈대를 잘라 끝을 뾰족하게 깎은 잉크 펜 덕에 글을 빠르고 뚜렷하게 쓸 수 있게 되었다. 이것은 이집트의 갈대 붓보다 훨씬 개선된 것으로, 결국 4세기에는 이집트인도 그리스 알파벳과 함께 펜을 받아들였다.[30] 글쓰기 속도가 빨라지자 이는 역으로 알파벳에도 영향을 미쳤다. 라틴어는 처음에는 세로선이 곧은 대문자로만 썼으나 4세기에 굴곡이 생기기 시작했으며 5세기에는 소문자가 등장했다. 당시에 기독교 코

그렇다면 '책'이라는 용어는 과거 다양한 소재를
사용해 이뤄진 많은 형태의 텍스트 커뮤니케이션을
대변하는 약칭이라 볼 수 있을 것이다.

— 마틴 라이언스, 『책, 그 살아 있는 역사』

덱스의 제작이 늘었기 때문일 것이다. 대소문자는 활자의 발명을 살펴볼 때 다시 언급하겠지만, 이처럼 이른 단계에서도 글의 형식과 재료가 서로 영향을 주고받으며 발전하여 저자와 독자 둘 다를 위해 책의 형식을 빚어냈음은 눈여겨볼 만하다.

두루마리의 발전과 종이의 탄생

메소포타미아인이 진흙을 활용하고 이집트인이 파피루스를 활용한 것과 마찬가지로 중국인은 자신들에게 풍부한 식물 섬유인 대나무를 가지고 그들 최초의 책 형태인 **간책**(簡冊)을 발전시켰다. 대나무는 쓰임새가 다양한 재료여서, 기록 매체로 채택되기 전부터 건축, 농사, 예술에 쓰이고 있었다. 아슈르바니팔왕이 도서관을 짓고 채우던 것과 비슷한 시기에 중국의 장인들은 대나무 줄기를 마디에서 꺾어 1~2센티미터 너비의 조각으로 쪼개고 일정한 길이로 자른 뒤에 불에 구웠다. '죽황'(竹黃)이라고 부르는 한쪽 면에 매끈하게 광택을 낸 뒤에, 비단끈이나 마끈, 가죽끈으로 묶어서 발처럼 말아 보관하거나 가지고 다닐 수 있도록 했다(그림 1 참고).[31] 대쪽을 묶은 끈은 대부분 삭아 없어졌지만, 일부 대쪽에서 볼 수 있는 글 사이의 빈 공간이나 대나무가 눌린 자국에 끈을 묶었을 것이다. 고문서학자 류귀중에 따르면 '간책'의 한자 '簡冊'에서 '冊'은 대나무 조각을 끈으로 엮은 모양을 나타내는 그림문자다.[32] 공교롭게도 '冊'의 모양은 종이의 섬유가 놓인 방향을 뜻하는 '결' 개념과도 일맥상통한다. 종이를 결에 맞춰 접으면 주름선을 가장 매끄럽게 잡을 수 있으며 페이지를 쉽게 넘길 수 있다. 북아티스트 스콧 매카니는 학생들에게 초밥 마는 발을 보여주면서, 간책을 결에 어긋나게 접으면 잔가지 다발을 꺾듯 부러지고 표면이 갈라진다고 설명한다.[33]

이 원시적 형태는 중국어 글쓰기의 방식 자체에 영향을 미쳤다. 간책에는 털이 가늘고 뻣뻣한 붓에 먹을 묻혀 글씨를 썼다. 글자가 틀리면 이집트와 그리스의 두루마리처럼 칼로 긁어냈지만 침과 물로 지울 수도 있었다. 중국의 전통적 글쓰기 방식이 세로쓰기인 것은 책의 물성과 직접적 관련이 있는데, 대쪽이 좁아서 한 줄에 글자를 하나밖에 쓸 수 없었기 때문이다. 그래서 한 글자씩 위에서 아래로 한 행을 다 쓰면 왼쪽에 이어서 썼다. 세로쓰기를 하더라도 행 방향은 왼쪽에서 오른쪽으로 할 수 있지 않겠느냐고 생각할 수도 있겠지만, 여기서도 형식이 내용에 영향을 미쳤다. 글씨는 오른손으로 썼기 때문에 빈 대쪽은 왼쪽에 놓였다. 글을 쓴 대쪽을 오른쪽에 놓아 말리고 빈 대쪽을 왼쪽에 놓는 것이 가장 편리한 방법이었기에 이 방향으로 죽간을 묶었다.[34] 행 방향뿐 아니라 필사본과 (지금까지도) 인쇄본에 계승된 또 다른 특징도 확립되었는데, 그것은 (점토판과 비슷하게) 죽황 아래쪽이나 뒷면에 대쪽 번호를 매기고 맨 바깥 죽간에 장 번호와 제목을, 그 뒷면에 제목이나 간기를 쓰는 것이다.

죽간의 폭이 좁은 것은 글자를 쓰는 방향뿐 아니라 글자 자체의 발전에도 영향을 미쳤다. 좁은 죽간에 쉽게 쓸 수 있도록 한자는 가로로 눕지 않고 세로로 선 형태를 취했다. 류궈중은 말과 돼지를 뜻하는 글자를 예로 드는데, 뜻밖에도 둘 다 네 다리를 디디지 않고 앞다리를 든 채 뒷다리로 서 있다.[35] 사람과 짐승을 가리키는 글자들은 편하게 서 있을 뿐 아니라 왼쪽을 바라보고 있는데, 이는 읽고 쓰는 방향과 같다.[36]

거북 등딱지, 도자기, 청동기, 도장 등에 글자를 쓴 시기는 기원전 1400년으로 거슬러 올라가지만 간책은 중국 최초의 휴대용 정보 유포 수단이었다. 초기에는 조문객 명단, 점괘, 관혼상제 내역 등이 기록되다가 나중에 의서, 경전, 문학으로 확장되었는데, 문자가 발달한 거의 모든 문화에서 이런 패턴을 찾아볼 수 있다. 죽간으로 만든 책 중에서 가장 잘 알려진 『역경』(기원전 1000년경)은 산가지로 셈한 괘를 풀이하는 점서다. 온전한 간책 중에서 가장 오래된 것은 군대의 월별 병기 목록으로, 죽간 77개를 마끈으로 묶었으며 시기는 93~95년으로 거슬러 올라간다.[37] 간책은 내구성과 휴대성이 뛰어났지만, 길이가 60센티미터를 넘으면 가지고 다니면서 읽기에 불편했을 것이다. 가볍고 질긴 비단은 중국에서 완벽하게 발전한 또 다른 섬유로, 특히 3~5세기에 글과 그림에 쓰였으나 생산비가 훨씬 비쌌다. 그래서 지금껏 발견된 비단 두루마리는 사치품이었던 것으로 추정된다.[38]

책이 자리 잡으려면 대나무나 비단보다 값싸고 가벼운 대체품이 개발되어야 했다. 종이는 후한 시대의 환관 채륜이 발명했다고 전해지나, 그보다 200년 전의 종이가 발굴되기도 했다. 기록에 따르면 채륜은 105년에 황제에게 종이 제조법을 비쳤는데, 그 과정은 마, 닥나무 껍질, 그물, 넝마를 섞어 물에 띄우고

(제지 용어로 '고해'[叩解] 및 '해리'[解離]라 한다), 초망(抄網)이
라는 고운 체로 걸러 엉겨붙은 섬유를 떠낸 뒤에 말리고 표백
하는 것이었다.[39] 종이는 섬유가 여러 방향으로 꼬여 있어 내구
성과 유연성이 뛰어났다. 이렇게 만든 종이를 이집트에서처럼
두루마리로 이어 붙여 간책과 같은 방식으로 글을 썼다. 언뜻
보기에는 종이라는 신기술이 옛 기술을 금세 대체했을 것 같겠
지만, 이번에도 종이 두루마리와 대나무 두루마리는 5세기 내
내 함께 쓰이다가 동진의 황제 환현이 낡은 기술을 버리고 종
이를 쓰도록 칙령을 내리면서 비로소 종이의 시대가 열렸다.[40]

종이가 이슬람의 황금시대에 미친 영향

종이는 빼어난 재료였지만 751년에야 서구에 전파되었다. 종이
의 전파는 우발적이고 우회적이었으며 이슬람 제국의 확산과
관계가 있었다. 이슬람 병사들이 전투에서 중국인 선원들을 사
로잡았는데, 그들은 중국 배에서 발견한 종이의 유용성을 단박
에 알아차렸다.[41] 중국인 전쟁 포로들은 사마르칸트에 최초의
제지소를 지었으며 이들이 아랍인에게 가르친 제지술은 금세
아랍 전역에 퍼져 10세기에는 파피루스를 완전히 대체했다.

이슬람 제국이 확장되면서 서적 편찬도 성행했는데, 여기
에는 종이 보급이 한몫했다. 이슬람 장인들은 물려받은 공정을
개량했다. 이 지역에서 나지 않는 닥나무 대신 아마포를 쓰고,
섬유를 손으로 두드리는 것이 아니라 수력을 이용한 망치로 내
리침으로써 고해 공정을 기계화하고, 선이 꼬인 초망을 이용하

여 종이에 희미한 선이 남도록 하는 등 이 제지술의 뼈대는 오늘날까지도 이어진다. 이슬람 문화는 글과 지식 추구를 중시했는데, 여기에다 제국이 확장되면서 8~13세기에 서적 편찬이 호황을 맞았다. 계산에 따라서는 이 팽창기 이슬람의 서적 생산량이 그리스, 로마, 비잔티움, 기독교 유럽을 합친 것보다 많았다고 한다.[42]

　　이슬람 문화의 이 '황금기'에는 철학, 수학, 과학, 의학이 부쩍 발전했을 뿐 아니라, 이집트와 시리아를 정복하면서 손에 넣은 고대 그리스 문헌의 방대한 번역과 주석도 이루어졌다. 칼리프*들은 바그다드, 카이로, 레바논, 코르도바 등의 도서관에 수백만 권의 장서를 수집하여 제국 전역에서 학문과 서적 편찬을 진흥했다. 마침내 12세기에 이슬람 스페인을 통해 유럽에도 종이가 전파되었다. 이 시기에는 코덱스가 지배적 책 형태로 자리 잡았다. 이슬람 경전 꾸란은 처음부터 코덱스 형식을 받아들였다. 꾸란은 7세기 초에 예언자 무함마드와 그 추종자들이 구두로 전했으나, 그들은 정복 전쟁을 벌이는 군인이었기에 목숨을 잃으면 경전도 잃을 위험이 있었다. 칼리프 아부 바크르는 경전이 사라지는 것을 막기 위해, 꾸란이 전승된 지 얼마 지나지 않아 이를 책으로 옮겼다.[43] 무함마드가 죽은 뒤에 칼리프 우스만이 정본을 엮었으며 꾸란은 양피지 코덱스 형태로 제본되었다.

[*] khalifah: 정치와 종교의 권력을 아울러 갖는 이슬람 교단의 지배자.

연결된 텍스트

우리는 책의 물질적 형식에 대한 심층사를 다루는 한편으로 코 덱스의 계보 바깥에서 벌어지는 사건도 잠깐 들여다봐야 한다. 남아메리카의 **키푸*** 는 끈에 매듭을 짓는 색다른 기록 방식이 다. 최초의 유물들은 1000년 이전에도 발견되지만, 대다수 고 고학 유물은 잉카 제국 시기(약 1400~1532년)에 생산된 것들 이다.[44] 끈에 곁가닥을 묶은 키푸의 원형 중 적어도 하나는 설 형문자와 동시대인 기원전 3000년까지 거슬러 올라간다.[45] 키 푸는 면이나 모로 된 가로 끈에 곁가닥을 매달아서 만든다. 곁 가닥은 대부분 아래로 늘어졌지만 다른 방향으로 묶은 것도 있 다(그림 2 참고). 여러 색깔로 염색하거나 여러 가닥으로 꼰 보 조 끈을 곁가닥에 달기도 한다. 박물관에서는 키푸를 연대표처 럼 일직선으로 벽에 거는 경우도 있고 시계 문자판이나 화려한 밧줄 목걸이처럼 둥글게 진열하는 경우도 있다. 형태가 비교적 단순한 키푸가 있는가 하면, 곁가닥이 1500개를 넘는 정교하고 아름다운 모양으로 연구자들의 주목을 받는 키푸도 있다.

학자들은 이 촘촘한 매듭 체계를 아직도 완전히 해독하지 못하고 있다. 이들의 자료는 페루 안데스 산맥의 묘실에서 출토 된 유물 약 750점과 키푸를 처음 접한 스페인 식민지 개척자들 이 쓰임새를 묘사한 기록이다. 키푸의 모호한 정체는 식민주의 의 유산이다. 스페인 식민 당국이 16세기에 키푸의 사용을 불

[*] khipu/quipu: 남아메리카 토착민 언어인 '키푸'는 케추아어로 '매듭'이라는 뜻이다.

[그림 2] 잉카 제국의 키푸. 현재 페루 소재의 라르코 박물관에 소장되어 있다.
출처: 위키미디어 공용.

우리는, 독서(또는 청취)에 이바지하는 물질적
지원이 없거나, 읽힐 수 있는 (또는 청취될 수 있는)
환경 없이 텍스트는 존재할 수 없다는 사실을
명심해야 한다. 저자는 책을 쓰는 것이 물론 아니다.
그들은 텍스트를 쓰고, 그 텍스트는 씌어진—원고에
씌어지고 비석 등에 새겨진, 인쇄되거나 오늘날에는
정보화된—물건이 된[다].

— 로제 샤르티에와 굴리엘모 카발로,
　『읽는다는 것의 역사』

법화하고 그 과정에서 수많은 키푸를 망가뜨린 것이다. 공동체
내에 키푸가 남아 있던 유일한 지역은 페루 라파스로, 1930년
대까지 키푸가 보전되었다.[46] 하지만 제의에서는 여전히 키푸
를 간직하고 사용했어도 매듭을 새로 묶는 일은 없었다. 2012
년에 칠레의 미술가 세실리아 비쿠냐는 현대 개념미술의 관점
에서 키푸를 재해석했다. 그녀의 「창카니 키푸」(2012)는 서른
두 점이 제작되었는데, 이 '매듭책'은 (작가 자신의 표현에 따르
면) "안데스의 구전 우주와 서구의 인쇄 세계라는 두 문화와 세
계관의 충돌"에 대한 은유다.[47] 길이 1.2미터의 잣지 않은 양털
끈을 대나무 뼈대에 매듭지은 작품으로, 벽에 걸어두면 희고
부드러운 머리카락처럼 양털이 바닥까지 늘어진다. 표면에 붉
은 잉크를 스텐실로 찍은 케추아어 글자들은 끈을 가로지르거
나 각각의 끈 아래로 펼쳐져 눈과 귀로 언어의 화음을 울려보
라며 관객을 유혹한다.

　키푸는 매듭을 만드는 특수 관료 계급인 '키푸카마유크'
(khipukamayuq)를 통해 전해 내려왔다. 이들은 매듭의 구성,
색깔, 끈 종류가 어떤 기호에 해당하는지 알고 있었다. 이들의
역할은 끈에 생명을 불어넣고 인구 조사를 실시하고 조세와 노
역을 기록하고 제의 일정을 관리하는 것이었다. 매듭이 기억을
돕는 수단이었을지, 읽을 수 있는 문자 체계였을지 같은 기본적
인 의문은 아직 해결되지 않았다. 물론 키푸는 틀림없이 책처
럼 가지고 다닐 수 있었으며 기록과 이야기 둘 다 저장할 수 있
었다. 하버드 대학교 키푸 데이터베이스 프로젝트를 설립한 인
류학자 게리 어턴은 키푸가 일종의 이진법 부호라고 주장한다.

짝지은 매듭을 바탕으로 이야기를 떠올리는 수단이라는 것이
다.[48] 수량을 표시하는 일부 키푸에서는 매듭이 기본 끈과의 거
리에 따라 가장 먼 것이 한 자리 수, 그 다음이 두 자리 수, 그
다음이 세 자리 수… 식의 십진법으로 배열되어 있다. 배열이
더 복잡한 키푸도 있는데, 이는 이미지나 개념, 소리 같은 다른
종류의 정보를 기록하는 데 쓰였음을 시사한다.

키푸는 우리가 지금까지 살펴본 기록 수단과는 분명히 다
르지만, 물성에 의해 책의 형태가 달라져온 역사와 긴밀하게 얽
혀 있다. 점토판, 파피루스 두루마리, 간책과 마찬가지로 키푸
의 재료 또한 해당 문화권에 풍부하며 고도로 다듬어진 것으
로, 그것은 바로 천이었다. 안데스 산맥에서는 알파카와 라마
같은 낙타과 짐승을 사육했는데, 그 덕에 천 짜기에 필요한 원
재료를 얻을 수 있었다. 잉카 천은 보드랍고 아름다운 삼차원
구조였으며 당시에 이미 지위의 상징으로 잉카 문화에 자리 잡
았다.[49] 색색의 자수와 기하학적 디자인에는 뚜렷한 상징적 의
미가 있었으며 왕실 천의 매듭 태피스트리 패턴은 권위를 확립
하는 데 한몫했다. 앞서 들여다본 초기의 책 형태에서처럼 잉
카인들이 선택한 재료는 그들 삶의 뼈대였으며 그리하여 정보
의 전달 방식뿐 아니라 생각의 성격 자체를 빚었을 것이다. 책
을 연구하는 우리의 과제는 책의 물성이 어떻게 해서 그 역사
적 순간의 산물이자 구성 요소가 되었는지 탐구하는 것이다.

두루마리에서 아코디언으로, 다시 코덱스로

코덱스의 전신이 이토록 다양하다면 누구에게나 책 하면 떠오르는 코덱스는 어디서 왔을까? 기다란 두루마리는 어떻게, 왜 제본된 책으로 바뀌었을까? 이 물음에 답하는 방법은 두루마리를 만들 때 어떤 재료를 썼느냐에 따라 달라진다. 중국에서는 질기고 유연한 종이가 있었기에 8세기에 **첩장***이 발전했다. '첩장'은 '경절장'(經折裝, sutra-folded book)이라고도 하는데, 그 이유는 불경의 사본을 이렇게 장정했기 때문이다. 첩장은 두루마리를 똑같은 너비로 아코디언처럼 접어서 만들었다(그림 3 참고). 이런 접책은 문서의 모든 부분을 한 번에 볼 수 있어서 읽기에 편리했으며, 불교가 아시아 전역에 전파되고 코덱스가 중국에서 자리 잡는 데 핵심적 역할을 했을 것이다. 공교롭게도 '역할'을 뜻하는 영어 단어 '롤'(role)의 어원은 르네상스 시대에 배역을 적어둔 '두루마리'(roll)다.[50]

　　아코디언이나 **콘서티나**라고도 불리는 **접책**(folded book)은 납작한 긴네모로, 높이는 앞선 형식인 두루마리에서 직접 유래했다. 접책에 쓰이는 종이의 길이가 대체로 제지공의 팔 길이와 같았기 때문이다. 이 장정은 서력기원 즈음에 인도와 중국에서 승려들이 가지고 다니던 **패엽경**(貝葉經, palm leaf manuscript), 즉 **포티**(pothī)에서 발전했을지도 모른다. 패엽경은 힌두교와 불교의 가르침을 담은 경전으로, 여러 판본과 언어로 제작되었으

[＊] 帖裝, sutura-foled: 책을 장정하는 방법의 하나. 두루마리식으로 길게 이은 종이를 옆으로 적당한 폭으로 병풍처럼 접고, 그 앞과 뒤에 따로 표지를 붙인 오늘날의 법첩과 같은 형태의 장정.

며 아시아 전역에서 수행의 일환으로 필사되고 암송되었다. 패
엽은 말린 다라수 잎을 펴고 다듬고 긴네모 조각으로 잘라 만
들었는데, 여기에 초기 음각 기법으로 경을 썼다. 이것은 첨필
로 글자를 새기고 먹이나 검댕을 묻힌 뒤에 닦아내어 글자에
만 자국을 남기는 방법이다.[51] 패엽은 블라인드처럼 묶어 크기
와 모양이 같은 나무판으로 감싸는데, 관통하는 구멍을 한 개
또는 여러 개 뚫고 끈을 꿰어 고정한다(그림 1 참고). '경'을 뜻
하는 영어 단어 **수트라**(sutra)는 그 자체로 이 형식과 관계가 있
다. '수트라'의 어원은 '묶다, 꿰매다'를 뜻하는 인도유럽조어 어
근 '슈'(sy)이며, 여기서 '끈이나 줄'을 뜻하는 산스크리트어 '수트
람'(stram)이 나왔다.[52] 한편 중국의 접책은 간책에서 확립된 세
로쓰기 방식에 맞도록 패엽경을 모로 세웠다.

　　최초의 목판본도 중국에서 만들었다. 기원후 868년 왕개
의 의뢰로 제작된 4미터짜리 『금강경』 두루마리는 목판을 깎
아 인쇄했으며 글과 그림이 둘 다 실려 있다.[53] 목판에 먹을 묻
히고 종이를 덮어 문지르면 먹이 종이에 스며드는데, 이 **목판
인쇄** 기법은 휴대성이 뛰어났으며 전 과정을 혼자서 끝낼 수 있
었다(이에 반해 초창기 활판은 종이를 세게 눌러야 했으며 장
인 여러 명이 필요했다). 또한 목판 인쇄는 페이지를 잇따라 한
꺼번에 찍어낼 수 있다는 장점이 있었다.

　　닥종이가 얇고 문지르는 기법이 낙후했기에 목판본은 한
쪽 면만 인쇄할 수 있었다. 뒷면에 인쇄하려고 먹이 묻은 면을
문지르면 먹이 번졌다. 콘서티나에서 페이지를 풀로 붙이는 **이
교장**(以膠裝, glued binding)이 발전한 것은 이 때문이었을 것이

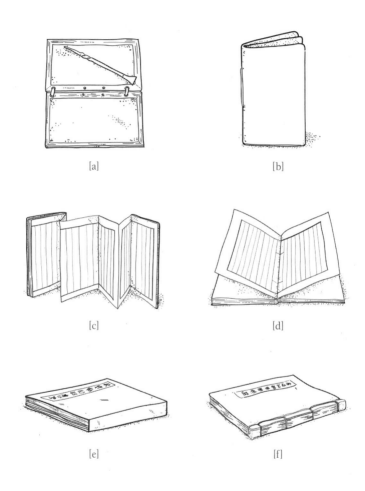

[그림3] [a] 딥티크 납판(기원전 800년경), [b] 접지/양피지 공책(기원전 55년경),
[c] 아코디언/콘서티나(기원후 700년경), [d] 호접장(기원전 800년경),
[e] 포배장(기원후 1200년경), [f] 선장(기원후 1300년경).
삽화: Mike Force(Lightboard).

다.[54] 호접장(蝴蝶裝, butterfly binding. 9~13세기)을 만들려면 각각의 종이를 두 면이 마주 보도록 인쇄한 뒤에 반으로 접어 포개어 주름선을 따라 풀칠한다. 이렇게 만든 코덱스는 인쇄된 면을 펼치면 나비가 좌우의 접힌 면들 위에 날개를 편 채 앉은 모양이다(그림 3 참고). 애석하게도 인쇄된 페이지 사이에 빈 페이지가 두 쪽씩 생기는데, 이 때문에 독자는 집중이 방해되며 페이지를 빼먹기 쉽다.[55] 독서 흐름을 끊지 않기 위해 인쇄 장인들은 포배장(包背裝, wrapped back binding. 13~17세기)을 개발했다.[56] 종이를 글자가 보이도록 밖으로 접어 포개고 접은 선 반대쪽에 구멍을 뚫은 뒤에(그림 3 참고), 이 구멍에 굵은 종이 심지를 박아 페이지들을 고정하고는 책등에 풀을 붙이고 빳빳한 종이를 표지로 둘렀다. 이로써 **내지***를 더 튼튼하게 만들고 빈 면을 감출 수 있었을 뿐 아니라 처음으로 **무선철**†로 장정할 수 있었다.

　이교장은 벌레가 꼬인다는 문제가 있어서 결국 **사철**‡ 방식에 밀려났다. 이것이 중국과 일본의 책에서 주로 쓰는 **선장**(線裝, stab binding)이다. 선장은 포배장과 같은 접지 방법을 썼지만, 표지를 접착하는 것이 아니라 책등을 따라 실 한 가닥으로 구멍을 꿰뚫어 기하학적 장식 무늬를 만들어냈다. 사철 방식은 접착 방식보다 벌레가 덜 꼬였을 뿐 아니라 수선하기도 수월했

---

[*] 內紙, book block: 책의 표지 안쪽 내용물.
[†] 無線綴, perfect binding: 책을 제본하거나 가제본할 때, 실이나 철사 따위로 매지 않고 속장을 접착제만으로 붙여 매는 방법.
[‡] 絲綴, thread-based system: 접지한 종이를 실로 꿰매는 것.

다. 종이를 훼손하지 않고 분리할 수 있었다(그림 3 참고).[57] 선장은 20세기 초까지 인기를 끌었으며 이 무렵에 중국의 책은 코덱스를 더욱 닮아가기 시작했다.

그리스와 로마에는 파피루스나 종이가 들어오기 전부터 아코디언처럼 생긴 형태가 있었으니, 그것이 바로 **납판**(蠟版, wax writing tablet)이다. 납판은 기원전 8세기부터 고대 그리스에서 쓰였는데(기원전 14세기부터 납판을 쓰던 아시리아인에게서 받아들였다),[58] 널빤지 속을 긴네모로 파고 납(wax)을 채워 만들었다. '납판'을 일컫는 단어 '푸길라레'(pugillare)의 어원이 '주먹'을 뜻하는 라틴어 '푸그누스'(pugnus)인 것에서 보듯 납판은 튼튼하고 휴대성이 뛰어나서 현재의 전자책처럼 한 손으로 들 수 있었다.[59] 파기나의 테두리도 분명하게 표시할 수 있었다. 지금도 문방구점 가면 비슷한 물건을 파는데, 그것이 바로 지그문트 프로이트를 매혹시킨 요술 노트(wunderblock)로, 납판에 셀로판지를 덮은 형태였다. 플라스틱 첨필이나 심을 집어넣은 볼펜 끝으로 요술 노트 표면에 비밀 글을 쓰면, 읽고 나서 셀로판지를 들어올려 쉽게 지울 수 있었다. 초기의 납판도 이처럼 비밀 글을 전달하는 데 썼다. 헤로도토스에 따르면, 추방된 왕 데마라토스는 기원전 480년경 페르시아의 공격 계획을 스파르타에 경고하기 위해 납판의 나무 면에 글을 새긴 뒤에 발각을 피하려고 그 위에 납을 발랐다. 그의 경고를 받아 든 사람들은 처음에는 빈 납판을 보고 어리둥절했다. 헤로도토스에 따르면 납을 벗겨내지는 이이디이를 낸 것은 고르고 욍비다. 그 덕에 비문(秘文)을 수신하여 제때 국민에게 알릴 수 있었다.[60]

중국에서는 산 하나를 책 삼아 역사적 사건을
기록하기도 한다. 이를테면 취안저우의 산 절벽에는
정화의 서양 원정에 대한 역사 기록을 비롯한 해양
탐사 이야기가 새겨져 있다. 자연조차도 책을 쓰는
매체로 간주될 수 있는 것이다.

— 차이궈창,
   「서(書): 현대 중국 미술에서 책을 재발명하다」

납판에 쓰는 첨필은 한쪽이 뾰족하고 반대쪽이 뭉툭해서 반대쪽으로 오타를 지울 수 있었다. 옛 예술품에서 보듯, 글자가 잘 새겨지도록 첨필을 입술에 대어 데우기도 했을 것이다. 납판은 하나만 따로 쓸 수도 있었지만, 두 장을 가죽끈으로 묶어 한 쌍으로 만들거나 최대 열 장의 **폴립티크**를 만드는 경우도 많았다. 납판을 두 장 이상 묶을 경우 양쪽 또는 한쪽에 구멍을 뚫어 연결할 수 있었으며, 중간에 있는 납판에는 양면에 글을 쓸 수 있었다.61 납판을 묶은 것을 로마인이 '나무줄기'라는 뜻의 **코덱스**라고 부른 데 비추어볼 때 납판 받침대는 나무였을 것 같지만, '코덱스'라는 용어는 상아와 뼈를 비롯하여 다른 재료를 깎아 만든 납판에도 쓰였다.62 한편, 그리스 꽃병에서 납판을 들고 있는 장면을 보면 접히는 부분을 지금의 코덱스처럼 세우지 않고 노트북처럼 가로로 뉘어 들었음을 알 수 있다(그림 3 참고).

그리스인은 처음에는 유언과 출생 증명서 같은 중요한 문서에만 납판을 썼지만,63 파피루스와 양피지 두루마리가 들어오면서 필기장과 금전 출납부 등으로 활용 폭이 넓어졌다. 로마인은 푸길라레와 코덱스를 널리(무엇보다 법적 문서에) 썼는데, '유언 보충서'를 일컫는 영어 단어 '코디실'(codicil)이 여기서 왔다. 기원후 1세기에 코덱스의 재료가 나무에서 가죽으로 바뀐 것은 로마인 때문이라는 것이 학자들의 중론이다. 이런 변화는 **멤브라나**(membrana)라는 작은 양피지 공책이 쓰이면서 시작되었다.64 호라티우스(기원전 65~8년경)가 『풍자시』와 『시학』 초고를 쓸 때 멤브라나를 이용한 것에서 보듯, 긴 글을 파피루

스 두루마리에 옮겨 쓰기 전에 시작(試作)하는 용도로는 가벼운 접지 모음이 납판보다 유용했다.[65]

이 접지 모음을 바탕으로 서력기원 즈음에 코덱스가 발전했다(코덱스라는 형태를 누가 창안했는가는 알려져 있지 않지만). 1~4세기에는 파피루스와 양피지를 접고 가죽으로 싸서 이음매를 따라 고리 모양으로 바느질('양손 바느질'이라는 기법으로, 책 장정 용어로는 **중철제본**[中綴製本]이라 한다)했는데, 우리가 아는 코덱스의 최초 형태가 이렇게 만들어졌다. 각각은 조금씩 다른 방법으로 **콰이어**(quire), 즉 접은 종이의 묶음이 되었다(그림 3 참고).[66] 종이 한 장을 접으면 다양한 묶음으로 만들 수 있는데, 이렇게 만들어진 작은 종이 ─ 제책 용어로 '낱장'(leaf)이라 한다 ─ 의 매수에 따라 이름이 다르다. 이를테면 폴리오(folio)는 2장, 쿼토(quarto)는 4장, 옥타보(octavo)는 8장, 섹스토데시모(sextodecimo)는 16장이다(그림 4 참고). 이 이름은 서적사학에서 책의 크기를 나타내기도 한다. 파피루스 묶음은 폴리오(종이를 결 따라 반으로 접은 것)를 겹쳐 만들기 때문에 파피루스 두루마리와 높이가 같다. 하지만 양피지 묶음은 다양한 크기의 가죽으로 만들었으며 재료가 나긋나긋해서 여러 번 접고 잘라 제본할 수 있었다. 가장 흔한 접지 방식인 옥타보는 폴리오 넉 장을 묶은 것으로, '콰이어'라는 이름이 여기서 나왔다.[67]

전지 한 장을 접었을 때 생기는, 하지만 아직 자르지 않은 페이지를 **접장**(conjugate)이라 한다. 접장을 주름선 따라 자르면 그 페이지는 **낱장**이 되는데, 앞면을 **렉토**(recto), 뒷면을 **베르**

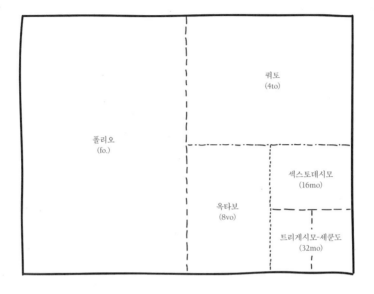

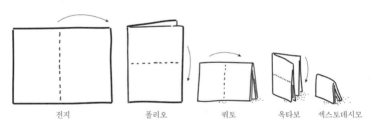

[그림 4] 전지를 섭는 방법에 따른 종이 크기. 삽화: Mike Force(Lightboard).
원본은 A. W. Lewis, *Basic Bookbinding* (New York: Dover, 1957), 9.

소(verso)라 한다. 이 용어는 파피루스 두루마리의 면을 일컫는 라틴어에서 왔다. '렉토'는 결이 가로인 안쪽이자 글을 쓰는 면 이며 '베르소 폴리움'(verso folium)은 '뒤집은 잎'이라는 뜻으로, 두루마리 뒷면을 가리킨다.[68] 코덱스의 펼침면*에서는 언제나 왼쪽이 베르소, 오른쪽이 렉토다.

전지를 접어 접지를 만들면 페이지를 쉽게 구성할 수 있기 때문에, 이 방법은 16세기부터 19세기까지 유럽 출판에서 중 요한 역할을 했다. 책이 사치재이던 시절에는 채프먼(chapman) 이라는 도붓장수가 장터를 돌아다니며 싸구려 소책자를 팔았 다.[69] 이것이 챕북(chapbook)으로, 분량은 4~24페이지이며 오 늘날에도 얇고 값싼 시집을 인쇄하는 소규모 출판에서 중요하 게 쓰인다.

다시 말하지만, 코덱스가 출현했다고 해서 두루마리가 사 라지지는 않았다. 양피지와 파피루스로 만든 두루마리본과 코 덱스본은 로마 문화 내에서 수 세기 동안 공존했다. 고고학 증 거에 따르면 3세기부터 두루마리가 점차 감소하고 코덱스가 증 가하다가 3세기와 4세기 사이에 둘이 균형을 이뤘다.[70] 이 시기 의 코덱스본 중에서 남아 있는 것으로는 호메로스와 플라톤의 저작 이외에도 의서와 문법서가 있는데, 이는 코덱스가 교육에 쓰였음을 의미한다. 각권의 분량이 두루마리 한두 개밖에 되 지 않은 것에서 보듯, 독자들의 머릿속에는 여전히 두루마리가 책 길이의 표준이었다. 소책자에서 우리가 아는 코덱스로 도약

[*] opening: 책을 펼쳤을 때 보이는 두 쪽.

하기 위해서는 접지 여러 장을 단단히 묶을 수 있는 더 복잡한
제본 기술이 필요했다. 최초의 온전한 유물은 1984년 이집트의
한 묘지에서 출토된 4세기 시편 **무딜 코덱스**(Mudil Codex)로,
접지 서른두 매를 나무 표지로 감싸고 가죽끈으로 묶은 것에
서 이 책의 뿌리가 로마임을 알 수 있다.[71]

필사본 전통

우리가 아는 형태의 제본 서적은 지금까지 살펴본 쓰임새에 잘
들어맞는다. 가지고 다닐 수 있고 오래가고, 참조하기 쉽고, 앞
뒷면에 쓸 수 있어 경제적이다. 두루마리와 달리 양손을 써서
펼칠 필요가 없고 점토판과 납판처럼 평평한 표면에 올려둔 채
읽을 수 있다. 하지만 코덱스가 보급된 가장 큰 이유는 코덱스
에는 없는 특징에 있다. 그것은 두루마리가 히브리어 성서인 토
라와 이교도 경전을 기록하는 데 쓰였다는 사실이다. 에세이스
트이자 서적사가 알베르토 망겔 말마따나 초기 기독교인들은
로마에서 금지한 문서를 몰래 전파하는 수단으로 코덱스를 채
택했다.[72] 서력기원 이후 기독교가 떠오르면서 이 차이는 중요
한 쓰임새를 가지게 된다. 기독교인과 유대인이 서로의 차이를
강조하려고 종교서를 서로 다른 방식으로 제본한 것이다. 심지
어 수도사들이 칠십인역 성서를 수도원 도서관에 비치할 때 두
루마리를 코덱스 형식으로 다시 제본한 것에서 이러한 차이가
얼마나 내면화되어 있었는지 알 수 있다.[73]

  서구에서 코덱스본 생산이 수도원 필사본의 형태로 발전

한 것은 기독교의 부상을 통해서다. 이탈리아에서 최초의 수도
원들이 가톨릭을 확립하던 6세기에 누르시아의 성 베네딕토는
베네딕토회 수도사들에게 매일 독서하고 사순절 기간에 통독
하고 여행할 때 책을 가지고 다니다가 들르는 곳마다 정독하라
고 당부했다.[74] 독서가 강조되면서 수도원에서는 책 생산이 활
발해졌다. 수도원마다 도서관을 두었으며 글을 손으로 베끼는
필사실(scriptorium)이 있었다. 필사실에서 필경사, 교정사, 서예
사, 주서사가 만들어낸 코덱스는 다른 수도원과 교환하거나 판
매했으며 주요 독자는 동료 수도사였다. 수도원에서는 13세기
까지 책 생산을 독점했는데, 초기의 책 하면 여러분은 수도원
의 **채식 사본**을 떠올릴 것이다. 이 화려한 필사본에는 기독교
문헌과 고대 그리스·로마의 작품이 포함되었으나, 이 책들을
베끼고 또 베낀 필경사들이 문헌을 보전하고 유포하는 일을 반
드시 자신의 임무로 여긴 것은 아니었다.

사실 수도사들은 필경 일을 즐기지 않았다. 형제 수도사
들이 논밭에서 일하거나 여행을 다닐 때 그들은 쌀쌀한 필사실
에서 문서 앞에 웅크린 채 하루 여섯 시간을 일하느라 허리와
머리가 쑤시고 눈이 침침하고 쥐가 났다. 낮 시간은 전부 필사
에 바쳐야 했는데, 양초가 비쌌을 뿐 아니라 주위가 가연성 높
은 물건투성이라 불이 나면 큰일이었기 때문이다.[75] 필경사들
은 일하는 동안 말을 하지 않았으며, 재료가 필요하거나 신세
한탄을 하고 싶을 때는 손짓을 주고받았다. 때로는 페이지 여백
에 메모를 남기기도 했는데, 다음의 불만은 학생의 투정을 떠
올리게 한다. "아마의 성 파트리치오시여, 저를 필사에서 건지

소서."76 필경사들이 자기가 베끼는 라틴어, 그리스어, 히브리어 문헌을 이해하지 못해도 상관없었다. 교정사가 원고의 오류를 바로잡을 터였으니 말이다.77 서예, 주서, 채식 같은 역할은 일반인이 맡기도 했다. 이렇듯 필사본 제작에는 많은 인력이 동원되었으며, 책 한 권을 만드는 데 많은 시간이 투입되었다. 나무나 가죽으로 표지를 두르고 때로는 보석과 누금*을 박고 밝은 색과 금박으로 장식된 페이지 페이지마다 코덱스 필사본에 들어간 노고와 비용이 고스란히 드러나 있다.

필경사들은 양피지 폴리오 넉 장 묶음—서적사가들은 '쿼터니온'(quaternion)이라고 부르며, '콰이어'(quire)의 어원이다—을 가지고 작업했는데 털가죽과 털가죽이 마주 보고 살가죽과 살가죽이 마주 보도록 열여섯 페이지를 배치하여 앞에서 설명한 옥타보 접지의 효과를 냈다.78 아무리 무두질하고 긁어내고 늘였어도 양피지 앞뒷면에는 그 짐승의 내력이 배어 있다. 털가죽은 색깔이 눈에 띄게 짙으며 작은 털구멍이 숭숭 나있다.79 원고를 쿼터니온 단위로 나누면 책 한 권에 필경사 여러 명이 달라붙어 작업 속도를 끌어올릴 수 있었지만 오류가 날 가능성도 커졌다. 최종본에서 각 쿼터니온의 모양과 내용이 앞뒤 쿼터니온과 어울려야 했기 때문이다. 필경사들은 명확하고 일정하게 필사하려고 페이지에 선과 여백을 구멍이나 선으로 표시했다. 이 레이아웃은 친숙한 본보기인 로마의 두루마리와 코덱스를 본떠 좌우를 정렬한 단을 한 페이지에 두 개씩 넣

[*] 鏤金: 금알갱이를 붙여 장식함. 또는 그런 세공 기법.

었는데, 효율적이면서도 보기 좋았다.

　　필경사들은 한 손에 거위 깃펜을, 다른 손에 주머니칼을 들고서 원본을 베꼈다. 주머니칼은 페이지를 누르고 펜을 깎고 오타를 긁어내는 용도였다. 그들은 **언셜체**(uncial)라는 대문자 **필체**를 썼는데, 라틴어 서체에서 발전했지만 가장자리가 둥근 형태였다.[80] 언셜체는 종교 문헌의 서체로 명맥을 유지했으나, 8세기에 카롤루스가 읽기 쉬운 소문자 필체를 반포하여 필사 서체를 표준화했다. 카롤링거 왕조에 빗대어 **카롤링거 소문자**라 불리는 이 서체는 필기 속도가 훨씬 빨랐기에 필경사들은 이 사소한 행위유도성을 재빨리 받아들여 책의 수요 증가에 대처했다.[81] 14세기가 되자 고딕 서체가 유럽 전역에서 각 지방의 특색을 지닌 채 발전했으며 이는 첫 활자체의 바탕이 되었다(이 주제는 2장에서 다시 살펴볼 것이다).

　　쿼터니온이 완성되고 교정사들이 교정을 마치면 주서사가 작업을 이어받았는데, 이들은 이집트의 전통을 계승하여 중요한 구절을 붉은 잉크로 장식했다. 표제, 장 머리글자, 제목도 이때 달았다. 중요한 필사본이거나 부유한 후원자가 의뢰했으면 주서한 글을 채식사에게 넘겨 여백에 그림을 그리고 장식하도록 했다. 채식사는 주로 붉은색과 푸른색 안료와 금박으로 원래 글자에 효과를 더하고(이따금 대문자 주변에 작은 장면을 그려넣어 일종의 **문자도**[文字圖, historiated initial]를 만들기도 했다), 페이지 여백을 장식하고 글의 주제를 나타내는 그림을 그렸다(그림 6 참고). 이 방법은 15세기 내내 쓰였으며 전성기에는 전체 필사본의 약 10퍼센트가 채식본이었다.[82]

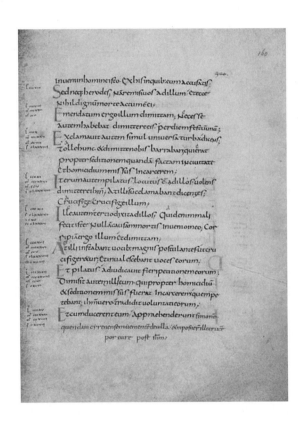

[그림 5] 카롤링거 소문자. 출처: 위키미디어 공용.

채식 사본 중에서 가장 잘 알려진 것 중 하나인 아일랜드의 『켈스서』(800년경)에서는 영국제도 필경사들의 빼어난 기법과 혁신—우아한 언셜 서체, 풍성하게 장식된 머리글자, 무엇보다 띄어쓰기—을 볼 수 있다.[83] 라틴어로 된 사복음서와 머리말은 기본이 되는 검은색 외에도 여러 색깔의 잉크로 씌었으며 이 시기의 어떤 현존 복음서보다 촘촘하게 채식되었다. 『켈스서』는 적어도 세 명의 필경사가 동원된 것으로 보이며, 필사본이 어떤 정교하고 고된 과정을 거쳐 그토록 값비싸고 빈틈없는 생산물이 되었는지 보여준다.[84] 독피지 폴리오 340장 전체에 화려한 삽화가 들어가고 전면 삽화도 열 장이나 되는 이 책에는 켈트 금속 가공을 모방한 모티프, 로마 전통을 연상시키는 붉은 점, 비잔티움과 아르메니아와 지중해의 도상에 영향받은 그림이 실려 있다.[85]

『켈스서』는 판형이 크고—애석하게도 19세기에 다시 제본하면서 약 30×20센티미터로 잘라버렸다—호화로운 것으로 보건대 특별한 예배에만 쓰이는 제단서(祭壇書)였을 것이며 낭독자는 내용을 암기하고 있었을 것이다. 탈자, 겹친 구절, 그림에 가려진 오타 등 수많은 오류에서 보듯 『켈스서』는 연구하기보다는 보고 듣는 책이었다.[86] 이렇게 큰 책을 장정하려면 7세기에 코덱스 제본에서 중요한 발전이 일어나야 했다. 그것은 질긴 실이나 가죽끈으로 표지를 뚫고 책등을 가로지르게 한 뒤에 여기에다 접지를 일일이 꿰매는 기법이었다. 지지대가 있는 이런 제본 방식은 17세기에 완성되었으며 고급 서적의 보수와 제작에서는 여전히 표준이다.

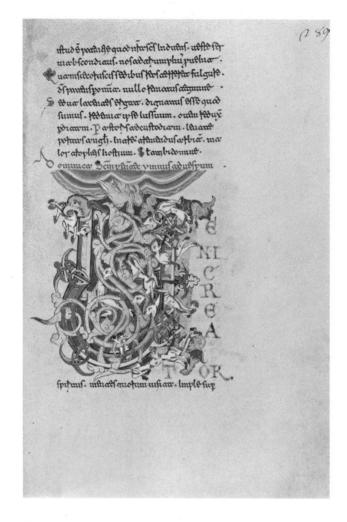

[그림 6] 무명의 미술가가 채식한 이탈리아의 성무일도서. 왼쪽 위의 얼룩은
털구멍이다. 「머리글자 V: 성령 강림」(Initial V: The Descent of the Holy Spirit,
1153). 양피지에 템페라 채색, 금박, 금물, 잉크. 판형: 19.2×13.2cm.
제공: The J. Paul Getty Museum, Los Angeles(Open Content Program).

책은 결코 단순히 눈에 띄는 '물건'이 아니다.
여느 기술과 마찬가지로, 언제나 책은 복잡하고
시시각각 변하는 환경에서 인간이 주체적으로
만들어낸 산물이다.

— D. F. 매켄지,『텍스트의 서지학과 사회학』

읽기와 쓰기의 변화

이 초기 필사본의 모양과 양식을 보면 당대의 읽기 관행과 이를 낳은 요인을 알 수 있다. 필사본 시대의 읽기는 우리가 현재 경험하는 사적이고 사색적인 독서와는 근본적으로 달랐다. 수도사는 책상 앞에 말 없이 앉거나 침대에 눕거나 이동하면서 읽지 않았다. 한자리에 모여서 형제들 중에 읽기를 잘하는 사람의 낭독을 듣거나 라틴어 배우듯 더듬더듬 혼잣말로 소리 내어 읽었을 것이다. 딴 수도원에 소장된 책을 읽으려고 찾아가면, 코덱스들은 귀중한 책들이 달아나지 못하도록 신도석 옆 독서대에 사슬로 묶여 있었다. 책을 베끼려면 쇠막대기에 엮인 좌우의 책들을 힘겹게 밀어낸 뒤에야 원하는 책을 꺼내 책상 앞에 앉을 수 있었다. 책을 사슬로 고정하는 관행은 18세기 내내 이어졌으며 문화적·종교적 삶에서 코덱스가 특별한 자리를 차지하고 있음을 상징했다. 책 한 권 한 권은 힘겹게 만든 유일무이한 물건이었으며 소수의 독자만이 향유할 수 있었다.

　　읽기는 헬레니즘 시대 이래로 구두 행위였으며 이는 쓰기에도 반영되었다. 그리스의 두루마리본은 단어 사이에 공백이 없을뿐더러 격 변화도 하지 않고 구두점은 전혀 쓰지 않는 **스크립티오 콘티누아**(scriptio continua, 붙여쓰기) 방식이었다. 그러니 소리 내어 읽을 수밖에 없었으며 그래야 제대로 읽을 수 있었다. 시카고 뉴베리 도서관 희귀본 큐레이터이자 중세 읽기를 연구하는 학자 폴 생어는 그리스어에 모음이 도입되지 않았다면 스크립티오 콘티누아가 발전힐 수 없있을 것이라고 설명한다. 모음 덕에 독자들이 글을 눈으로 따라가면서 음절을 분석하여 기억에 담아둘 수 있었다는 것이다.[87] 그리스어는 페니키아어처럼 오른쪽에서 왼쪽으로 썼지만, 로마인은 행마다 방향을 바꿔 읽기 속도를 끌어올렸다. 한 행을 오른쪽에서 왼쪽으로 읽었으면 다음 행은 왼쪽에서 오른쪽으로 읽는 방식이었다. 이러한 **좌우교대서법**은 쟁기질에 빗대어 **부스트로페돈**(boustrophedon)이라 부른다. 이 방법을 쓰면 농부, 작가, 독자는 연장을 땅에서 떼지 않은 채 논밭(글밭)을 누빌 수 있으니, 우리의 추측보다는 훨씬 덜 번거로웠을 것이다.

붙여쓰기는 지금의 눈으로 보면 어색해 보일지 몰라도 유치한 발상이 아니라 어엿한 선택이었다. 로마인이 1세기에 자기네 구두법을 버리고 그리스어 방식을 채택한 것을 보아도 알 수 있다. 이로 인해 읽고 쓰기는 교양 있는 엘리트의 전유물이 되었다. 그들은 어릴 적부터 각각의 글을 알아보고 그에 맞는 어형 변화를 익히거나, 아니면 **렉토르**(lector)라는 낭독 전문가를 고용했다. 붙여쓰기는 '공동 탐구'의 문화에도 이바지했다. 논란거리가 될 만한 글을 함께 읽고서(또는 듣고서) 이를 구름판 삼아 토론을 벌이는 것이다.[88] 고대 그리스에서는 문학이 주로 집단적 행위였으며, 서사시와 연극 공연을 들으러 청중이 모여들었다. 서사시에는 이 구술성의 흔적이 남아 있다. 반복, 정형화된 심상, 운율은 공연자의 기억을 돕기 위한 것이다.[89] 이런 작품의 공연을 일컫는 용어 **랩소디**(rhapsody)의 뜻이 '꿰매다'인 것에서 보듯 구술로 지은 시는 낯익은 구절의 짜깁기다.

실제로 고대 그리스의 위대한 사상가들은 글쓰기를 불신했다. 글쓰기라는 기술이 구술 토론의 기예를 망치고 세상과,

철학과, 시간과 공간을 이해하는 바탕이 되는 스토리텔링을 무너뜨릴 것이라는 이유에서였다. 플라톤의 『파이드로스』에서 소크라테스는 글이 사상을 그 원천과 분리한다면서 이집트의 타무스 왕이 신 테우트에게서 글쓰기의 기술을 소개받고 이런 우려를 처음 토로했다고 말한다.[90] 소크라테스는 말을 글로 옮겨 쓰는 것이 목발과 같아서 기억을 방해하고 철학적 사유를 모호함에 빠뜨려 해석을 독자의 손에 넘길까 봐 두려워했다. 하긴 글은 저자 없이도 유포될 수 있기에 저자가 해명하거나 항변할 방법이 없다. 이런 두려움에도 불구하고 플라톤이 자신의 대화를 기록하는 데 이용한 바로 그 글은 고대 그리스 웅변술의 발전에 결정적 역할을 했다. 쓰기 기술이 어떻게 의식을 재구성하는지 연구한 『구술문화와 문자문화』에서 월터 옹이 지적하듯 그리스 학자들이 효과적인 수사 전략을 옮겨 적고 체계화할 수 있었던 것은 문어 덕분이다.[91] 문어로 인해 어휘도 부쩍 증가했다. 언어의 모든 요소를 머릿속에 담아두지 않아도 되었기 때문이다. 사실 수사학을 꽃피운 것은 글쓰기였다.

우리가 알고 있는 묵독이 자리 잡으려면 읽기의 맥락과 글의 형식이 달라져야 했다. 읽기는 더 사적인 경험이 되어야 했는데, 이는 읽고 쓰기가 엘리트와 수도원 공동체 너머로 확장되어야 했다는 뜻이다. 글도 더 읽기 쉬워져야 했다. 중얼거리며 읽는 관행은 6세기까지도 통용되었는데, 이 관행이 사라지려면 구두법이 표준화되고 띄어쓰기가 도입되어야 했다. 그런 뒤에는 조용하고 사색적인 읽기를 위해 설계된 도서관이 발전하여 이 새로운 읽기 형태인 묵독을 뒷받침했다.

『켈스서』에 쓰인 것과 같은 **인슐라체**(Insular script)는 글의 접근성을 더 높이는 데 핵심적 역할을 했다. 라틴어는 제2외국어였고 스크립티오 콘티누아는 소리 내어 읽기가 더더욱 까다로웠기에 사람들은 띄어쓰기(675년경), 구두점, 어형 단순화 등 여러 변화를 도입하여 가독성을 높였다. 그런데도 이 작은 혁신이 퍼지는 데는 400년 가까이 걸렸다.[92] 10세기 유럽에서 아랍의 학술 문헌을 번역한 것도 띄어쓰기가 자리 잡는 데 한몫했을 것이다. 아랍어는 원래부터 띄어쓰기가 있었으니 말이다(그 이유는 그리스어나 라틴어와 달리 자음만 썼기 때문이다). 번역자들이 아랍어 문헌을 라틴어로 옮기면서 띄어쓰기를 그대로 둔 이유는 복잡한 학술적 문체를 이해하기가 훨씬 쉬워졌기 때문이다. 이것은 내용이 형식에 직접 영향을 미친 중요한 사례다.[93]

　　결국 글쓰기와 페이지의 모습을 다시 빚어내는 데 필수적인 것은 누가 읽느냐, 무엇을 읽느냐에서의 변화였다. 중세 후반에 유럽 인구가 부쩍 증가하면서 중상류층 일반인도 교육을 받아야 했으며 이를 위해서는 책을 접할 수 있어야 했다. 한편 초보적 언어와 수사학을 넘어서는 교육을 성직자와 귀족에게 제공하기 위해 13세기에 대학이 발전했다. 대학은 사상이 교환되는 새로운 시장을 창출했으니, 그것은 거의 전적으로 남성의 무대인 학계였다.[94] 글의 수요와 생산이 증가하면서 탄생한 서적상 길드는 교수와 학생의 요구에 부응하여 필사, 제본, 판매, 대여를 도맡았다. 서적상은 교수의 승인을 받은 **공식 사본**(exemplar)을 접지와 함께 필사가와 삽화가에게 보냈으며 그들

은 분담하여 완성한 원고를 서적상에게 돌려보냈다. 그러면 서
적상은 원고를 정리하고 제본하여 완성본으로 만들었다.[95] 분
업 체계 덕에 필사본을 훨씬 많이 만들 수 있었으며 이 필사본
은 서로 교체할 수 있는 동일한 절로 구성되었다. 학생들은 소
액의 비용만 내면 이 공식 사본을 절 단위로 직접 베낄 수 있었
는데, 이것은 고도로 수공업적인 독서 절차였다. 그런 다음 학
생들은 책을 수업에 가져와서 교수의 강의를 들으며 묵묵히 따
라 읽었다.[96] 손, 눈, 귀를 동원하여 종합적으로 학습한 셈이다.

　　사상의 전파와 읽기의 변화를 가져다준 아랍 세계에 우리
는 다시 한번 감사해야 한다. 학자들은 아랍어로 보존된 옛 문
헌을 라틴어로 번역했으며 과학과 수학 문헌도 유포되기 시작
했다. 학술 독자층이 성장하면서 페이지와 코덱스의 구조도 개
인적 묵독과 주석에 맞도록 발전했다.[97] 이 짧은 순간에 뒤이어
르네상스라는 예술적·지적 활동의 시기가 찾아왔으며, 르네상
스는 책의 모든 것을 바꿨다. 쉽게 운반할 수 있는 코덱스는 서
로 멀리 떨어진 사상가들끼리 의견을 교환하는 데 필수적이었
으며, 그 덕분에 소크라테스와 플라톤이 두려워한 바로 그 비
동기적 사유 발달이 가능해졌다.

　　두 사람의 우려는 디지털로 매개되는 읽기와 쓰기가 우리
의 주의 집중 능력과 심층 독서 능력을 떨어뜨릴 것이라는 현대
의 불안과 일맥상통한다. 우리가 두려워하는 것은 고대인들이
걱정한 바로 그것, 바로 매개다. 소크라테스가 글을 비판한 근
지에는 글을 사상가와 사상 사이에 끼어드는 기술로 보는 시각
이 있다. 글이 사상가와 사상을 분리하여 따로따로 돌아다니게

책이란 무엇일까? 책은 경험이다.
… 책은 발상에서 시작하여 독자에서 끝난다.

— 줄리 첸과 클리프턴 미도어, 『책의 원리』

한다는 것이다. 소크라테스는 이렇게 되면 자신의 입장을 변호하거나 자신의 의견을 해명하는 것이 불가능해질 거라고 믿었지만, 이러한 분리는 빠르게 성장하는 세계에서 지식이 발전하고 유포되는 데 필수적임이 드러났다. 중요한 사실은 이것이다. 연결된 디지털 기기에 의존하면서 우리가 근본적으로 달라졌듯 글쓰기는 인간 의식을 근본적으로 바꿨다.

2
내용으로서의 책

르네상스는 (적어도 귀족들 사이에서는) 책의 시대를 열었으며 우리가 코덱스와 연관 짓는 많은 특징은 묵독의 유행에 부응하여 생겨났다. 평신도의 의뢰로 작은 채식 사본 **성무일도서***가 제작되면서 예배는 사적 행위가 되었으며 코덱스 자체가 가치와 지위의 대상이 되었다. 이 시기에는 책의 구조에 대해 몇 가지 흥미로운 실험이 이루어져 다음과 같은 귀한 결과물을 낳았다. 중세에 순례자들에게 인기 있는 형식이던 **거들북**(girdle book)이 여전히 제작되었는데, 연한 가죽 표지를 길게 빼서 허리띠에 걸면 어디서나 쉽게 펼쳐 읽을 수 있었다. **도자도**(dos-á-dos, 16세기)는 두 권의 표지를 붙이되 한 권의 책등이 나머지의 책배와 만나게 한 것이다. 드물긴 하지만 여러 권을 묶기에 요긴한 구조다. 하트 모양의 **코디폼 책**(cordiform book, 14~15세기)도 성무일도서, 발라드 모음집, 연애시집 등 몇 권 남아 있는데 코덱스를 펼치면 모양이 좌우 대칭인 것을 활용하여 책의

[*] book of hours: 로마 가톨릭 교회의 전례서로, 매일 정해진 시간에 낭송할 시편·성서 본문·찬송이 실려 있다.

형식이 내용—헌신—에 부합하도록 했다.[1]

　무엇보다 중요한 사실은 책 하면 가장 먼저 떠오르는·특징이 이 시기에 등장했다는 것이다. 그것은 바로 '인쇄'다. 코덱스가 수도원 담장을 넘어서자 저자의 개념도 조금씩 달라졌다. 수도원 필경사들은 (자신이 책에 담는) 사상의 창작자가 아니라 문화적 지식을 글로 옮기는 직공 취급을 받았다. 대학이 떠오르고 라틴·그리스 문학과 수사학에 대한 인문학적 탐구가 활발해지면서 저자를 창작자로 보는 관점이 형태를 갖추기 시작했다. 기계화와 더불어 찾아온 이 변화는 책을 사물이 아니라 내용으로 재해석하는 데 결정적 역할을 한다. 책의 형식은 그 안에 담긴 정보를 담는 그릇에 불과하다는 것이다.

인쇄기를 돌리다

코덱스본이 함께 경험하는 공유된 사물에서 사적 물건으로 바뀌면서 복제업자들은 수요를 감당할 수 없었다. 처음에는 목판 인쇄—서구에서는 트럼프 카드를 제작하려고 발전한 듯하다—가 독자들의 수요를 일부 충족했다. 종교적 그림에 설명 문구를 단 블록북(Block-book)은 15세기 내내 독실한 독자들에게 읽혔다.[2] 중국에서와 마찬가지로(1장에서 설명했듯 중국의 목판 인쇄술은 서양보다 앞선다) 그림과 글자를 둘 다 나무에 새기는 돋을새김 기법으로 폴리오를 인쇄할 수 있었다. 블록북을 만드는 데 이용된 목판 기법은 다른 인쇄 기법으로 만든 책에 영향을 미치고 그 책에 삽화를 넣는 데 중요한 역할을

[그림 7] 거들북은 책 표지와 가죽이 붙어 있는 형태로, 벨트에 묶어 다니거나 손에 들고 다녔다. Carl Dumreicher(ed.), *Ex Bibliotheca Universitatis Hafniensis* (Copenhagen, 1920). 원본 소장: Yele University Library(MS084). 스캔: Sofus Larsen. 출처: 위키미디어 공용.

했다. 훗날 표준이 되어 20세기 내내 거의 그대로 유지된 그 기법은 **가동 활자**(movable type)였다.

초기의 책 하면 여러분의 머리에는 요하네스 구텐베르크라는 이름이 떠오를 것이다. 책의 역사에서 몇 안 되는 유명 인사 중 한 명인 구텐베르크의 이름은 인쇄기의 발명과 동의어가 되었으며 그의 이름이 붙은 42행 성서는 활자로 인쇄된 서양 최초의 책으로 널리 알려지고 칭송받았다. 그에게 헌정된 광장과 조각상이 독일 전역에 들어서고 1952년 미국에서 그의 업적을 찬양하는 우표가 발행되고 그를 묘사한 수많은 판화가 제작되고(그중에서 진짜 초상화로 입증된 것은 하나도 없다), 전 세계의 공유 저작물을 디지털화한다는 계획이 그의 이름을 내세웠음에도, 구텐베르크는 그 위업을 가능케 한 혁신에 대해 거의 인정을 받지 못했다.

우리가 구텐베르크의 업적에 대해 아는 사실은 대부분 1455년 요한 푸스트와의 소송 기록에 실려 있던 것들이다. 금융업자 푸스트는 구텐베르크의 인쇄기에 2026휠던(이자 포함)을 투자했으나, 구텐베르크는 투자금을 상환하지 못했다.3 소송의 결과로 구텐베르크는 인쇄소를 몰수당했다. 남은 것은 융자가 이루어진 1448년 이전에 완성한 작품과 장비뿐이었다. 푸스트와 예전에 구텐베르크의 조수로 일했던 푸스트의 사위 페터 쇠퍼는 구텐베르크의 인쇄소, 성서 완성본의 절반, 인쇄기 자체에 대한 공로의 대부분을 차지했으며, 구텐베르크는 자신의 발명과 자신이 제작한 말끔하고 표준화된 성서로부터 아무런 이익도 거두지 못한 채 12년 뒤에 죽었다. 구텐베르크가 글을 한

[그림 8] 15세기 중반 독일에서 목판 인쇄한 작가 미상의 블록북. 크기는 12.8×
19.9센티미터. 출처: Metropolitan Museum of Art, The Met Collection.

우리는 이미 책을 훌쩍 뛰어넘어 여기까지 왔다.
몇백 년 만에 처음으로 우리는 책을 내재적이고
필연적으로 인간적인 것이 아니라 부자연스러운
것으로, 기적에 가까운 기술 혁신으로 여길 수 있게
되었다.

— 조지 P. 랜도, 「미래 20분 전」

자도 남기지 않았고 활자를 한 개도 디자인하지 않았고 완성된 코덱스에 한 번도 자신의 이름을 인쇄하지 않았음을 감안하면 그가 이토록 명성을 누리는 것이 더더욱 의아하다.[4] 인쇄술을 실현하기 위해 구텐베르크는 올리브유와 포도주를 만들 때 쓰는 압착기를 바탕으로 목제 나사 압착기를 개발해야 했고 거푸집으로 활자를 만들어야 했으며 금속에 달라붙는 유성 잉크를 개발해야 했다. 일반인들은 구텐베르크를 인쇄술의 '발명자'로 알고 있지만, 구텐베르크가 이용한 기술 중 상당수는 그가 인쇄소를 차릴 때 이미 존재하던 것들이다. 그의 위대한 업적은 이 기술들을 조합하고 완성하고 자신의 꿈에 자금을 지원하도록 사람들을 설득했다는 데 있다.

구텐베르크의 삶에 대해 그나마 알려진 것으로 짐작건대 그는 일찌감치 사업가 기질을 발휘했다. 1400년경 독일 마인츠의 부유한 가정에서 태어난 그는 한동안 슈트라스부르크에서 살면서 보석을 연마하고 거울을 만들어 순례자들에게 팔면서 아마도 활자와 인쇄기를 연구하기 시작했을 것이다.[5] 1448년에 구텐베르크는 마인츠로 돌아왔는데, 얼마 안 가서 자신이 최근에 구상한 인쇄술에 대해 푸스트의 투자를 얻어냈다. 그 뒤로 7년간 구텐베르크는 앞으로 수백 년을 이어갈 활자 주조 및 인쇄 기법을 개발했다.

활자 주조

인쇄기에 가장 먼저 필요한 것은 활자였다. 나중에야 활자를 사

면 됐지만, 구텐베르크와 그의 동시대인들은 녹인 금속을 가지
고 제 나름의 폰트, 즉 서로 바꿔 끼울 수 있는 한 벌의 활자 모
음을 디자인하고 주조해야 했다. 백랍 식기를 장식하고 가죽에
낙인을 찍을 때 쓰는 놋쇠 압인이 이미 있었지만, 인쇄기의 압
력을 견디기에는 너무 물렀다.[6] 구텐베르크는 주석과 납을 몇
대 몇으로 혼합해야 단단하면서도 융용점이 낮아 **어미자**[*]를
망가뜨리지 않는 합금을 만들 수 있는지 알아내야 했다. 'ma-
trix'의 어원은 '어머니'를 뜻하는 라틴어 '마테르'(mater)다. 어
미자를 가지고서 거꾸로 된 글자인 **아비자**(patrix)를 만들었는
데—'patrix'의 어원은 '아버지'를 뜻하는 라틴어 '파테르'(pater)
다—이렇게 만든 활자로 인쇄하면 작고 고르고 매우 또렷한
글자를 찍을 수 있었다.

　구텐베르크는 어미자를 직접 깎았지만, 인쇄술이 더욱 전
문화되면서 **각자공**(刻字工, punchcutter)이 똑같은 서체의 알파
벳 전부와 그에 맞는 구두점을 쇠막대 끝에 거울상으로 깎아
서 만들었다. 그런 다음 **각자**(刻字, punch)를 작은 구리 막대에
찍어 원래 글자 모양의 음각 거푸집을 만들었다. **주공**(鑄工)은
이 거푸집을 작은 긴네모 구멍의 한쪽 끝에 밀어넣고 녹은 합
금을 부은 뒤에 빠르게 회전시켜—매우 뜨겁기 때문에 부젓가
락을 이용했다—액체가 고르게 퍼지도록 했다. 거푸집이 식으
면 걸쇠를 벗기고 열어서 활자 한 개를 꺼냈다. 활자는 짧은 금
속 막대로, 끝에 글자가 거꾸로 양각되어 있었다. 활자는 긴네

[*] matrix: 납을 부어 활자의 자면이 나타나도록 하기 위하여 글자를 새긴 판.

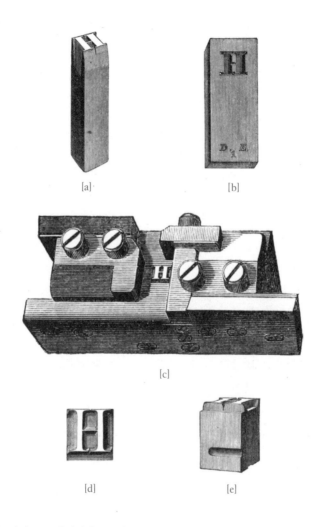

[a]　　　　　　　　　　[b]

[c]

[d]　　　　　　　　　　[e]

[그림 9] 1878년 당시의 주조법을 묘사한 그림: [a] 각자, [b] 어미자, [c] 어미자를
빼낸 거푸집, [d, e] 완성된 활자의 윗면과 옆면. 이것은 후대의 공정을 묘사한
것이시만, 19세기 활자 주조의 기본 원리는 구텐베르크 시대와 같았다. 판화
출처: Theodore Low De Vinne, *The Invention of Printing* (New York: F. Hart, 1878).

모꼴이어서 좌우의 활자와 꼭 들어맞았기에 빽빽하고 읽기 쉬
운 글자를 인쇄할 수 있었다(그림 9 참고).

　　연구자들이 구텐베르크 성서의 글자체를 분석했더니 한
페이지에 반복되는 글자들, 이를테면 두 개의 'M'이나 두 개의
'G' 사이에 미묘한 차이가 있었다. 이는 구텐베르크가 구리에
압인하는 기법보다 덜 정확한 주물사(鑄物沙) 주조법을 썼음을
시사한다.[7] 그의 거푸집은 모래와 진흙을 섞어 만들었을 텐데,
이는 완성된 활자를 꺼내려면 거푸집을 부숴야 했다는 뜻이다.
이로 인해 주조 공정이 훨씬 힘들어졌을 것이다. 활자를 주조할
때마다 어미자를 새로 만들어야 했기 때문이다. 구텐베르크 성
서 한 페이지에 들어가는 활자 수는 약 2600개이고 한 번에 두
페이지를 인쇄했으므로(게다가 여러 페이지가 인쇄 대기 중이
었다), 폰트를 만드는 과정이 인쇄 작업에서 중요한 비중을 차
지했을 것이다.

　　완성된 활자는 기다란 보관함에 순서대로(sorted) 넣어두
었는데, 글자, 약물,* 공백마다 칸이 나뉘어 있었다. 활자 한 벌
을 **소트**(sort)라고 부르는 것은 이 때문이다. 이런 문선대(文選
臺)는 가지런히 정돈해야 했다. 그러지 않으면 인쇄공이 '순서를
헷갈려'(out of sorts) 작업을 끝낼 수 없었는데, 이는 '심란한'(out
of sorts) 상황이었다. **조판공**(compositor)이라고도 하는 **식자공**
(typesetter)은 원고를 보면서 소트를 **식자가**(植字架, composing

[※] 約物: 활자 가운데서 문자, 숫자 이외의 각종 기호, 구두점, 괄호 따위를
　　통틀어 이르는 말.

stick)에 한 줄씩 늘어놓았다. 식자가의 너비는 행 길이에 맞게
조정할 수 있었다. 활자는 위아래를 뒤집은 채로 오른쪽에서
왼쪽으로 배열하여 원고의 거울상이 되게 했으며 단의 높이와
좌우를 일정하게 만들기 위해 단어 사이와 행 사이에 간격 띄
우개(spacer)를 끼워 넣었다. 완성된 단, 즉 **활판**(活版, forme)을
끈으로 묶어 **갤리**(galley)라는 금속 쟁반에 임시로 옮겨 오탈자
가 없는지 교정했다. 나무를 깎아내면 조판이 고정돼버리는 블
록북과 달리 활판 인쇄에서는 같은 글자 묶음을 다르게 짜맞
춰 무한히 다양한 글을 찍어낼 수 있었다. 목판과 조합하면 글
과 그림을 한 번에 인쇄하는 것도 가능했다. 하지만 목판으로
는 곡선과 대각선을 비롯한 온갖 형태로 페이지에 글을 배열할
수 있었지만 활자를 손으로 조판하는 경우에는 엄격한 규격을
따라야 하기에 그런 형태를 재현하기 힘들었다.

인쇄

구텐베르크의 목제 인쇄기를 작동하려면 인쇄공이 여러 명 달
라붙어야 했다. 우선 조판대에 활판을 올리고 **체이스**(chase)라
는 쇠틀로 단단히 고정했다. 체이스로 활판 두 개를 한 번에 고
정하여 종이 한 장에 찍었는데, 종이 양면을 인쇄하면 폴리오
가 되었다. **비터**(beater)라는 인쇄공이 손잡이가 달린 가죽 잉
크 공(ink ball)으로 활판 표면에 잉크를 고루 바르면 또 다른
인쇄공이 젖은 종이를 경첩이 달린 틀에 끼웠다. 이 틀은 종이
를 받치는 밑판인 **팀판**(tympan)과 종이 여백이 더러워지지 않

도록 보호하는 액자 모양의 **프리스킷**(frisket)으로 이루어졌다.[8] 그 다음 팀판을 활판에 얹고 조판대 전체를 인쇄기의 **압판**(壓版, platen) 아래에 밀어 넣었다. 압판은 넓고 납작한 평면 한가운데에 나무 나사를 달아놓은 모양이다. 풀러(puller)는 기다란 손잡이를 돌려 압판으로 팀판을 눌러(포도주를 빚을 때 나사의 힘으로 포도를 으깨는 것과 비슷하다) 종이와 그 아래의 활판에 고르게 압력을 가했다(그림 10 참고). 이렇게 하면 활판이 젖은 종이 표면에 파고들어 잉크 자국을 남겼다.

한 활판으로 사본을 찍을 만큼 찍었으면 조판공은 활자를 꺼내 소트를 다시 문선대에 넣었다. 르네상스 시대가 되자 문선대는 위로 뚫린 구획들에서 벗어나 각 글자에 해당하는 작은 칸으로 나뉜 서랍들로 바뀌었다. 'e'처럼 흔하게 쓰는 글자는 자리가 넓었고 'z'처럼 드물게 쓰는 글자는 자리가 좁았다.[9] 영어에서 대문자를 '어퍼케이스'(uppercase), 소문자를 '로어케이스'(lowercase)라고 부르는 것은 이 방식에서 유래했다. 대문자는 위쪽 서랍에, 소문자는 아래쪽 서랍에 보관했기 때문이다. '스테레오타이프'(stereotype)라는 용어도 인쇄 역사에서 생겨났다. 소트가 부족해서, 한 페이지가 끝날 때마다 다시 쓸 수 있도록 정리해야 했기 때문에 재인쇄는 고역이었다. 18세기에 인쇄업자들은 완성된 활판의 지형*을 떠서 페이지를 보존하고 재사용하는 기법을 개발했다. 지형을 거푸집으로 이용하면 한

---

[*] papier-mâché, 紙型: 연판을 뜨기 위하여 식자판 위에 축축한 종이를 올리고 무거운 물건으로 눌러서 그 종이 위에 활자의 자국이 나타나게 한 것.

[그림 10] 18세기 인쇄소의 에칭 작업 광경. 왼쪽에서는 조판공이 원고를 보면서
활판을 짜맞추고 있고 오른쪽에서는 비터가 활판에 잉크를 바르고 또 다른
인쇄공이 팀판에서 쿼토를 들어올리고 있다. Daniel Chodowiecki, "Die Arbeit in
der Buchdruckerei," in *J. B. Basedows Elementarwerk* (Liepzig: Ernst Wiegand, 1909).
출처: 위키미디어 공용. 스캔: A. Wagner.

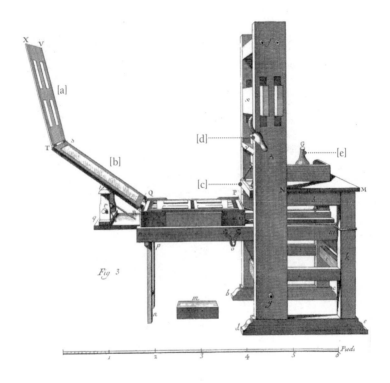

[그림 11a] 활판인쇄기 각부 명칭은 다음과 같다. [a] 프리스킷, [b] 팀판, [c] 압판,
[d] 압판을 내리는 손잡이(bar), [e] 가죽 잉크 공.

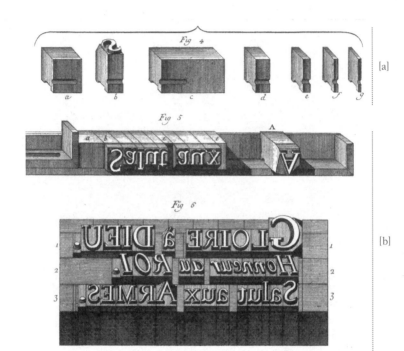

[그림 11b] 활판인쇄에 쓰이는 각종 도구. [a] 활자와 공목, [b] 식자가. 공목은 활자를 조판할 때 인쇄할 필요가 없는 자간이나 행간을 메우기 위한 나무나 납 조각으로, 보통 활자보다 조금 낮으며 길이는 여러 종류가 있다. Denis Diderot, *Recueil de planches, sur les sciences, les arts libéraux, et les arts méchaniques* (Paris: Chez Briasson, 1762).
출처: 인터넷 아카이브. 디지털화 도움: Biodiversity Heritage Library.

우리가 책이라 부르는 것은 다양한 역사와 분야의
결합이기 때문에, 그런 수준들 사이―이를테면
물질적인 것에서 추상적인 것으로―의 엄격한 서열을
고집하는 것은 비현실적이다. 우리가 책에서 보거나
정의하는 요소들을 최종적으로 어떻게 체계화하는가는
그 책에 대해 어떤 질문을 하고 싶은가에 따라
달라진다.

― 조지프 데인, 『책이란 무엇인가?: 초기 인쇄본 연구』

페이지를 통째로 연판*으로 만들 수 있어서, 책이 인기를 끌면 쉽게 재판을 찍을 수 있었다. 물론 연판에는 한 가지 문제가 있는데, 그것은 수정이 불가능하다는 것이다. 철자, 공백, 구두점, 어법의 오류가 고스란히 남기에 글을 고치는 것도 우리의 선입견을 고치는 것도 여간 힘들지 않다.

구텐베르크의 라틴어 성서는 180부가 인쇄된 것으로 추정되는데, 135부는 종이에, 나머지는 독피지에 찍었다.[10] 주로 교회와 수도원에 팔 작정이었는데, 두 권짜리로 구약과 신약이 둘 다 들어 있었으며 두 단으로 인쇄했고 넓은 여백에는 나중에 그림을 그려 넣었다. 각 권은 무게가 약 6킬로그램에 펼친 크기는 약 43×62센티미터로, 제단용으로 안성맞춤이었다. 독자들은 그림과 주서를 보고 필요한 문구를 쉽게 찾을 수 있었다.[11] 인쇄된 책자 중에서 50부가량이 도서관과 박물관에 소장되어 있으며, 그중 절반 가까이는 상태가 불완전하다. 구텐베르크 성서 하면 인쇄기의 출현이 떠오르지만 사실 그가 활자로 처음 인쇄한 책은 따로 있다. 증거에 따르면 구텐베르크는 성서를 완성하기 전에 라틴어 교과서와 면벌부(기도와 헌금을 통해 죄를 용서받았다는 증서)를 인쇄했는데, 인쇄 자금을 마련하고 교회에 잘 보이려는 심산이었다.[12]

구텐베르크가 우리에게 칭송을 받고 있기는 하지만, 활자 인쇄를 처음으로 한 사람은 그가 아니다. 1041년 중국의 발명

[*] stereoptype, 鉛版: 활자를 짠 원판에 대고 지형을 뜬 다음에 납, 주석, 일쿠니늄의 합금을 녹여 부어서 뜬 인쇄판. 활자가 닳는 것을 막고 인쇄 능률을 높일 수 있다.

가 필승이 손으로 새긴 진흙 활자로 인쇄하는 기법을 개발했다. 중국의 인쇄업자들은 11세기부터 13세기까지 진흙, 주석, 구리, 나무로 활자를 만들었으며, 이 기술은 한국으로 전해져 1377년 두 권으로 된 선불교 경전 『직지심체요절』이 구리 활자로 인쇄되었다. 활자가 등장한 뒤에도 중국에서는 19세기까지 목판 인쇄가 대부분이었는데, 한 가지 이유는 비용 대비 효율이었고 또 한 가지 이유는 압력을 가하지 않아도 먹을 입힐 수 있었던 중국 종이의 품질에 있었다.[13] 구텐베르크는 활자의 발명가가 아니었을뿐더러 활자로 인쇄한 최초의 유럽인도 아니었을지 모르지만, 뚜렷한 직접적 설명도 없이 그는 네덜란드와 아비뇽을 비롯하여 비슷한 시기에 유럽 전역에서 활자를 실험하던 모든 인쇄업자 앞에 우뚝 서 있다.[14]

인쇄기가 보급되면서 책 한 권을 수백 부씩 똑같이 찍어낼 수 있게 되어 출판 속도가 엄청나게 빨라졌다. 인쇄기는 금세 상거래와 교류의 수단으로 가치를 인정받았으며 그 덕에 독일 전역과 유럽에 빠르게 퍼져 인쇄의 첫 시대를 열었다. 서적사가들은 1501년 이전에 유럽에서 인쇄된 책을 **인큐내뷸러**(incunabula)라고 부르는데, 이 단어는 '요람'을 일컫는 라틴어로 인쇄 코덱스의 요람기에 빗댄 표현이다. 이 시기에 인쇄업자들은 독자들에게 친숙한 미감에 호소하기 위해 채식 사본의 모습을 본떴다. 그들은 비종교인 식자층 독자(와 고객)를 위해 코덱스를 발전시키면서 구두법과 띄어쓰기를 점차 표준화하고 책 뒤에 주제별 색인을 더했다. 인쇄된 접지를 올바르게 정돈할 수 있도록 각 접지의 첫 단어를 나열한 **레지스터**(register)를 책 앞에 실었는데, 이것이 지금의 '차례'가 되었다.

책의 몸

인큐내뷸러는 우리에게 친숙한 책 형식인 '인쇄 코덱스'의 출발
점이다. 하지만 오늘날 대량 생산되는 책처럼 균일하지는 않았
다. 근대 초기의 책을 연구하는 학자들은 '책'(book)과 '책권'(冊
卷, book copy)을 구분한다. 인쇄기를 한 번 돌려 찍어낸 각각
의 코덱스마다 고유한 유통, 내력, 물성을 가지기 때문이다.[15]

    이를테면 19세기 이전에 찍은 책에서 표지는 틀림없이 코
덱스의 일부이지만 책의 일부는 아니다. 근대 초기의 책권은
주문을 받아야만 제본했기 때문이다. 당시에 제본된 상태로 팔
리던 소수의 책도 여전히 수작업으로 제본되었기에 서로 완전
히 똑같지는 않았다. 제본의 사소한 차이 말고도 각 책권에는
난외주(欄外註, marginalia) 같은 독서 흔적이 남는데, 이는 개별
적인 소유와 유통의 내력 덕분이다. 이 흔적들은 '책'의 일부가
아니면서도 '책권'의 일부다. 따라서 인쇄기는 책의 확산을 촉진
하는 동시에 책의 '이데아'를 '대상'으로부터 분리함으로써 책을
변화시켰다.

    책권이 쏟아져 나오는 이 시대에 우리는 코덱스에 하도 친
숙해져서, 문제—교과서가 꼴사나운 모양이거나 표지에 오타
가 있거나 낙장이 생기거나—가 생기지 않는 한 형식이 눈에
들어오지 않는다. 철학자이자 이론가 발터 베냐민은 기념비적
에세이 「기술적 복제시대의 예술 작품」(1935)에서 19세기 후반

에 사진, 축도화(縮圖化), 이미지 유포가 예술을 창작자로부터
추상화하여 그 '아우라'를 파괴했다고 주장한다.[16] 마찬가지로
우리는 이제 대량 인쇄된 책을 집어들 때 필경사나 장인의 손
길을 느끼지 못한다. 송아지 가죽 장갑을 낀 먼 조상의 손가락
만지듯 그런 책을 어루만지는 복고주의자 독자에게는 옛 책이
여전히 아우라를 내뿜겠지만. 코덱스는 우리처럼 몸이 있으며,
코덱스의 몸을 알려면 그 해부 구조를 이해해야 한다.

　　코덱스를 묘사하는 용어는 코덱스가 몸을 가지고 있음
을 암시한다(그림 12 참고). 우리가 읽는 본문을 일컫는 '내지'
는 **접장**(signature)으로 이루어지는데, 이는 로마의 양피지 필
기장이나 중세의 콰이어와 다르지 않다. 접장을 쌓고 제본하여
표지로 감싸면 코덱스는 긴네모꼴이 된다. 여기서 **책등**(spine)
은 책의 등줄기이고 **책발**(foot)은 책꽂이를 디디는 부위, **책머리**
(head)는 가름끈을 꽂는 부위다. **머리띠**(headband)는 장식 효
과를 줄 뿐 아니라 제본을 보강하여 책을 펼쳤을 때 내지가 딱
딱한 책등으로부터 떨어져 휘어질 수 있도록 한다. 견장정(堅裝
幀) 코덱스를 제본할 때는 내지를 **표지**(cover) 사이에 끼우고 **면
지**(面紙, endsheet)로 잇는데, 면지는 종종 장식 효과가 있으며
한쪽은 판지에 붙이고(붙인면지, pastedown) 다른 쪽은 책의 첫
페이지나 마지막 페이지의 책등 쪽 테두리에 붙인다. 면지의 이
음매에 장력이 가해지기 때문에, **노는면지**(flyleaf)가 속장을 살
짝 잡아당겨 표제지를 보여주면서 독자를 책 속으로 초대한다.

　　면지는 이름을 적거나 **장서표**(藏書票, bookplate)를 붙이
기에 안성맞춤이다. 장서표는 책의 주인을 밝히는 표로, 15세

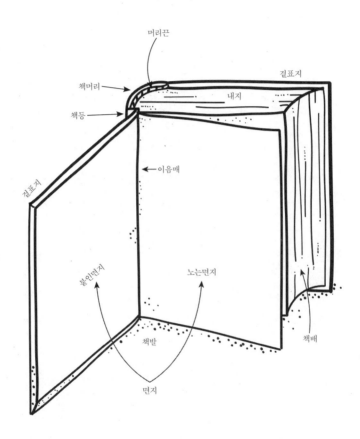

[그림 12] 책의 몸. 삽화: Mike Force(Lightboard).

책은 사고를 돕는 기계[다].

— I. A. 리처즈,『문학 비평의 원리』

기 도서관에서 등장하여 17세기에 애서가들 사이에 널리 퍼졌
다.[17] 근대 초기의 독자 중에서 책의 안쪽에 손대고 싶지 않은
사람들을 위해서는 제본 과정에서 소유자를 표시하는 방법이
있었다. 자신의 책을 전부 같은 재료로 장정할 수도 있었고 책
표지나 책등에 문장(紋章)을 찍을 수도 있었다. 이렇게 책의 소
유자를 표시하는 방식은 소유자가 미적 요소를 결정하던 시대
의 산물이다. 이때는 책이 대량으로 생산되는 균일한 상품이
되어 표준적 제작 방식, 마케팅, 판매를 위한 표지들이 책의 몸
에 새겨지기 전이다.

책을 펼치다

책을 펼칠 때마다 우리가 기대하는 출입구인 표제지는 코덱
스의 인큐내뷸러 시기인 1480년경에 발전했다.[18] '표제지'(title
page)라는 용어 자체는 두루마리 내용을 표시하는 꼬리표를
일컫는 라틴어 **티툴루스**(titulus)에서 왔다. 티툴루스가 없었다
면 두루마리가 무슨 내용인지 알기 힘들었을 것이다. 두루마리
를 책장에 뉘어 보관할 때는 꼬리표가 늘어지도록 했으며 통에
세워 보관할 때는 꼬리표가 맨 위에 오도록 했다.[19] 채식 사본
은 표제지가 필요 없었다. 처음에는 잉키피트를 주서하다가 뒤
이어 본문 앞부분 자체를, 그 다음에는 첫 페이지 전체를 채식
하여 작품의 잠재 독자—사전에 제작을 의뢰했으며 극소수의
출간본을 소유하게 될 수도사나 부유한 후원자—에게 충분하
고도 남는 정보를 제공했다.[20] 요즘 책의 표제지 하단에 보이는

인쇄 장소와 방식에 대한 정보는 필사본 맨 뒤의 콜로폰에 표시
했다.

초기 인쇄업자들은 필사본 전통을 계승하여 책을 잉키피
트로 시작했다. 잉키피트는 손으로 주서하거나 인쇄했는데, 책
의 제목과 저자를 뺀 나머지 세부 사항은 책 뒤쪽으로 밀려났
다.[21] 이런 간기를 앞으로 내세운 최초의 인큐내뷸러는 1476년
에 인쇄된 레기오몬타누스의 『칼렌다리움』이다. 이 책은 각 날
짜에 해당하는 달의 위상 변화와 태양의 움직임, 종교 축일을
알려준다. 붉은색과 검은색 잉크로 인쇄된 표제지에는 운문으
로 쓴 홍보 문구, 아라비아 숫자로 된 발행 연도 1476, 꽃과 항
아리와 인쇄업자 세 명—픽토어, 뢰슬라인, 라트돌트—의 장
식체 이름이 실려 있다.[22] 기계로 재현했지만 채식 사본을 연상
시키는 이 기법은 이후의 많은 인쇄업자들에게도 이어졌으며,
16세기를 거치면서 더욱 정교해진 책의 입구가 독자를 유혹했
다.[23] 포르티코*나 건물의 파사드†처럼 디자인한 표제지는 그
안에 담긴 드넓은 지적 공간을 상징했다.[24] 실제로도, 머릿그림
을 일컫는 영어 단어 **프론티스피스**(frontispiece)는 역사적으로
건물의 정면을 가리키는 16세기 건축 용어에서 비롯했다.[25] 17
세기가 되자 인쇄업자들은 도입부와 광고의 기회를 한껏 포착
하여 콜로폰을 머릿그림 쪽으로 보냈으며, 심지어 이 페이지를
추가로 인쇄하여 판촉용 홍보 전단으로 배포하기도 했다.[26]

---

[*] portico: 열주랑이 있는 현관이나 주출입구.
[†] facade: 건물의 정면이 되는 외벽.

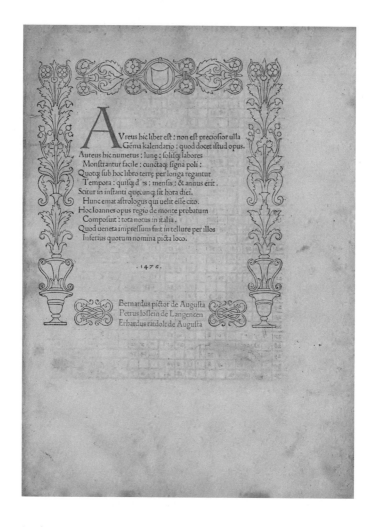

[그림 13] 칼렌다리움 표제지, 최초의 인큐내뷸러인 『칼렌다리움』의 표제지.
Joannes Regiomontanus, *Kalendarium*(Venice: Bernhard Maler [Pictor], Erhard
Ratdolt, Peter Löslein, 1476).
출처: 인터넷 아카이브. 디지털화 도움: Smithsonian Libraries.

　　이런 화려한 표제지는 예상과 달리 책의 첫 페이지가 아니었다. 첫 페이지는 제본 전까지 본문을 보호하기 위해 대개 백지였다.[27] 1600년대에 코덱스의 생산량이 늘자 인쇄업자들은 이 빈 면에 축약된 표제를 싣기 시작했다. 이것이 우리에게 친숙한 **약표제**(略標題)의 시초다. 이 방식은 유통의 편의를 위해 생겨났다. 서점은 제본되지 않은 책을 함에 쌓아두었기에, 표제가 인쇄되어 있으면 구매자가 원하는 책을 쉽게 찾을 수 있었으며 속장의 손상도 막을 수 있었다. 경우에 따라서는 책 소유자가 이 표제를 잘라내어, 책을 제본한 뒤에 표지 안쪽에 붙여 책꽂이에서 쉽게 찾을 수 있도록 책배 앞쪽으로 접기도 했다.[28] 당시에는 책을 보관할 때 책등이 안쪽을 보도록 넣었기에, 독자가 책을 찾을 수 있도록 책배를 문양이나 금박, 정교한 그림으로 장식하는 경우가 있었다.[29] 우리는 책등에 저자 이름과 책 제목이 박혀 있는 것을 당연하게 여기지만, 이것은 16세기 중엽 들어 독자가 장서가로 바뀌고 서재를 확장하는 것이 지성과 부를 과시하는 수단이 되면서 책등이 바깥을 보기 시작한 이후의 일이다.

친밀한 책

현대의 책은 판형이 천차만별이지만, 우리가 크기를 중시하는 것은 코덱스의 초창기 역할과 관계가 있다. (크든 두껍든) 큰판*이 가치가 커 보이는 것은 생산비가 많이 들고 따라서 특별할 거라 짐작되기 때문이다. 여러분의 집에 (우리 집처럼) 온갖 크

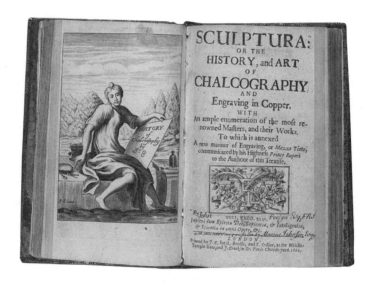

[그림 14] 17세기 런던에서 출간된 John Evelyn, *Sculptura: or the History and Art of Chalcography and Engraving in Copper*(London, 1662)의 머릿그림.
출처: 위키미디어 공용. 퍼블릭 도메인 이미지
제공: Courtesy of Beinecke Rare Book and Manuscript Library, Yale University.

기의 책이 있다면 여러분은 크기의 행위유도성을 몸소 겪어봤을 것이다. 성무일도 노래집과 미사 경본 같은 거대한 코덱스 필사본과 인큐내뷸러는 안정적이고 튼튼하며 기도를 위해 단상에 펼쳐 세워놓을 수 있도록 디자인되었다. 이런 큰판은 거의 언제나 가로보다 세로가 긴데, 그 이유는 제본 부위의 부담을 줄이고 책을 쉽게 다룰 수 있도록 하기 위해서다.[30] 큰판을 영어로 '커피테이블 책'(coffee-table book)이라고 부르는 것은 여유 공간에 올려두고서 남들에게 으스대는 데 안성맞춤이기 때문이다. 심지어 책을 사고서 한 번도 읽지 않고 이렇게 펼쳐두기만 하는 경우도 있다. 이런 책은 아우라를 발산한다. 보석을 박고 금테를 두른 대형 필사본이 그랬듯. 수도원이나 소수의 부자들이 소유한 대형 필사본은 형식 면에서나 내용 면에서나 신앙심을 불러일으키는 대상이었다.

일부 인큐내뷸러는 매우 컸지만, 주조술이 정교해지면서 이 시기에는 '쿼토', '옥타보', 심지어 더 작은 판형도 발전했다. 이런 작은 판형의 책들은 큰 판형보다 가지고 다니기가 훨씬 수월했으며 제단에 놓인 커다란 전시물로서의 책보다 더 친밀한 관계를 독자와 맺을 수 있었다. 이를테면 성무일도서가 휴대용으로 제작되면서 신자는 어느 때든 기도에 몰두할 수 있었고 소맷부리나 호주머니에서 끄집어내어 교양과 부를 과시할 수도 있었다.[31]

인쇄된 텍스트가 떠오르는 역사적 순간을 일반화한다면

[*] large book: 책, 종이, 사진 따위의 크기가 큰 판.

개인과 텍스트의 친밀도가 커져가는 순간이 될 것이다. 우리가 알고 있는 책의 형식은 이로써 어느 정도 설명할 수 있다. 라틴어는 유럽 전역에서 교회와 교육의 언어였지만, 15세기에 인쇄업자들은 더 넓은 독자층을 위해 자국어 책을 발행하기 시작했다. 하느님과의 더 직접적인 관계를 강조한 프로테스탄트 개혁은 여기에 박차를 가했다.[32] 이를테면 마르틴 루터의 베스트셀러 비텐베르크 성서(1522)가 독일어 번역본인 것은 평신도 독자들에게 널리 읽히기 위해서였다. 대다수 루터파 신도에게는 너무 값비쌌지만 교회와 학교, 성직자가 구입했기에 여러 독일 방언 지역에 퍼질 수 있었다. 영국에서는 헨리 8세가 수도원을 해산하고 군주의 권력을 강화하면서 자국어 책의 확산에 가속도가 붙었으며 그리하여 1611년에 영어판 흠정역 성서가 발간되기에 이르렀다.

또한 인큐내뷸러는 당시의 시장 상황을 보여준다. 초기 인쇄본 중에서 절반 이상은 교회에서 쓰는 미사 경본, 개인적 용도의 성무일도서, 주임 신부를 위한 성인전과 신앙 지침서 같은 종교서였다. 인큐내뷸러는 종교 개혁에 한몫했을 뿐 아니라 인문주의와 과학 지식의 확산에도 이바지했다. 이 시기에는 고대 그리스·로마 철학과 (유럽을 휩쓴 역병 때문에) 의학에 대한 관심이 생겨났다.[33] 글이 저자와 따로 돌아다닐 것이라는 플라톤의 두려움은 알고 보니 인쇄술의 주된 이점 중 하나였다. 과학 논문이 출판되면서 학자들은 멀리 떨어진 곳에 있는 연구자들과 대화와 토론을 벌일 수 있게 되었으며, 이는 르네상스와 함께 융성하게 될 사상의 전파를 직접적으로 촉진했다.

　　이렇듯 텍스트의 기계적 재생산이라는 중요한 기술적 변화와 더불어 우리가 책과 어떤 관계를 맺는가에 대한 철학적 변화가 인쇄본 코덱스의 초창기에 일어났다. 이 시점에 책은 우리가 생각하는 것과 같은 친밀한 공간이 되었다. 책은 하루하루 기도문을 건네 신앙 생활의 길잡이가 될 수도 있었고 비극의 구조에 대한 옛 사람들의 생각을 전해줄 수도 있었다. 지금의 우리는 여러 종류의 독서 경험을 누리지만, 서구 문화에서 '책'을 들여다보는 거의 보편적인 통로는 이 친밀함의 렌즈다. 코덱스는 소유자의 지성을 드러내는 표시로서 소유되고 개인 서재에 보관될 수 있다. 코덱스는 표지로 싸서 보호하거나 감출 수 있다. 코덱스는 사랑의 징표나 크나큰 연대감의 상징으로서 손에서 손으로 전해질 수 있다. "이 책이 맘에 들더라. 당신도 좋아할 것 같아서." 여행 안내서이든 로맨스 소설이든 책이 표지로 둘러싸인 작은 세계라는 인식에는 변함이 없다. 우리는 자신이 책 속으로 사라졌다가 독서 경험에 의해 변화된 채 몇 시간 뒤에 다시 나타난다고 생각한다. 식자들은 이 탈육(脫肉)의 로맨스를 일종의 식물인간 상태로 묘사되는 텔레비전 시청의 수동성과 대조한다. 심지어 텔레비전 드라마가 복잡한 플롯을 구사하는 지금의 전위적 순간에도 낙인은 떨어지지 않았다. "텔레비전이 아니라 책에 몰두했다면 더 나은 사람이 되었을 텐데."

　　17세기가 되자 이 친밀감과 문화적 가치를 북돋우는 방향으로 책의 구조가 발전했다. 코덱스가 상품이 되면서 인쇄업자들은 책을 상품으로 보이게 하는 부속물을 개발했다. 그들은 자신을 다른 인쇄업자와 차별화하려고 발행인의 이름 머리글자와 상징이 들어 있는 '발행인 표장'을 만들어 머릿그림에 포함시켰다. 현대 독자라면 대부분 알아볼 주황색 타원형의 펭귄 로고 같은 오늘날의 친숙한 로고는 발행인 표장에서 비롯했다. 제목이 길면 책을 광고하는 데 도움이 될 뿐 아니라 독자에게 책 내용을 맛보기로 보여줄 수 있었는데,[34] 이것은 오늘날 독자가 표지의 소개 문구와 주제 분류를 보고서 이 책이 자신의 관심사에 들어맞는지 감을 잡는 것과 같다.

차례, 쪽수, 쪽표제(面註), 찾아보기처럼 책 하면 떠오르는 탐색 도구들도 이 시기에 생겨났다. 처음에는 인쇄업자와 제본업자가 책을 만들 때 활용하는 수단이었지만 같은 책을 독자가 읽을 때 참고하는 수단으로 바뀐 것이다. 문헌정보학자 피터 스탤리브래스는 이런 특징이 코덱스의 역사를 정의한다고 주장하며 이렇게 말했다. "인쇄술의 발명은 탐색할 수 있는 책—최대한 짧은 시간 안에 원하는 곳에 손가락을 넣을 수 있는 책—이 발명되는 과정의 정점이었다."[35] 이를테면 대다수 인큐내뷸러에는 쪽번호가 없어서 독자들은 손으로 쪽수를 헤아려야 했다. 하지만 인쇄소 바깥에 있는 전문가가 제본을 맡으면서 운반 중에 페이지가 흐트러지지 않도록 뚜렷한 표시를 할 필요성이 생겼다. 제본가가 접지들을 올바르게 **장합***할 수 있도록 인쇄업자들은 폴리오 번호, 접지 번호(signature mark), **이음말**(catchword. 페이지 맨 뒤와 다음 페이지 맨 앞의 여백에

[*] 張合, collate: 제본을 위해 접장을 순서대로 포개는 것.

인쇄하는 단어로, 필사본 전통을 계승했다) 등을 넣어 글의 순
서를 표시했다. 근대 초기 인쇄업자들은 쪽수를 표시하면 책을
효율적으로 이용할 수 있다는 사실을 깨달았으며 17세기가 되
자 쪽표제와 더불어 쪽번호가 책에 포함되었다.

차례와 찾아보기는 제본가가 접지를 접합할 수 있도록 각
접지의 첫 단어를 나열한 '레지스터'가 확장된 것으로, 책에 도
입된 데는 독자가 책을 탐색하는 데 도움을 주는 것뿐 아니라
책이 얼마나 포괄적인지 독자에게 알리려는 목적도 있었다(이
런 목록은 오류가 많고 해석의 여지가 크긴 했지만).36 손가락
표(manicule)는 인쇄업자들이 책 본문에 도입한 약물이다. 책
의 여백과 본문에 표시된 이 부호들은 12세기 중세 필사본으
로 거슬러 올라가는데, 주먹을 쥐고 집게손가락만 뻗어 특정
구절을 말 그대로 '지적'(指摘)하여 주의를 환기했다. 르네상스
인문주의자들은 정교하게 그려진 이 손 모양을 이용하여 책에
주석을 달았다. 이것은 탐색 도구이자 글에 기념으로 자신의
흔적을 남기는 수단이었다. 영문학자 윌리엄 셔먼 말마따나 손
가락표는 밑줄이나 화살표보다 훨씬 개인적인 표시다.37 심지
어 인쇄기가 등장한 뒤에도 독자들은 이런 난외주를 이용하여
책과 더 깊이 교류하고 책을 저자와 대화할 수 있는 사적 공간
으로 탈바꿈시켰다.

저자와 출판업자는 이런 대화 관계를 적극적으로 부추겼
다. 우리가 알고 있는 식의 '서문'이 발달한 것은 독자를 책으로
초대하고 독자에게 책의 목표를 알려 독자가 저자와 대화를 시
작하도록 하기 위해서였다. 이런 친밀감은 16세기에 널리 퍼진

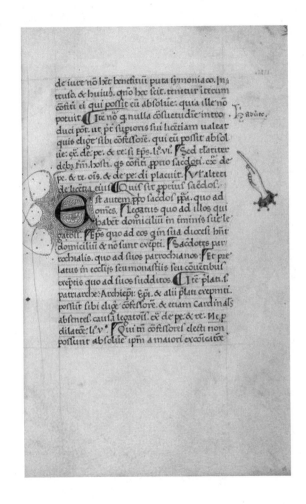

[그림 15] 피렌체의 대주교 성 안토니누스가 기증한 수서본으로, 오른쪽
여백에 손가락표가 그려져 있다.

출처: New York Public Library Public Domain Archive.

책은 순차적인 동시에 랜덤 액세스가 가능하다.
책은 부피가 있는 물체다. 책은 유한하다. 책은
근본적으로 비교할 수 있는 시각적 공간 — 일반적
코덱스를 펼친 두 페이지 — 이다. 마지막으로, 우리는
책을 읽을 수 있을 뿐 아니라 책에 쓸 수도 있다.

— 매슈 키르센바움,
「북스케이프: 전자 공간에서 책 모델링하기」

'논고'에서 가장 뚜렷이 드러나는데, 논고는 건물을 설계하는 법에서 물감을 섞는 법에 이르기까지 크고 작은 과제에 대해 단계별 지침을 제시하는 글이다.38 그림, 접어 넣은 페이지(fold-out), 볼벨,* 기타 '움직이는 책'의 요소들을 통해 독자는 촉각으로 책과 교류하며 페이지를 탐험할 수 있었다.

이런 독자 중심 요소들은 독서 못지않게 판촉에도 중요했다. 이 과정에서 코덱스가 상품으로 탈바꿈했는데, 이는 텍스트의 유통에 대한 우리의 생각에 큰 변화를 일으켰다. 르네상스 시대에 읽기에 부여된 가치는 글을 흡수하는 데 있는 것만이 아니라 적극적으로 관여하고 소비하고 재구성하는 데에도 있었다. 이 시기의 독자들은 책의 구절을 발췌하여 쉽게 찾아볼 수 있도록 주제별로 정리한 **비망록**을 작성함으로써 책을 자신의 것으로 만들었다.39 이 관행은 당시에 칭송받던, 독자와 텍스트의 고도로 개별적이고 인격적인 관계를 상징한다. 빈 여백은 적극적으로 주석—정신이 시각적·촉각적으로 페이지에 참여하는 것—을 달 공간이었다. 학생들 또한 이런 여백을 활용하여 강의를 받아 적으며 교수와, 또한 교과서와 여러 겹의 대화를 만들어낼 수 있었다. 물론 당시의 책 디자인이 이런 쓰임새에 한몫하긴 했지만, 쓰임새 또한 책의 구조가 독자의 필요와 가치에 부응하여 발달하는 데 이바지했다.

이 정도로 글에 표시를 할 수 있게 된 것은 코덱스 형식의 효과임을 명심해야 한다. 두루마리에 이렇게 자세한 주석을 달

[*] volvelle: 동심원 회전 원반.

려면 문진을 얹거나 누군가 두루마리를 잡고 있어야 했다. 아니면 별도의 서판에 필기하는 수밖에 없었다. 마찬가지로 두루마리를 탐색하려면, 친숙한 구절로 돌아가려면 책을 속속들이 알고 있어야 했다. 고대 독자가 책을 읽고 또 읽어 암기한 데는 이런 까닭도 있다.[40] 책에 대한 우리의 관념과 책의 접근성은 책이 취하는 형태에 의해 친밀하게 빚어진다. 하지만 인쇄기가 금세 필사본 생산의 종말을 가져왔다고 상상하지 않도록, 필사본이 르네상스 시대에도 구텐베르크 이후로도 400년간 널리 쓰였음을 상기할 필요가 있다. 서적사가 로제 샤르티에 말마따나 필사본은 몇 가지 중요한 이점—이를테면 검열을 받지 않았고 제작비가 저렴했으며 교정할 수 있었다—이 있었기에 계속해서 유통되었다.[41]

자(字)와 면(面)

책의 발달 과정에서 이 역사적 시점에 활자의 성격이 어떻게 변했는지 잠깐 살펴보자. 초기 인쇄용 활자는 필사본 전통에 따라 주조되었기에 무겁고 글자체가 딱딱했다. 구텐베르크가 활자의 본으로 삼은 **텍스투라**(Textura)는 15세기 필경사들이 널리 쓰던 독일의 캘리그래피 스타일이다. 텍스투라는 **블랙레터**(blackletter)라고도 하는데, 장평이 좁고 획이 둥글고 끝이 뾰족하다는 것이 특징이다. 이 유산이 현대 디지털 서체에 계승되어 우리는 이런 굵은 서체를 **고딕체**(Gothic)라고 부른다.

지금이야 이 용어가 일반화되었지만, '고딕체'는 서체가 국

가 정체성을 규정하는 데 결정적 역할을 할 수 있음을 잘 보여
준다. 독일 서체에 '고딕체'라는 이름을 붙인 것은 르네상스 인
문주의자들이었는데, 그들은 뾰족뾰족한 블랙레터가 야만적이
라고 생각했다. 그들은 신성로마제국이 고전기 로마의 뒤를 이
었다고 믿었고, 라틴어 필사본을 쓰기 위해 카롤루스의 신성로
마제국과 관계가 있는 8세기 소문자체를 되살렸다. 소문자체는
해독하기가 더 수월했기 때문에, 르네상스 인문주의자들은 소
문자체를 쓰면 글의 가독성이 커져 자신들이 연구하고 싶어 하
는 옛 사람들에게 더 가까이 다가갈 수 있으리라고 생각했다.
최초의 이탈리아 인쇄업자들은 인문주의자들의 서체를 바탕
으로 활자를 만들었는데, 고대 로마와 관계가 있다고 믿어 여기
에 **로만체**(roman)라는 이름을 붙였다(그림 16 참고).[42]

　　한마디 덧붙이자면, 인쇄술 탄생 이후로 독일 출판의 표준
이던 블랙레터와 독일인의 관계도 심란하게 변해갔다. 1933년
에 나치당은 **프락투어**(Fraktur)를 게르만의 자부심을 상징하는
공식 활자체로 선포했다. 하지만 1941년에 마음을 바꿔, 인쇄술
이 탄생할 때 유대인 인쇄업자들이 프락투어를 몰래 도입했다
며 사용을 금지하고 고딕체나 로만체와의 차별화를 위해 탄생
한 인문주의 **안티크바**(Antiqua) 서체를 채택했다.[43] 이러한 활
자체의 기구한 역사는 타자화의 잔재가 언어의 형식에 스며 있
음을 잘 보여준다.

　　우리가 현재 쓰고 있는 서체를 '로만체'라고 부르는 경우
는 **이탤릭체**(italic type)와 구별해야 할 때뿐인데, 오른쪽으로 기
울어진 이탤릭체는 현대 조판에서 강조의 목적으로 쓰인다. 이

름을 보면 어디서 왔는지 알 수 있다. 로만체가 고대 로마와 신성로마제국에서 왔듯, 이탤릭체는 1500년 베네치아에서 조판공 프란체스코 그리포가 개발했다. 다른 인쇄업자들과 차별화된 인쇄물을 내놓고 싶어 한 인쇄업자 알두스 마누티우스(1450~1515년경)를 위해서였다. 인문주의자들의 흘림 필기체을 바탕으로 한 이탤릭체는 알두스의 눈에 간결하고 이채롭게 보였으며 자신의 책을 당대의 지적 조류에 편승하게 해줄 것 같았다.[44] 로만체와 이탤릭체는 둘 다 '인문주의' 서체로 통하는데, 그 이유는 펜촉이 넓은 펜으로 획의 굵기를 다양하게 바꿔가며 쓴 글씨를 본떴기 때문이다. 두 서체는 인쇄 및 디지털 환경에서 여전히 쓰이지만, 그 바탕이 되었고 이탈리아 인문주의자들에게 인기를 끌었던 원래 필기체를 기억하는 사람은 거의 없다.

알두스 혁명과 휴대용 도서관

알두스는 르네상스 인문주의 정신이 구현된 인물이다. 본명은 테오발도 마누치오로, 라틴어 이름으로 개명한 것은 그리스·로마의 문학과 언어를 사랑하고 연구했기 때문이다. 부유한 이탈리아 가정의 개인 교사를 하면서 많은 후원자들과 연줄을 맺었는데, 이들은 1490년경 그가 베네치아에 알디나 인쇄소를 차릴 때 자금을 지원했다.[45] 알두스는 처음에는 고전어 학습을 위한 교과서와 사전을 출판하다가 1453년 튀르크의 콘스탄티노플 침공 때 피신한 여러 그리스 학자들과 친분을 쌓았으며 자신처

[그림 16] 왼쪽: 구텐베르크가 자신이 디자인한 고딕 블랙레터로 인쇄한 42행 성서(1454). 오른쪽: 알두스 인쇄소에서 프란체스코 그리포가 디자인한 로만체로 인쇄한 『폴리필로의 광연몽』(1499). 구텐베르크 성서
출처: *Digital Commonwealth*, Boston Public Library. 『폴리필로의 광연몽』 출처: Henry Walters, The Walters Art Museum.

럼 그리스·로마의 예술과 사상을 전파하는 데 전념한 베네치아
와 파두아의 인문주의자들과도 교류했다. 이 학문 공동체가 얼
마나 끈끈했던지 알두스는 1502년에 자신의 콜로폰에 '인 알디
네아카데미아'(in Aldi Neacademia)라고 적어 이 학자들의 모임
을 '알두스의 신(新)아카데미아'로 부르기 시작했다.[46] 알두스와
학자들이 실제 학회를 설립하지는 않았을지 모르지만, 그들이
그리스·로마 사상에 대한 애정을 퍼뜨린 방법은 더 친밀하고
개인적인 수단, 즉 출판이었다.

    알두스는 1501년 라틴어 고전들과 이탈리아어 시집들을
잇따라 옥타보판으로 출간하면서 처음으로 이탤릭체를 썼는
데, 이는 인쇄술과 읽기를 영영 바꿔놓았다. 서문은 있지만 주
석은 하나도 없는 이 간결한 책들은 지적인 일반 독자를 겨냥
한 것이었지만 학자, 정치인, 궁정인에게 가장 인기를 끌고 사랑
받았다. 마키아벨리는 1513년에 친구에게 보낸 편지에서 숲속
에 산책 갈 때 이런 책을 가져가서는 풍경을 감상하거나 새 올
무를 점검하면서 단테와 페트라르카의 로맨스 작품을 읽었다
고 말했다.[47] 책을 휴대용으로 만들 수 있었던 데는 그리포의
간결한 서체가 한몫했다. 폭이 좁고 빽빽했기에, 페이지 크기와
매수를 줄여 가격을 낮출 수 있었다. 정말로 활자체 덕분에 비
용이 줄었는가는 논란의 여지가 있지만, 알두스가 특허를 받으
려고 시도한 것으로 보건대 인기를 끈 것은 틀림없다.[48] 그는 활
자체를 독점적으로 이용할 권리를 보장받았지만, 이탈리아와
외국의 인쇄업자들이 그의 서체를 베끼고 개량하는 것을 막을
수는 없었다.

　　알두스의 인쇄는 서적사의 중요한 순간, 즉 페이지의 미학
이 예술성과 가독성의 두 측면에서 고려되기 시작한 순간을 나
타낸다. 인쇄업자와 서적상이 경쟁을 벌이고 인문주의자가 탐
구에 열중하면서 표현 공간으로서의 책의 내부에 대한 진지한
모색이 시작되었다. 알두스가 자국어로 펴낸 첫 책은 연인 폴리
아를 찾으려는 폴리필로의 에로틱한 꿈속 여정인 프란체스코
콜로나의 『폴리필로의 광연몽(狂戀夢)』으로, 라틴어, 이탈리아
어, 히브리어, 아랍어를 망라하고 아름다운 목판화 삽화를 싣
고 글과 그림이 서로 어울리도록 문단 모양을 바꾸는 등 뛰어
난 조판 솜씨로 칭송받았다(그림 16 참고).[49] 르네상스 시대 인
쇄업자들은 자기네 출판물을 중세 필사본과 차별화하고자 했
으며, 그 과정에서 고전적 요소를 현대적 요소와 접목했다. 페
이지를 어지럽히는 주석과 논평을 없애 학자들이 문헌을 있는
그대로 접할 수 있도록 했다. 전(前) 세대 저자들과 깊은 대화
를 나누는 공간으로서의 책에 관심을 가진 학술적 독자를 위
해 이런 추가 정보가 달린 폴리오와 쿼트 인쇄물이 계속해서
생산된 것은 분명하다. 하지만 고전 문헌의 독자층을 넓힌 것
은 그런 군더더기가 필요 없는 알두스의 옥타보였다.

　　이 재출간본들은 알두스가 기대한 만큼 널리 팔리지는 않
았지만—한 가지 이유는 비용이었고 또 한 가지 이유는 다른
인쇄업자와의 경쟁이었다—'교훈적'이고 '중요한' 저작을 재출
간하는 관행은 19세기 '고전' 재출간의 유행으로 되풀이되었다.
이 시기에 문해율이 증가하면서 책의 수요가 커졌는데, 공교육
을 받을 수 있는 사람이 거의 없었던 것도 한몫했다. 빅토리아

책의 판형은 책의 목적에 따라 결정되며 평균적 크기
및 성인의 손과 관계가 있다.

— 얀 치홀트,
『책의 형식과 타이포그래피의 문제들에 대한 에세이』

시대 연구자 리처드 앨틱의 말을 빌리자면 책은 '난롯가 대학'
으로 불렸으며 언론에서는 책을 문화적·지적 소양을 키우는
수단으로 치켜세웠다.[50] 책은 더 이상 귀족의 전유물이 아니었
으며, 위대한 작품에서 발췌한 글이 값싼 주간지나 신문에 실
려 널리 애독되었다. 출판업자들은 지식에 굶주린 독자층에게
고전을 저렴한 가격으로 공급하는 것이 수지맞는 일임을 깨달
았다.

　　하지만 고가의 시리즈 중 하나인 월터 스콧 경의 『밸런타
인의 소설가 서재』와 『컨스터블 문집』을 비롯하여, 앨틱이 목
록을 작성한 1830년부터 1906년까지 출간된 값싼 재출간본 시
리즈 90여 종이 보급된 것은 수요만으로는 설명할 수 없다.[51]
1880년대가 되자 출판업자들이 필사적으로 가격 전쟁을 벌이
면서 재출간본의 가격이 권당 1실링 이하로 내려갔다. 이 시점
이 되자 인쇄 비용 자체도 산업화 덕분에 더 저렴해졌다. 증기
식 인쇄기(1814년 발명), 연속 롤 용지를 생산하는 증기식 제지
기(1807년 특허), 연판 제작 및 기계식 활자 주조·식자의 발전
(이 장에서 설명), 기계식 케이스 제본(case binding) 등으로 인
해 출판업자들은 책을 더 빨리, 더 대량으로, 더 저렴하게 찍어
낼 수 있었다.

지식 재산권

19세기에 책이 널리 보급된 것은 저작권 개념의 변화와도 무관
하지 않다. 저작권은 작품을 재출간할 수 있는 여지와 독창적

인 작품을 쓰는 신진 저자의 수에 영향을 미쳤다. 필사본 시대
에는 저작권이 존재하지 않았다. 소유권에 대한 생각들은 출판
업자들이 경쟁으로부터 스스로를 보호하려 들면서 인쇄업과
더불어 발전했다. 16세기에는 작품에 대한 배타적 권리가 유형
의 책과 연계되어 있었으며 인쇄업자가 저자나 편찬자에게서
그런 권리를 사들일 수 있었다.52 책을 소유하면 복제할 권리가
생겼지만, 남들이 해적판을 만들어내는 것을 막을 수는 없었
다. 유럽 어디서든 인쇄업자는 특정 작품에 대한 권리를 보호
받을 '서적 특권'(book privilege)을 달라고 국왕이나 교회에 청
원할 수 있었으며 황제나 대공, 교황은 이런 특권을 부여하면서
인쇄소에 대해 어느 정도 영향력을 행사할 수 있었다. 이 때문
에 정부에 고분고분한 인쇄소는 우대받았지만 신규 인쇄소는
자리 잡기 힘들었다.53 영국에서는 런던 서적상 조합에서 출판
을 엄격히 통제했다. 이들 소수의 인쇄업자 집단은 승인된 책에
대해 허가를 부여하거나 등록할 권한이 있었다. 이들은 성서와
교과서를 비롯하여 가장 인기 있고 가장 짭짤한 책들의 권리
를 선택된 소수에게만 부여하면서 영국의 출판업에 대한 독점
적 지배력을 행사했다.54

　18세기에 잉글랜드의 출판업자들 사이에 경쟁이 치열해지
면서 지식 재산권에 대한 우려가 커졌다. 저작권 논쟁은 '책'을
생각하는 관점에 중대한 변화를 가져왔다. 책을 인쇄하는 것뿐
아니라 번역하고 다른 매체에 맞게 각색할 수 있게 되자 권리
는 사물로서의 책이 아니라 그 책에 담긴 텍스트로 넘어갔다.55
마침내 세계 최초의 저작권법인 앤여왕법(1709)은 작품의 소유

권을 저자에게 부여함으로써 내용이 형식보다 우위에 있음을
천명했다. 기간은 14년이었는데, 그때까지 저자가 죽지 않으면
14년을 연장할 수 있었다. 이미 인쇄된 책은 21년간 보호받았
다. 이 변화로 인해 저자의 지위와 형편이 둘 다 나아졌다. 이제
저자는 출판업자와 이익 배분 계약을 맺거나 저작권을 통째로
팔거나 일정 기간 양도함으로써 생계를 유지할 수 있었다.[56] 하
지만 외국에는 저작권을 강제할 수 없었기에, 국제적 저작권 침
해는 여전히, 특히 영국과 미국 사이에서 골칫거리였다. 1886년
베른저작권국제협정과 1891년 미국국제저작권조약으로 재출
간과 번역에 대한 중요한 보호 조치가 마련되면서 저작권은 국
제적으로도 인정받게 되었다.[57] 저자들이 집필 활동으로 생계
비를 벌 수 있게 되자 글쓰기는 직업이 되었으며 소설가와 시인
이라는 신흥 계급은 출판업자에 더욱 많은 인쇄거리를 가져다
주었다.

   19세기 고전 재출간의 부흥에 가장 큰 영향을 미친 것도
저작권 때문일지 모른다. 앤여왕법은 저작권을 최장 28년으로
제한했으나 영국의 서적상들은 영구적인 저작권을 되찾으려고
30년간 투쟁했는데, 이는 '서적상 전투'(battle of the booksellers)
로 알려져 있다. 도널드슨 대 베킷(1774)의 기념비적 소송에서
는 영구 저작권을 폐기하고 앤여왕법에서 확립한 저작권 존속
기간을 확정함으로써 수많은 저작물을 '퍼블릭 도메인'에 포함
시켰으며 그 뒤로 수십 년간 전 세계에서 수용되고 수정될 선
례를 확립했다. 미국은 1790년에 학문진흥법이라는 나름의 저
작권법을 통과시켰으며 이후 200년간 주기적으로 개정했다.[58]

명칭에서 보듯 이 법의 목표는 저자의 권리를 보호하면서도 합리적인 기간 안에 작품이 퍼블릭 도메인에 놓이도록 보장하는 것이었다.

저작권은 출판의 변화, 예술가와 저자의 상속인과의 법적 분쟁, 대량 디지털화 사업을 둘러싼 논쟁(이 주제는 4장에서 논의한다)에 대응하여 지금도 진화하고 있다. 여담으로, 현재의 저작권은 작품의 발상—내가 '내용'이라고 말하는 것—에 많은 특권을 부여한다. 미국에서는 반드시 발표해야만 저작권이 보장되는 게 아니다. 저작권의 대상은 "유형의 표현 형식에 고정된" 독창적 작품이다.[59] 저자는 자신의 작품에 대한 저작권을 평생, 그리고 사후 70년간 보유하는데, 그 시점이 지나면 작품은 퍼블릭 도메인에 속한다. 고용되어 만든 작품의 저작권은 이를 의뢰한 고용주나 회사에 속하며 발표로부터 95년간, 또는 (미발표 작품의 경우) 창작으로부터 120년간 존속한다. 길기도 하지.

책을 사물이 아니라 내용으로 간주하는 법률적 변화는 책의 상품화와 사실상 떼려야 뗄 수 없는 관계다. 18세기와 19세기에는 신간이 비싼 반면에(저작권 비용도 한몫했다) 퍼블릭 도메인에서 재출간된 작품은 호주머니가 얇은 독자들도 구입할 수 있었다. 일부 출판업자는 구독 방식을 채택하여, 출간을 결정하기 전에 견본을 발송하거나 사전 구매를 유도함으로써 작품이나 시리즈의 시장을 가늠하기도 했다. 이는 오늘날의 크라우드 펀딩과 조금 닮았다. 이 방법으로 필요 자금을 미리 조달할 수 있었지만 여기에는 함정도 있었다. 구독자 수가 줄거나 인쇄 중에 비용 문제가 발생하면 사업 추진을 중단하거나 아예 포기해야 할 수도 있었다. 그러면 고객들은 시리즈의 끝을 영영 볼 수 없었다.[60] 신간의 시장은 물리적 형식에 직접 영향을 미쳤다. 민간 순회 도서관과 공공 대출 도서관의 이용률 증가는 출판업자들에게 좋은 기회였다. 장편을 분권 제본하여 한 권이 아니라 여러 권을 팔 수 있었으니 말이다. 이 시기의 '트리플 데커'＊ 소설은 하도 비싸서 부자들만 살 수 있었기에 대출 도서관의 회원 수와 수입이 부쩍 늘었다.[61] 책 하나를 세 명에게 한꺼번에 빌려줄 수 있으니까. 출판업자들은 이윤을 극대화하려고 같은 작품을 여러 형태로 발행하는 실험을 했다. 처음에는 신문에 연재하거나 소책자로 냈다가 도서관용으로 트리플 데커 제본을 하고 마지막으로 대중용 염가판으로 재출간했다.

크리스털 잔

19세기의 재출간 사업은 알두스의 선견지명에 빚진 바 크다. 서적상 윌리엄 피커링과 출판업자 찰스 위팅엄은 알두스 브랜드에 편승하고자 1830년에 『알두스판 영국 시인 선집』을 출간하여 인기를 끌었다. 이 시기에 수많은 고전을 재출간한 출판업자들은 알두스와 같은 욕망을 품었으되 아름다운 디자인과 제본을 향한 그의 헌신은 본받지 않았다. 그들은 형식보다 내용을 중시하여 비용 절감을 위해 모서리를 모조리 잘라냈다. 값

[＊] triple-decker: '세 권짜리'라는 뜻.

책

싼 얇은 종이를 쓰고 깨알 같은 활자로 페이지를 채우고 경우에 따라서는 본문 안에 광고를 끼워 넣기도 했다.62 최대한 작은 공간에 최대한 많은 내용을 욱여넣으려고 알두스 옥타보에서 지갑만 한 32절지에 이르는 작은 용지에 인쇄했다. 이런 작은 판형 덕에 출판업자들은 돈을 아낄 수 있었으며 독자들은 안 그래도 비좁은 집에서 그나마 숨통을 틔울 수 있었다.

대다수 재출간 출판업자들이 책의 물성에 무관심한 현실에서 많은 이들은 1906년에 출간된 '에브리맨스 라이브러리'(Everyman's Library)를 알두스의 진짜 후계자로 여긴다. 이 시리즈로 인해 빼어난 디자인이 다시금 주목받기 시작했다. 편집인 어니스트 리스 말마따나 그와 출판업자 J. M. 덴트의 취지는 "보기 좋고 다루기 쉽고 겉은 산뜻하고 속의 인쇄 상태는 읽기 좋고 눈에 편하고 책꽂이에서 눈길을 사로잡고 주머니에 넉넉히 들어갈 수 있어서 전원을 거닐거나 기차 여행을 하거나 배를 탈 때 가지고 다닐 수 있는 책을 만드는 것"이었다. 마키아벨리도 고개를 끄덕였을 것이다.63 이를 위해 두 사람은 면지와 머릿그림을 미술공예운동 양식으로 장식하고 책의 분야에 따라 열세 가지 색깔의 천으로 장정하고 책등에 금박을 입히고 시리즈를 광고하는 종이 덧싸개로 책 전체를 보호하고 책 가격을 단돈 1실링(당시 달걀 열두 개 가격)으로 책정했다. 이 시리즈는 인기를 끌어 1982년까지 출간이 계속되었는데, 독자의 호주머니 사정에 맞춰 다양한 소재로 제본되었으며 1960년에는 대중의 취향과 심미안 변화를 존중하여 페이퍼백이 등장하기 시작했다.

20세기에는 알두스 시리즈와 같은 전집류가 쏟아져 나와 일반 대중이 저렴한 판본으로 개인 서재를 채울 수 있었다. 이 책들은 초기 인쇄본과 달리 실제로 대중 시장의 사정권 안에 들어왔다. 값싼 종이에 인쇄하고 풀로 무선 제본 하고 종이 표지를 씌운 것은 도시 통근자를 염두에 둔 선택이었다. 신문 가판대와 간이식당을 비롯하여 독자의 눈을 사로잡을 수 있는 진열대가 놓일 수 있는 곳이면 어디에서나 책이 판매되었다.[64] 이런 책의 상당수는 펄프 픽션이었지만 영국의 출판업자 앨런 레인(1902~1970)에게는 다른 계획이 있었다. 그는 1935년에 펭귄 북스를 설립했는데, 교양 있고 이동이 잦은 독자를 겨냥하여 기성 작가들의 작품을 축약하지 않은 형태로 저렴하게 공급했다.[65] 책의 표지는 한결같이 펭귄 로고 아래에 제목과 저자 이름을 디자인적으로 배치했다. 표지의 위와 아래에 두른 띠의 색깔로 어떤 시리즈인지 알 수 있었는데, 주황색은 현대 소설, 초록색은 범죄 소설, 파란색은 전기, 암적색은 여행서, 회색은 시사, 노란색은 기타 서적이었다. 가격은 우유 0.5리터보다 저렴한 6펜스로, 그냥 많이 팔린 게 아니라 영국, 미국, 프랑스에서 페이퍼백 혁명이 일어날 길을 닦았다.

이 시리즈가 인기를 끈 데는 저렴한 가격과 접근성이 한몫했지만, 오랫동안 승승장구할 수 있었던 결정적 요인은 독일의 서체 디자이너 얀 치홀트(1902~1974)의 빼어난 디자인이었다. 캘리그래피 훈련을 받고 독학으로 타이포그래피를 공부한 치홀트는 1923년 바이마르 바우하우스 전시를 보고 나서 현대 디자인을 받아들였다. 그는 기념비적 선언 『새 타이포그래피』

(1927)에서 좋은 디자인의 규칙을 정립했는데, 산세리프체, 넓은 여백, 중세 필사본의 비율(본문 대 페이지의 비율이 황금 분할로 알려진 1:1.618이 되도록 하는 것)을 바탕으로 한 비대칭적 페이지 디자인을 주장했다.[66] 황금 분할은 피보나치 수열과 일치한다. 알두스 같은 르네상스 시대 인쇄업자들은 이 비율을 필경사의 전통에서 차용했으며 가장 보기 좋다고 판단했다.

　치홀트는 나중에 인문주의 활자체로 돌아섰으며 예전에 가졌던 이상을 누그러뜨렸다. 1947년에 레인은 치홀트에게 '펭귄 페이퍼백'을 새로 디자인해달라고 의뢰했으며 치홀트는 '펭귄 조판 규칙'을 확정하여 시리즈의 미적 요소를 통일했다.[67] 이 체제는 효과적인 브랜딩 원칙과 좋은 디자인을 접목하여 펭귄이 오래도록 인기를 누리는 발판이 되었다. 알두스와 마찬가지로 치홀트도 좋은 디자인이란 사치가 아니라 책의 필수 요소라고 믿었다. 그는 이렇게 말했다. "우리에게 필요한 것은 부자를 위한 으리으리한 책이 아니다. 정말 잘 만든 평범한 책이 더 필요하다."[68]

　가독성과 접근성을 중시하는 치홀트의 이상에 따르면 페이지와 타이포그래피는 텍스트를 위해 동원되어야 하며 내용을 저자에게서 독자에게로 최대한 분명하게 전달하는 데 이용되어야 했다. 이 철학은 당대의 또 다른 주요 타이포그래피 선언인 비어트리스 워드의 「크리스털 잔: 인쇄는 보이지 않아야 한다」(1932)에도 스며 있다. 과도한 장식과 으스대는 타이포그래피를 배격하고자 했던 그녀가 페이지를 묘사하는 중심적 은유는 '포도주 병'이다. 그녀는 텍스트를 "사람의 마음을 자극하

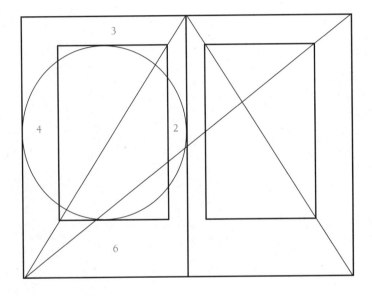

[그림 17] 수많은 중세 필사본을 연구한 끝에 얀 치홀트는 1953년 그 기본
원리를 다음과 같이 정리했다. "페이지 비율은 2:3, 텍스트가 있는 판면과
페이지의 비율은 같으며 판면의 높이와 페이지의 폭이 같다. 사방 여백
(이음매: 책머리: 책배: 책발)은 2:3:4:6이다." Jan Tschichold, *Ausgewählte Aufsätze
über Fragen der Gestalt des Buches und der Typographie*(Springer Basel AG. 1975), p.54.

책이 손에 있음이 세계를 살펴보는 방식에서
근본적인 것이었다면, 책이 '용기'로서 기능하는
능력은 우리가 삶에서 질서를 발견하는 또 다른
방식이었다. 책은 사물들을 부여잡는 사물이다.

— 앤드루 파이퍼, 『그곳에 책이 있었다』

고 바꿀 수 있"는 알코올 성분으로, 페이지를 그 투명한 그릇으로 간주한다.[69] 이 시각에는 20세기에 유행하던 책에 대한 관념—"책은 사상, 아이디어, 이미지를 한 정신에서 다른 정신으로 전달하"며 서체 디자이너, 책 디자이너, 인쇄업자, 출판업자의 임무는 이 아이디어를 최대한 투명하게 전달하는 것이다—이 반영되어 있다.[70] '책이란 천재적 저자의 순수한 지적 활동을 통해 독자에게 전달되는 생각이다'라는 관점을 취하면서 책의 사물로서의 지위는 대다수 독서 대중에게서 사라져버렸다. 우리가 유리잔을 들어 흡족하게 내용물을 비우듯.

치홀트와 워드의 바람대로 20세기에는 잘 만든 평범한 책이 넘쳐났다. 덜 잘 만들었지만 그에 못지않게 인기를 끈 책들도 있었다. 출판계에서 책 하나를 견장정본, 페이퍼백, 문고판으로 출간할 수 있으려면 문해율의 상승, 쉽게 재현할 수 있는 물질적 형태, 배포 수단이 필요했다. 20세기에 이 모든 요인이 발전했다. 채프먼이 이 마을 저 마을 다니면서 가난한 사람들에게 브로드사이드*와 팸플릿을 팔고 부자들이 호화로운 장정을 누리던 시절은 지나갔다. 서점에서는 사람들이 원하는 책을 미리 가져다 놓거나 요청에 따라 주문할 수 있었다. 인쇄업자가 출판업자와 서적상을 겸하는 일도 없어졌다. 둘은 19세기에 확실히 갈라졌다. 출판업자와 도서관, 서점을 연결하는 유통업자들이 생겨나 창고에 재고를 쌓아두고 소매상을 대상으로 판촉

[*] broadside: 15세기 인쇄술이 발명된 직후에 나타나 19세기까지 유럽의 거리와 박람회장 및 장터에서 팔린 인쇄물.

활동을 했다.

　오프라인 서점은 1980년대에 호황을 누렸다. 미국의 주요 서점인 보더스와 반스앤노블은 다양하게 구색을 갖추고 베스트셀러를 비치하고 손님이 카푸치노를 음미하며 책을 넘겨 볼 수 있는 카페를 운영하면서 소규모 독립 서점들을 밀어냈다. 이런 서점의 시설은 코덱스를 토대로 삼았으며 역으로 책의 형태에 영향을 미쳤다. 눈길을 사로잡는 표지 디자인, 저자 이름과 제목이 뚜렷이 박힌 책등, 재고 관리를 위한 ISBN 바코드 도입, 판매자에게 진열 위치를 알려주고 구매자에게 책의 성격을 알려주는 뒤표지의 장르 표시(이를테면 논픽션, 시, SF, 판타지) 등이 이렇게 생겨났다. 치홀트의 시대가 되자 책은 만인을 위한 것이었으며 어디서나, 심지어 식료품점 계산대에서도 구할 수 있었다. 그 뒤로 고작 50년 만에 월든북스, B. 달턴, 크라운북스를 비롯한 미국의 주요 서점 체인이 사라지다시피 했으며 보더스는 2011년에 파산 신청을 했다. 반스앤노블은 실물 규모를 줄이고 누크(Nook) 전자책과 대학 구내 서점 사업에 주력하고 있다. 하지만 전성기에 이 서점들은 책의 상품화에, 또한 책을 사물이 아니라 내용으로 간주하는 인식 변화에 핵심적 역할을 했다. 책을 만드는 데는 헤아릴 수 없이 많은 물질적 요소가 동원되지만, 이 특징들은 하도 자연스러워져서 좀처럼 우리 눈에 띄지 않는다. 권리를 부여할 수 있고 소비할 수 있고 판매할 수 있는 측면으로서의 내용이야말로 우리가 바라보는 책의 모습이 되었기 때문이다.

3
아이디어로서의 책

'책'이라는 말을 들었을 때 '사물' 못지않게 자주 떠오르는 것은 '발상'*이다. 책의 형식 변화와 기계적 재생산의 역사에서 보듯 책은 시간과 지역에 따라 뚜렷한 변모를 겪었다. 점토판, 파피루스 두루마리, 코덱스 등의 각 형식은 저자와 독자가 구할 수 있는 재료와 그들의 필요에 따라 빚어졌다. 한편 이 재료들은 그런 책을 채울 내용을 빚었다. 산업 시대와 20세기 들머리에 텍스트와 유형의 책이 기계적으로 재생산되면서 코덱스는 효율적이고 가지고 다닐 수 있는 상품으로서 입지를 굳혔다. 코덱스는 견장정본으로도 페이퍼백으로도 구할 수 있었으며 서점, 도서관, 전 세계 도서전의 그물망을 통해 배포되었다. 지금 우리는 킨들, 디지털 독서 앱, PDF 형식의 책에 접근하는 수많은 웹 서비스가 있지만, 그 체계는 별로 달라지지 않았다. 그것은 책이 상품이라는 것이다.

현대 출판사들이 디지털 기술의 도입을 모색하면서 책의

[*] 이 책에서는 'idea'를 문맥에 따라 '생각', '발상', '아이디어', '이데아' 등으로 옮겼다.

형식과 내용은 거의 관계가 없어졌다. 아마존에서는 똑같은 '책'을 페이퍼백과 킨들판으로 내는데, 가격이 약간 다르다. 출판사들이 전자책 가격을 정할 수 있게 되면서 디지털판이 인쇄판 못지않게 비싼 경우도 많다. 책이 이런 식으로 판촉되고 판매되는 내용이 되면 물성과 텍스트의 역사적 관계가 끊어진다.

빅토리아 시대 후반에 기계화와 대량 생산을 통해 책은 산업이 되었지만, 20세기에는 이에 맞서는 책 실험이 시도되었다. 이 실험에는 여러 사람들이 참여했는데, 인쇄업자는 전문성과 인쇄 수단을 이용하여 소수를 위한 책을 만들었고 작가는 생산 수단을 직접 손에 들었고 미술가는 미술계의 권력 구조를 우회하는 법을 책에서 발견했다. 이들이 만든 책은 그 나름의 완벽한 미술 작품으로 간주되어 **아티스트 북**(artist's book)이라는 이름을 얻었다. 하지만 이 장에서 보듯 이 용어에는 유연성이 있다. 이렇게 자기참조적이고 자각적인 사물에서 우리는 책의 성격 변화에 대해 많은 것을 배울 수 있다. 우리가 당연하게 받아들이던 '사물'에 역설적으로 주의를 끌어 '아이디어'를 강조하기 때문이다. 이 실험들은 책을 문학적·미학적 '내용'이 담긴 투명한 그릇으로 보는 통념을 깨뜨리고 책의 물질적 형식을 작품의 의미에 담아낸다.

미술가이자 이론가로 이 분야의 으뜸가는 학자이자 현업 종사자인 조애나 드러커는 아티스트 북을 "빼어난 20세기 미술 형식"[1]이라 불렀다. 이는 아티스트 북이 미래주의 이후의 모든 미술 운동을 하나로 꿰고 있기 때문이기도 하고 아티스트 북을 하나로 묶는 원칙들(협업, 제도 비판, 대안 경제, 예술 작품

의 탈물질화)에 이 시대의 예술적 생산을 특징짓는 관심사들
이 반영되어 있기 때문이기도 하다. 이 작품들은 코덱스의 구
조와 형식과 내용의 모든 측면을 이용하여 의미를 만들어내면
서 코덱스를 심문하여 책이 어떻게 소통하고 우리가 어떻게 읽
는지에 대해 의문을 제기한다. 책을 아이디어로 대하면 생산적
이고 흥미진진하고 도발적이고 때로는 문제적인 방식으로 그
물질적 형식을 대화에 참여시킬 수 있다. 사고팔 수 있을 정도
로 책 자체의 미학이 물신화되면서 — 이를테면 휴대전화 케이
스, 가정용 금고, 날염 운동복처럼 — 우리는 돌고 돌아 책이라
는 사물의 상품화로 돌아왔다.

아티스트 북의 정의

'아티스트 북'은 논란의 여지가 있는 용어이며 이론가와 제작자
마다 그 정의에 대해 한마디 거들고 싶어 한다. 나는 아티스트
북이 "예술 작품을 구현하고 생산하는 형식적 수단을 [그 작품
의] 주제적 또는 미적 문제와 결합하"[2]는 독창적 작품으로서 책
을 창작하는 예술가와 작가의 "행위 영역"[3]이라는 드러커의 규
정에 동의한다. 이 정의에 따르면 아티스트 북은 예술품 사진
이 담긴 카탈로그가 아니요, 출판 공방(fine press)에서 유명 미
술가의 삽화를 싣고 정교하게 가공한 가죽 표지와 마블링 한
면지로 감싼 소설도 아니다. 그런 것일 '수도 있'지만, 그러려면
그 선택이 탐구의 대상이 되어야 하고 작품이 의미를 만들어내
는 방식에 그 선택이 접목되어야 한다. 이를테면 아티스트 북의

생산자는 편집자나 기록자, 인류학자처럼 자료를 수집하여 책이라는 형태로 엮을 수 있다. 미술가 에릭 케셜스는 『거의 모든 사진』 연작에서 평범한 사진을 가족이 키우는 검은 개의 사진들에서 촬영자의 손가락이 앵글에 들어와버린 사진들에 이르기까지 주제별로 정리하여 책으로 엮었다.[4] 이런 소재를 축적하고 병치하여 독창적 예술 작품을 만들려는 충동이 있는 한, 그 작품은 아티스트 북에 해당한다.

　　영문학자 크레이그 드워킨이 『무(無)매체』에서 노련하게 논의하듯[5] 아티스트 북은 글을 담을 수도 있고 백지이다시피 할 수도 있다. 더그 뷰브의 작품에서 보듯 아티스트 북은 고의로 판독 불가능하게 하거나 페이지를 뜯어내거나 공들여 잘라 3차원 형상으로 만들 수도 있다. 조각 오브제가 될 수도 있다. 앨리사 뱅크스의 '변형된 책'(altered book) 『가장자리』 연작—「콘로」, 「레이스 브레이드」, 「스레드 랩」, 「트위스트」—에서는 견장정본 코덱스의 책배를 두피 삼아 몇 장씩 인조 모발로 묶었는데, 이 헤어스타일들은 아프리카식 머리 땋기 전통을 찬미하면서도 '타자'를 배척하고 주변부로 밀어내는 불관용을 언급한다.[6] 아티스트 북은 제본할 수도 있고 제본하지 않을 수도 있다. 오노 요코와 앨리슨 놀스는 '행위 악보'(event score)를 엽서에 타이핑했으며, 레이 존슨은 『죽음에 대한 책』(1963~1965)에서 열세 페이지를 뜯어 친구들에게 하나씩 보내면서 《빌리지 보이스》 광고란에 올려 판매하라고 요청했다. 아티스트 북은 러시아 미래파가 벽지와 고무 스탬프(가지고 다닐 수 있고 수명이 짧은 자기출판 수단)로 만든 책처럼 협업의 산물일 수도 있다. 아티스트 북은 여러 번 찍어내거나 유일무이할 수 있고, 손으로 만들거나 기계로 만들 수 있으며, 호두만큼 작거나 집만큼 클 수 있다. 아티스트 북은 사운드 아트, 동영상, 촉각적 사물, 인공물을 포함할 수도 있다. 기예르모 고메스-페냐, 구스타보 바스케스, 재커리 제임스 왓킨스, 제니퍼 A. 곤살레스, 펠리시아 라이스의 협업 작품인 『다큐멘터리: 기록되지 않은 샤먼 행위 예술』(2014)은 제단과 진기한 물건이 든 보관함을 결합한 '자기변형의 연장통'이다.7 약동하는 에너지를 특정 시장에 편승하기보다는 책이 무엇일 수 있고 무엇을 할 수 있는지 탐구하는 데 쓴다면 그것은 아티스트 북에 속한다.

아티스트 북의 역사를 거슬러 올라가면 몇 개의 발화점을 찾을 수 있다. 코덱스를 활용하거나 넘어서려는 동기가 20세기의 여러 예술 및 문학 운동에서 동시다발적으로 생겨나기는 했지만. 그럼에도 기본적 지식을 얻으려면 이 작품들과 그 작가들을 간략하게 살펴보는 게 좋겠다. 하지만 이 텍스트들은 아티스트 북의 '계보'라기보다는 책 형태의 예술 작업에 동기를 부여하는 에너지의 유용한 대표적 사례로 보기 바란다.

윌리엄 블레이크의 '채색 인쇄'

낭만주의 시인이자 판화가 윌리엄 블레이크(1757~1827)의 작품은 아티스트 북의 전신으로 곧잘 인용되는데, 그가 제작의 모든 과정을 직접 진행했기 때문이다. 블레이그가 집필, 십화, 인쇄, 채색, 판매를 도맡은 것은 비용을 절감하기 위해서였지만

책은 상호 작용에 앞서 존재하는 불활성의 사물이
아니라 매번의 읽기 행위에 의해 새롭게 만들어지는
사물이다. 따라서 책에 대해 생각할 때는—유형의
책이든 가상의 책이든—하인츠 폰 푀르스터의 말을
환언하여 책이 '무엇인가'가 아니라 그 특정한 행위를
'어떻게 하는가'를 물어야 한다.

— 조애나 드러커,
　「가상의 코덱스: 페이지 공간에서 전자 공간으로」

제작의 각 요소가 작품의 표현력에 중요하다고 생각했기 때문이기도 하다. 18세기 런던의 '검은 악마의 맷돌'이 유독한 연기를 내뿜고 비참한 처지의 가난뱅이와 아동을 고용하고 책을 대량 생산 상품으로 만들어버리는 현실을 개탄하며 그는 책의 원래 모습으로 돌아가고자 했다. 그것은 신비와 아름다움, 조물주의 흔적이 서린 예언적 언어로 가득한 책이었다.8 이를 위해 블레이크는 글과 그림을 한꺼번에 인쇄할 수 있는 새로운 기법을 1788년에 발명했다.

블레이크는 자신의 혁신적 접근법을 동생 로버트 덕으로 돌렸다. 죽은 이듬해에 자신의 꿈에 나타나 '채색 인쇄'를 가르쳐주었다는 것이다. 이 이름은 멋 부린 글씨와 환상적 그림이 어우러진 초창기 코덱스의 채식 사본에 빗댄 것이다. 그는 『천국과 지옥의 결혼』에서 이렇게 말한다.

나는 하계(下界)의 방법인 부식으로 인쇄할 것이다.
지옥에서 유익하고도 효과 좋은 이 방법은 표면을
녹여 없애 숨겨진 무한을 드러낸다.
　　인식의 문을 닦으면 모든 것이 제 모습 그대로
사람에게 보일 것이다. 무한의 모습으로.9

블레이크의 풍성한 은유는 자신의 작업 과정과 주제를 둘 다 묘사한다. 채색 인쇄는 책에 예언적 힘을 돌려주었으며, 그 덕에 블레이크는 이른바 악마의 맷돌과 맞서 싸울 수 있었다. 이 '하계의 방법'을 그 혼자서 실천한 것은 아니었다. 아내 캐서린

은 남편이 죽는 날까지 남편의 이름으로만 알려진 작품들을 교
정하고 인쇄하고 소묘하고 채색했다.

음각과 양각

블레이크의 혁신은 판화가로서의 경험을 "표면을 녹여 없애"는
활판 인쇄 기법으로 녹여냈다는 것이다. 그가 활판으로 인쇄하
는 방법을 음각(intaglio) 인쇄라 하는데, 우선 내산성(耐酸性)
코팅이나 납(蠟)으로 처리한 동판 표면을 도안대로 긁어낸다.
동판을 산(酸)에 담그면 도안 부분이 부식되는데, 이를 통해 매
우 가는 선까지도 표현할 수 있다. 인쇄업자가 코팅을 벗기고
잉크를 묻힌 뒤에 닦아내면 식각(蝕刻)된 선에만 잉크가 남는
다. 그러면 물에 적신 종이를 동판에 얹고 두꺼운 펠트 천을 덮
은 뒤에 압착기에 통과시켜 고압을 가해 잉크가 종이의 섬유에
스며들도록 한다. 이렇게 극단적인 힘을 가하면 도안이 종이에
밸 뿐 아니라 동판과 같은 크기와 모양으로 종이가 살짝 팬다.

  활판 인쇄 같은 양각 인쇄에서는 그림과 글을 파내지 않고
솟도록 하는데, 종이에 힘을 덜 가해도 되기 때문에 에칭과 달
리 동판 가장자리가 종이에 찍히지 않는다. 이렇게 하면 코덱스
에서 보듯 말끔하게 양면 인쇄를 할 수 있어서 페이지를 넘길
때 독서 흐름이 끊기지 않는다. 블레이크의 기발함은 동판을
양각 표면으로 활용하여 내산성 도료를 직접 발라 도안과 글
을 표현했다는 것이다. 그런 다음 노출된 표면을 산으로 "녹여
없애"면 원래의 도안과 글만 남았다.[10] 이 기법을 쓰기 위해 블

레이크는 좌우를 거꾸로 쓰는 법에 통달했을 것이다. 활자 인쇄
와 마찬가지로 동판의 거울상이 종이에 찍히기 때문이다.

　이 혁신에는 금전 면에서나 예술 면에서나 수많은 이점
이 있었다. 부식되는 깊이가 얇아 동판 양면을 쓸 수 있었고 종
이의 양면에 인쇄할 수 있었기에, 동판과 고급 판화용지의 구
입 비용을 절약할 수 있었다. 글을 다른 인쇄소에 가져가서 활
판 인쇄하는 비용도 아낄 수 있었다. 블레이크의 기법은 필사
본 전통과 기계식 재생산을 접목함으로써 더 화려한 글씨체와
(글과 그림을 별도의 페이지에 싣지 않음으로써) 읽기와 보기
의 조화를 가능케 했다. 더 나아가 손이 책 속으로 돌아갔기에
페이지마다 그의 노고와 솜씨가 배어 있었다. 블레이크 부부는
원근감과 복잡성을 더하기 위해 모든 페이지를 수채 물감으로
칠했다. 이후에는 유색 잉크를 직접 동판에 발라 매번 인쇄할
때마다 변화를 줬다.[11] 어쩌면 가장 중요한 사실은 채색 인쇄 덕
에 블레이크가 글과 그림을 한꺼번에 구상할 수 있었으며(미술
사학자 W. J. T. 미첼은 '이미지-텍스트'라고 불렀다) 둘을 결합
하여 표현력을 높일 수 있었다는 것이다.[12] 동판에 도안을 직접
그렸기에 발상과 제작은 떼려야 뗄 수 없는 관계였다.

　블레이크가 이 기법으로 처음 인쇄한 두 권은『모든 종교
는 하나다』(1788)와『자연종교란 없다』(1788)인데, 경구를 활용
하여 (자연에 있는 증거를 통해 신의 존재를 입증하는 과학적
토대를 찾는) 18세기 합리론을 반박했다. 이 책들은 블레이크
와 인쇄의 관계를 잘 부여준다 그는 시적 천재성의 힘을 믿었으
며 시각적 예술 형식으로서의 인쇄에 사회를 변화시킬 능력이

있다고 생각했다. 블레이크는 당대의 많은 급진적 사상가와 친분이 있었으며 그의 대표작 『순수와 경험의 노래』(1794)는 감미로운 운율의 시, 표현력이 풍부한 글씨체, 순수의 상실과 자연의 파괴를 묘사한 그림을 통해 18세기 런던을 비판했다. 블레이크의 그림은 채식 사본과 마찬가지로 각 페이지의 여백과 빈 공간을 채우고 텍스트와 디자인을 접목한다. 이를테면 머릿그림에서는 나무의 비틀린 가지들에서 제목이 생겨난다(그림 18 참고). 그 페이지 아래쪽의 "W. 블레이크 짓고 찍다"(The Author & Printer W. Blake)라는 문구는 그의 작품에서 창의력과 기예가 하나가 되었음을 똑똑히 보여준다. 블레이크는 당시의 사회 문제에 참여하고 책이라는 형식을 통해 아동 노동, 도시 위생, 노예제 등에 맞서 목소리를 냄으로써 아티스트 북과 독립 출판의 중요한 흐름을 확립했다. 그것은 사회 정의를 퍼뜨리는 수단으로 책을 활용하는 것이다.

어떤 사람들은 블레이크 부부를 북아티스트로 보는 관점이 못마땅할지도 모르겠다. 자신들의 작품을 실제로 제본하지는 않고 미제본 접장을 종이 폴리오에 싸서 수집가들에게 팔았으니 말이다.13 이 때문에 현존 판본들의 인쇄 순서가 다른 경우가 있는데, 이는 시의 순서가 블레이크의 구상에 핵심적이지 않았음을 시사한다. 하지만 이는 블레이크 시대와 고객의 기대에 부응하는 것이었다. 그의 고객들은 책의 제본을 따로 의뢰하는 것이 상례였을 것이다. 18세기 코덱스는 개인의 소유물이었으며, 서재가 출판업자의 변덕이 아니라 소장자의 취향을 반영하도록 제본이라는 마무리 작업을 통해 소장 도서의 통일성

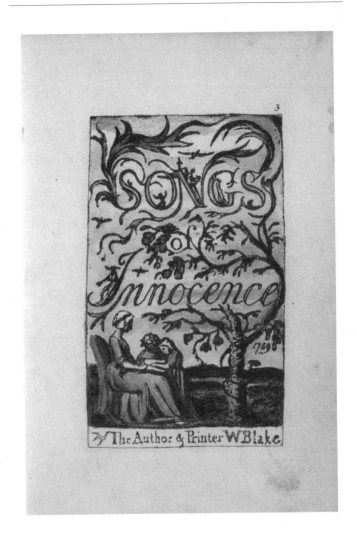

[그림 18] 윌리엄 블레이크, 『순수와 경험의 노래』(Yale Center for British Art, Bentley Copy L)에서 채색 인쇄 기법을 보여주는 표제시.
퍼블릭 도메인 이미지 제공: Yale Center for British Art, Paul Mellon Collection.

나는 잘못된 교육을 거치며 책이 정치적 도구라는
결론에 이르렀다.

— 에이머스 폴 케네디 2세, 「사회적 책 제작」

을 기했을 것이다. 페이지 순서를 바꾼 것이 블레이크 부부이
든 제본업자이든, 블레이크 자신의 1793년 판촉물에 따르면 이
작품들은 '채색 시집'으로서 인쇄되고 간주되었다. 블레이크는
적어도 한 명의 고객에게 제본의 편의를 위해 『순수와 경험의
노래』 순서 목록을 제작해주기도 했다.[14] 제본을 직접 하는 것
은 블레이크에게 큰 도박이었을 것이다. 비용이 많이 들고 수집
가를 찾기도 훨씬 힘들었을 테니 말이다.

　　하지만 블레이크를 아티스트 북의 선조로 볼 수 있는 주요
한 이유는 애초에 그가 책을 만든 근거에 있다. 블레이크가 책
을 만들고 판 것은 부자가 되고 싶어서가 아니라(그는 평생 판
화가로 일하면서 가족을 부양했다), 자신의 작품을 전시장을
넘어 더 널리 보급하고 싶어서였다. 그는 한 고객에게 이렇게 털
어놓았다. "제가 인쇄하고 판매한 책은 몇 권 안 되지만, 그것
만 해도 제게 예술가로서의 대단한 명성을 안겨주었습니다. 이
것이 저의 주된 목표였습니다."[15] 이 책들은 한정판이었고 노동
집약적이었으며, 블레이크는 자신의 전복적이고 예언자적인 사
상을 가장 훌륭히 표현하고 싶다는 바람을 실현했다.

스테판 말라르메, '정신의 도구'로서의 책

블레이크가 책의 모든 측면에 관여한 것에서 보듯 창작자의 심
층사에서는 작가와 책 제작자의 경계가 흐릿하지만, 어떤 사람
들은 프랑스의 시인 스테판 말라르메(1842~1898)를 20세기 최
초의 진정한 북아티스트로 꼽는다. 빅토리아 시대 타이포그래

피 전통과 철저히 단절했다는 이유에서다. 1897년에 발표한 장시(長詩)「한 번의 주사위 던지기는 결코 폐기하지 못하리라, 우연을」에서 페이지는 그릇이 아니라 바다이며 그 파도에 던져진 텍스트는 반짝이는 수면을 가로질러 독자의 눈길을 끌어당기는 언어의 난파선이다. 어떤 면에서 말라르메는 책의 이데아를 복권하려는 블레이크의 작업을 계승했지만, 채식 사본을 본보기로 삼은 것이 아니라 시에 새 생명을 불어넣을 더 보편적인 매체—당시의 신문—에 눈을 돌렸다.

　말라르메는 블레이크보다 한 세기 뒤에 글을 썼는데, 이때는 타이포그래피의 힘이 더 커져 있었다. 19세기 후반이 되자 '표지판'이 폭발적으로 증가했다. 당시의 도시 길거리 사진을 보면 건물 앞면에 간판을 붙이고 광고를 그려 넣은 것을 볼 수 있다.[16] 이 시기에 식자기가 등장해 인쇄의 편의성과 양이 늘었고, 조판공은 문선대를 뒤지지 않고도 키보드를 이용하여 활판을 배열할 수 있게 되었다. 이 기계로부터 탄생한 **주조식자기**(hot metal typesetting)는 활자의 주조와 식자를 결합하여 조판의 속도와 효율을 부쩍 끌어올렸다. '라이노타이프'(Linotype, 1886)라는 상표명에서 보듯 조판공이 한 행을 완성한 뒤에는 이를 녹여 재사용할 수 있었기에, 활자를 문선대에 다시 정리하는 지루한 작업에서 벗어날 수 있었다. 오토마르 메르겐탈러가《뉴욕 트리뷴》의 의뢰로 개발한 라이노타이프가 인쇄 속도를 어찌나 끌어올렸던지(라이노타이프 기사의 작업 속도는 수작업 조판공보다 다섯 배 빨랐다[17]) 토머스 에디슨은 이 기계를 '세계 8대 불가사의'로 꼽았다고 전해진다. 라이노타이프는 신문 업계에 금세 보급되었는데, 출판 업계에서는 약간 다른 시스템이 자리 잡았다. 톨버트 랜스턴이 1896년에 발명한 모노타이프(Monotype)는 글자를 하나하나 주조하여 조판했기에 서적 인쇄업자들이 각 행의 모양을 더 꼼꼼하게 다듬을 수 있었으며 서체의 종류도 훨씬 다양했다.

주위에서, 일간 신문의 페이지에서 언어가 이렇게 확산되는 것을 본 말라르메는 '운문의 위기'[18]를 감지했다. 신문의 단(段)이 말끔해져 조판의 편의성과 글의 가독성이 커지자 그는 책의 힘이 위협받는다고 느꼈다. 또한 언어가 상업과 대중문화의 도구가 되어 신문이 책의 표현력을 넘보기 시작했다. 이 위기에 맞서 말라르메는 시에 신문의 기법을 차용함으로써 페이지 공간을 이용하여 활자와 언어에 신비와 표현력을 다시 불어넣을 것을 촉구했다. 그는 에세이 「책, 정신의 도구」에서 책의 잠재력에 대한 생각을 밝혔다. 그는 신문의 큰 제목과 대문자 사용을 옹호하면서 이렇게 말했다. "주목할 만한 생각이나 감정의 위대한 분출이요, 머리글자의 뒤를 이은 문장이요, 면으로 인해 점차 열 바꾸는 직선은, 독자들에게 숨 돌릴 겨를을 주지 않거나, 신들린 힘으로 책을 끊이지 않고 지속하게 할 수 없을 것이다. 주위에, 자질구레 뭉친, 중요도를 따지면 부수적인, 설명조거나 부차적인—**무수한 장식**을 둘렀기에."[19] 말라르메는 시선을 사로잡는 제목을 작은 글자로 둘러싸면 책을 정신적 에너지로 충만케 할 수 있으리라 생각했다.

『주사위 던지기』—ㄱ가 죽기 직전까지 집필한 책으로, 사후에야 그가 의도한 형태대로 출간되었다—에서 말라르메는 이 구상을 실현했다.[20] 그는 매 페이지를 꼼꼼히 계획하여, 마치 악보를 그리듯 단어와 구를 각각의 펼침면에 조각조각 펼쳐 놓았다. 그는 서문에서 이런 행갈이를 일컬어 "'이데아'의 프리즘식으로 분산된 세분화들"[21]로 표현했다. 말라르메는 연을 여백으로 가지런히 둘러싸는 전통에서 벗어나 여백에 표현의 역할을 부여함으로써 "움직임을, 운각으로 나누고 표시하기까지 하며, 때로 빠르게 하거나 늦춘"다.[22] 그의 글은 구두점을 버리고 다양한 글자 크기로 특정 단어를 강조하고 소문자 구절 사이사이에 대문자로만 된 구절을 배치하여 독자의 시선을 안내하며 마주 보는 페이지의 상호 작용에 특별히 주의를 기울이도록 한다.

하지만 시를 시각적으로 표현한 것이 말라르메가 처음은 아니다. 그 이전에 아크로스틱(acrostic)이 있었고, 십자가와 스랍*, 수도사를 비롯하여 9세기부터 중세 코덱스에서 '카르멘 피구라툼'(Carmen figuratum)으로 알려진 형상을 묘사하는 표상시(shaped poem)도 있었다. 종교시에 이런 패턴을 쓰는 전통은 웨일스의 시인 조지 허버트의 17세기 시집 『사원』(1633)으로 확장되는데, 이 시에서는 제단과 날개 등을 형상화해 글을 구성한다. 하지만 이런 초기 작품에서는 시각적 디자인이 책 전체가 아니라 시 하나의 내용만을 표현했다. 이런 표상시가 주제를 **모방**했다면 말라르메의 글은 주제를 **구현**했다.

『주사위 던지기』의 자유시는 프랑스어 독자에게조차 복

---

[*] Seraph: 유대교·그리스도교·이슬람교 문학에 등장하는 천상의 존재.

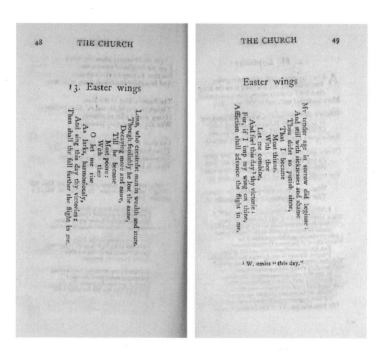

[그림 19] 조지 허버트의 시 「부활절의 날개」는 구체시의 대표적인 예이다.
구체시는 시의 주제를 시각화하기 위해 시행 등에 변화를 준 시 형식이다.
George Herbert, Easter Wings, *The Temple*(London: Methuen, 1899).
출처: 인터넷 아카이브. 디지털화 도움: Getty Research Institute.

잡하고 까다롭다. 학자들 중에는 우리가 아직 이 시를 진짜로 이해하거나 해석하지 못했다고 믿는 사람도 있다. 글은 서사를 거부하고 (말라르메의 말을 빌리자면) "후퇴, 연장, 둔주"[23]를 선택한다. 말라르메는 독자에게 『주사위 던지기』—이 복잡한 시의 심상은 난파선을 암시하지만 그 언어는 쓰기라는 행위 자체를 일컫는 듯하다—를 악보 삼아 페이지를 언어가 연주하는 무대로 만들라고 권했다. 이 책은 19세기 초 문학 출판에서 즐겨 쓴 서체인 디도체(Didot)로 되어 있지만 평범한 서정시를 기대해서는 안 된다. 화자가 개인적 경험을 회상하고 성찰하는 시가 아니라 배를 몰고 내려가는 선장의 이미지가 요동치듯 펼쳐진다.

　　행이 조각조각 떨어져 있어서 독자는 연결을 찾아 매는 쪽*을 건너야 한다. 이를테면 "제쳐놓은 주검은"(corpse by the arm)은 "자신이 쥐고 있는 비밀을 팔에다"(detached from the secret it holds)의 맞은편에 있다. 베르소와 렉토가 만나는 매는쪽의 솔기가 텍스트를 "제쳐놓"았듯 정신은 배를 "폭풍 속에/던지고/분리된 수를 다시 합치고 자신 있게 지나가"(into the storm/reopen[s] the seam and pass[es] proudly) 미지의 공간으로—고랑이 암시하듯 소용돌이, 폭포, **용이 사는** 곳으로—들어간다.[24] 선장의 몸도 솔기로 절단된다. 그의 팔이 키를 잡고 있는데 파도가 그 위를 덮친다(그림 20a, b 참고). 말라르메의 언어는 책에 생명을 불어넣고 독자를 이 난파의 공모자로

[*] gutter: 페이지와 페이지를 연결하는 이음매.

만든다. 우리의 눈이 앞뒤로 움직이고 손이 페이지를 넘길 때마다 파도가 텍스트를 덮치고 페이지가 펄럭펄럭 소리를 내며 떨어지는 것 자체가 폭풍우를 묘사한다. 글이 끝났을 때 우리는 펼친 책을 마치 (마지막 장의 행에서 암시하듯) 우리를 "총합을 축성하는 마지막 한 지점에" 데려다줄 부표나 부양(浮揚) 장비처럼 붙들고 있다.25

「주사위 던지기」를 번역하려면 텍스트의 소용돌이치는 의미를 유희적으로 이해해야 할 뿐 아니라 말라르메의 의도도 감지할 수 있어야 한다. 여기에 실은 페이지들은 로버트 보노노와 디자이너 제프 클라크의 공동 작업으로 완성되었으며, 형식과 내용의 관계에 대한 숙고가 스며 있다. 프랑스어판은 말라르메가 임종을 앞두고 작업한 1897년 볼라르(Vollard)판 메모를 구체적으로 따르는 반면에 영어판은 헬베티카(Helvetica) 서체를 쓴다. 이 변화는 말라르메가 신문을 연상시켜 자신의 독자에게 충격을 안긴 것과 같은 효과를 현대 독자들에게 주기 위한 것이다. 흔하디흔한 헬베티카 서체는 도로 표지판, 로고, 정부 문서 양식의 목소리를 텍스트에 들여와 페이지 표면을 떠다니는 공공의 표류물로 페이지 공간을 파열시킨다. 영어판에는 해수면, 파도 표면, 우주를 떠올리게 하는 초현실적 흑백 사진들이 들어 있는데, 이는 1897년판에 실리기로 했던 오딜롱 르동의 석판화 세 점에 대한 오마주다. 이 번역은 현대 영어 독자를 위해 작품의 내용뿐 아니라 형식까지도 옮기고 있다.

말라르메가 세상을 떠났을 때, 그의 선언문에 암시된 실험은 시작 단계에 불과했다. 그가 던진 주사위는 시인과 페이지의

THE MASTER

arisen

    inferring

        from this conflagrati

               th

        as one threate

      the unique Number unab

          hesitat
        corpse by the a

rather

    than play

      like a gray-haired maniac

        the game

      in the name of the waves

        shipwreck this tin

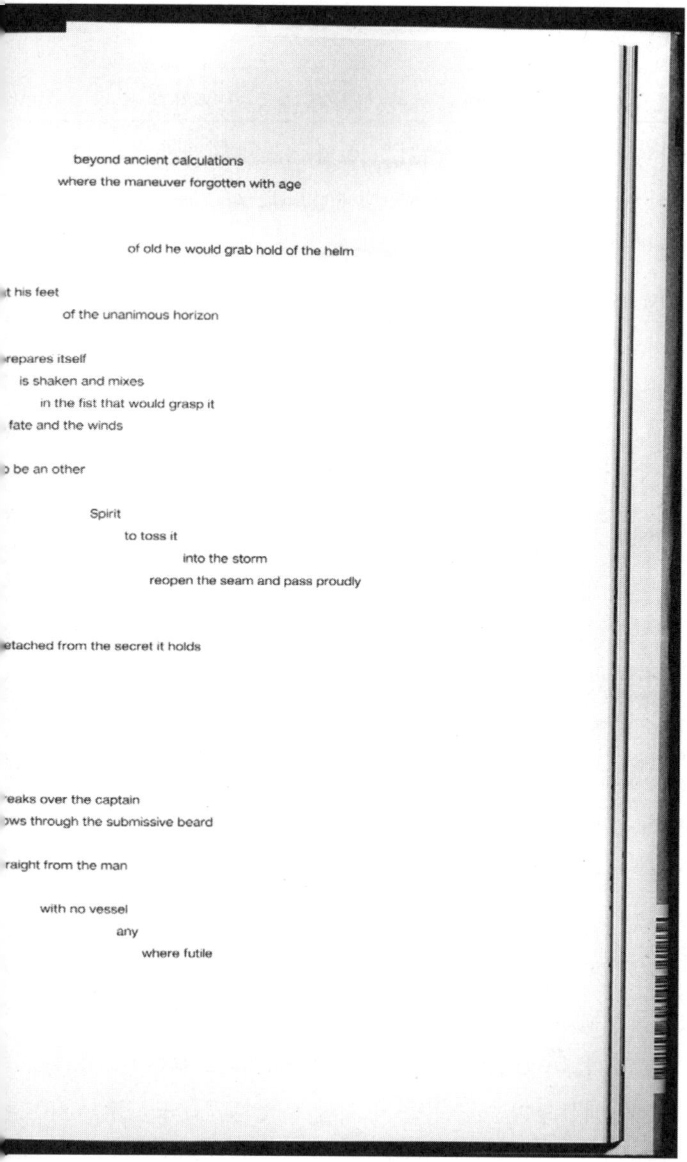

                beyond ancient calculations
              where the maneuver forgotten with age

                          of old he would grab hold of the helm

t his feet
                  of the unanimous horizon

repares itself
      is shaken and mixes
              in the fist that would grasp it
  fate and the winds

b be an other

                    Spirit
                          to toss it
                                into the storm
                            reopen the seam and pass proudly

etached from the secret it holds

eaks over the captain
ows through the submissive beard

raight from the man

            with no vessel
                      any
                            where futile

[그림 20a]

관계를 영영 바꿔놓을 터였다. 유희와 시각적 소통의 공간으로
서의 페이지와 책을 탐구한 말라르메의 실험은 이제 미래파, 소
용돌이파, 문자파, 구체시인을 비롯한 20세기 전위 시인들 몫이
되었다. 페이지를 악보로 삼은 실험은 쿠르트 슈비터스의 다다
소리시(sound poetry)에서 찰스 올슨의 (타자기로 친) 투사시
(projective verse)에 이르는 여러 시도에 영향을 미치게 된다. 이
후자의 작가들은 광고 기법을 받아들여 자신의 작품에 집어넣
고 전복했다. 「책, 정신의 도구」에서 말라르메는 "전부는, 세상
에, 하나의 책에 도달하고자 존재한"다고 말했다.26 이 명제는
20세기 중엽에 (덜 신비적인 형태로) 열매를 맺는다.

에드 루셰이의 민주적 다양성

에드 루셰이(1937~)가 책을 만들기 시작했을 때 그의 관심사는
말라르메나 블레이크와 달리 언어가 아니라 개념미술로서의
잠재력이었다. 그가 1960년대와 1970년대에 발표한 아티스트
북은 짐짓 진지한 사진집으로 저렴하게 제작되었으며 (적어도
처음에는) 서점과 출판 시스템 바깥에서 유통되었다. 드러커가
말하는 "민주적 다양성"27의 시작이었다. 1960년대 미술가들이
미술 작품으로서의 책을 '민주적'으로 간주한 것은 값싸고 널리
보급할 수 있고 화랑 제도를 거치지 않았기 때문에, 그럼으로
써 이런 제도가 대표하는 고급 문화와 저급 문화의 구분을 철
폐했기 때문이다. 큐레이터이자 비평가이자 미술가인 루시 리
퍼드 말마따나 아티스트 북은 일종의 '휴대용 전시'였으며 "많

[그림 20b] 그림 20a(146~147쪽)와 20b(위) 스테판 말라르메, 「주사위 던지기」,
Jeff Clark and Robert Bononno 번역(translation copyright 2015).
번역자와 Wave Books의 허락하에 재수록.

전부는, 세상에, 하나의 책에 도달하고자 존재한다.

— 스테판 말라르메, 「책, 정신의 도구」

3 아이디어로서의 책   151

은 이들은 이를 미술계에서 벗어나 더 폭넓은 관객의 심장으로 들어가는 방법"으로 여겼다.[28]

루셰이의 첫 책 『스물여섯 곳의 주유소』(1963)는 66번 국도의 로스앤젤레스-오클라호마시티 구간에 있는 주유소들의 사진을 실은 책이다. 이 책은 한마디로 '표지가 있는 전시회'이며 화랑도 수수료도 미술계의 평론도 필요 없다. 겉보기에는 여느 페이퍼백과 비슷하지만, 이 책은 코덱스의 특징―펼침, 병치, 순차성―을 가지고 놀며, 우리가 책 속의 이미지나 텍스트를 읽는다고 생각할 때조차 실은 그 형식을 읽고 있다는 사실을 강조한다.

책에 실린 흑백 사진들은 별 특징이 없어 보이며 내키는 대로 찍은 것처럼 보이는 것도 있다. 표지판이 프레임에 잘리거나 사진가가 피사체에 그림자를 드리우기도 한다. 어떤 사진은 밤에 찍어서 흐릿하다. 또 어떤 사진은 주유소 자체가 자동차들에 가렸다. 디자인도 수더분한 인상이다. 어떤 주유소는 펼침면 두 페이지를 차지하는가 하면 또 어떤 주유소는 페이지 절반으로 쪼그라들고 나머지 여백에 주유소 이름과 지명이 멋대로 흩어져 있다. 사진 하나하나는 미술 작품으로서 제시되지 않는다. 작가가 의도한 도발적 효과를 얻으려면 사진들을 뭉뚱그려 읽어야 한다.

루셰이는 부연 설명을 하나도 달지 않았지만, 스틸을 하나하나 넘기다 보면 그가 일종의 도상여행(圖上旅行)을 암시하고 있음을 알 수 있다. 도로 위에서가 아니고서야 이렇게 많고 다양한 주유소를 어디서 만나볼 수 있겠는가? 하지만 이 책을 여행기로 읽는 것은 터무니없어 보인다. 들르는 곳마다 평범하기 그지없으니 말이다. 코덱스는 본디 순차성이 있기에—우리는 한 번에 한 펼침면만 볼 수 있으며 다음 펼침면은 페이지를 넘기면서 살짝 엿볼 수 있을 뿐이다—사진의 정적인 성격에도 불구하고 이동의 은유를 내포한다. 책에 등장하는 도시들을 지도상에서 짚어 가면 우리는 부재하는 사진가가 밟은 경로를 따라갈 수 있을 것 같기도 하다. 실제로 이 사진들은 루셰이가 자신의 부모가 사는 오클라호마시티 고향으로 차를 타고 가면서 찍은 것이지만, 그는 일부 사진의 순서를 흐트러뜨려 순차성과 시간성의 관계에 대한 우리의 통념을 혼란시킨다. 책에서 앞으로 나아가는 것이 반드시 공간이나 시간에서 앞으로 나아가는 것은 아니다.

『선셋 스트립의 모든 건물』(1966)에서 루셰이는 여행을 더 직선적으로 탐구한다. 이 책은 필름스트립처럼 생긴 접책 두루마리로, 로스앤젤레스에서 가장 유명한 거리 중 한 곳을 묘사한다. 길이는 7미터에 이르며 거리 북쪽 면과 남쪽 면의 풍경을 파노라마로 담았는데, 실은 개별 이미지를 이어 붙인 것이다. 이것은 우리에게 친숙한 구글 스트리트 뷰의 선조격이다. 루셰이의 사진들은 디지털 이전의 몽타주이기에 솔기가 보인다. 자동차가 잘리거나 두 대가 보이기도 하고 사진 두 장이 서로 어긋나기도 한다. 영화 화면 같은 이 필름스트립이 페이지 위쪽과 아래쪽을 따라 서로 마주 보며 이어져 있는데, 숫자와 교차로 캡션이 위치를 알려준다. 가로로 넉넉하게 뻗은 여백은 독자의 경로를 암시한다. 우리의 눈은 책의 평면들을 통해 앞으로 나

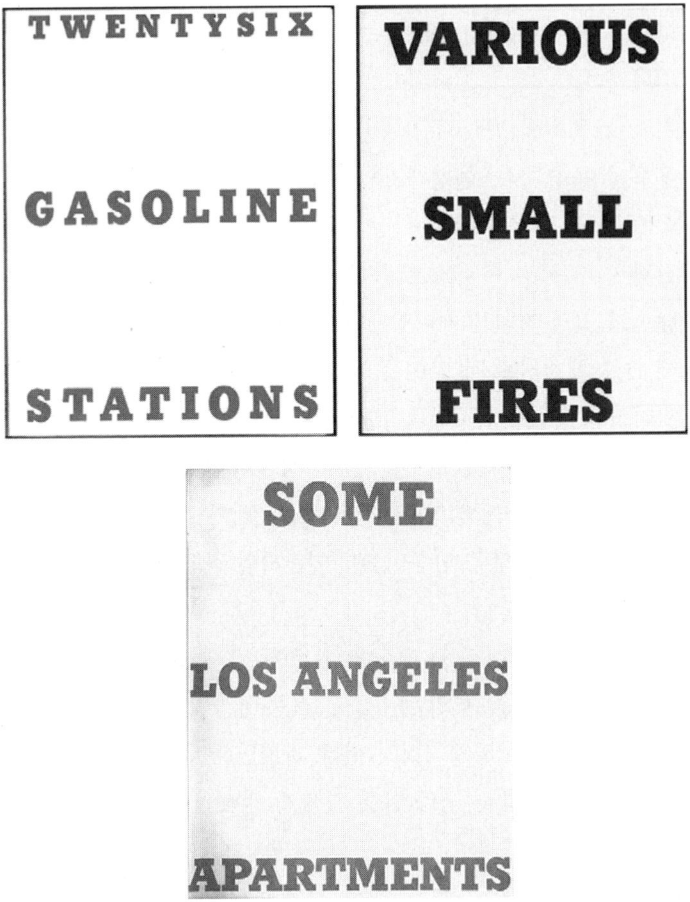

[그림 21] 에드 루셰이의 아티스트 북:
『스물여섯 곳의 주유소』(1962, 17.8×14.1×4.1cm), 『여러 가지 작은 불과 우유』
(1964, 18×14.1×0.5cm), 『로스앤젤레스의 연립 주택들』(1965, 18.1×13.4×0.5cm).
Ed Ruscha. Courtesy of the artist and Gagosian.

아가며 우리의 상상 속 자동차는 우리가 (은유적으로) 가로를 따라 서쪽으로 내려가는 동안 약국과 식당, 게시판, 전봇대를 지나친다.

『스물여섯 곳의 주유소』 이외에도 『여러 가지 작은 불과 우유』(1964), 『로스앤젤레스의 연립 주택들』(1965), 『수영장 아홉 곳과 깨진 유리』(1968) 등 60년대와 70년대에 루셰이가 출간한 여러 사진 아티스트 북들은 페이지의 펼침과, 순차성에 대한 우리의 기대를 재미있게 활용한다. 그는 선언적인 제목을 세 줄로 배치하고 각 단어를 강조하는데, 이는 작품이 짐짓 유머러스할 것임을 암시한다(그림 21 참고). 저렴하게 제작되어 화랑 제도를 거치지 않고 유통된 이 책들이 미술가들 사이에서 얼마나 중요한 시금석이 되었던지 그의 테마를 되풀이하는 온갖 아티스트 북만을 담은 선집 『이런저런 작은 책들』(2013)이 출간되기도 했다.

《아트포럼》에 실린 광고에 따르면, 저자 서명과 일련번호가 붙은 『스물여섯 곳의 주유소』 1쇄는 권당 3달러에 400부가 팔렸으니 정말로 민주적이긴 했다. 하지만 루셰이의 작업에 친숙한 사람이라면 누구나 알듯 값싸게 제작된 저 책들은 쇄를 거듭할수록 부수를 늘리다—1969년에는 3000부까지 늘었다—이젠 절판되어 권당 수천 달러에 팔린다.[29] 루셰이는 책을 비한정판*으로 둘 작정이었지만, 결국은 생각을 바꿔야 했다.

[*] open edition: 작가가 서명하거나 일련번호를 붙이지 않아 무제한 복제할 수 있는 작품.

'민주적 다양성'도 미술계에서 이름을 날리고자 하는 욕구를 꺾지는 못했다. 그럼에도 루셰이의 작품은 실물보다 발상을, 손 재주보다 개념을 중시하는 (루시 리퍼드가 개념미술 운동에 붙 인 용어를 빌리자면) 미술의 탈물질화(dematerialization)와 연 계되었기에 당대의 가치를 반영한다.

이 세 경우 각각에서 미술가는 책 제작 과정에 직접 종사 하여 책 형식의 미술 작품을 만들어냈다. 만일 이 책들이 브로 드사이드나 화랑 전시용으로 제작되었다면 쓰임새가 달랐을 것이며 상업주의에 가한 파문도 크지 않았을 것이다. 블레이크 는 자신의 기교를 이용하여 말과 그림의 관계를 발전시켰다. 말 라르메는 텍스트 디자인을 이용하여 언어가 소비문화에 흡수 되는 현실에 저항했다. 루셰이는 자신의 책을 통해 화랑 제도 바깥에서 일종의 전시회를 열었다. 이들이 만든 책은 종류가 사뭇 제각각이었지만 아티스트 북의 선조로서 이 책들은 모두 코덱스의 상품화를 우려했다.

책을 만드는 새로운 예술

1975년에 멕시코의 작가이자 미술가 울리세스 카리온(1941~ 1989)은 책이 판매용 사물로 자리 잡은 현실에 반기를 들었다. "책은 우연히 텍스트의 그릇이 되었을 것이다. 텍스트의 구조 는 '책'과 상관없다: 여기서 말하는 책은 서점과 도서관에 있는 책들이다."30 우리는 쌍점이 문장을 연결하는 곳에서 긴 휴지 (休止)를, 빈정대는 휴지를 상상해야 한다. 카리온이 상업적인 사물로서의 책을 비꼬는 것은 당시의 저술과 출판에서 형식과 내용의 분리를 인식하고 이를 성찰하는 행위이다. 카리온은 서점을 덮어놓고 반대하지는 않았으며, 같은 해에 암스테르담에 '어더 북스 앤드 소'(Other Books and So)라는 서점을 직접 차리기도 했다. 이곳은 아티스트 북과 멀티플* 전문 서점이었으며 세상에 더 많이 선보이고 싶은 작품을 소개하는 (미술가가 운영하는) 전시장이자 행사장이었다. 그에게 책은 저자가 독서 대중에게 유포하려고 출판사에 넘기는 '텍스트'가 아니라 전체로서의 책이었다. 그는 자신의 서점에서 "비(非)책, 반(反)책, 유사책, 사이비책, 구체책, 시각책, 개념책, 구조책, 프로젝트책, 선언책, 지시책"31을 판매한다고 광고했는데, 이 목록을 보면 그가 시장과 불편한 관계였음을 알 수 있다. 결국 그는 자신이 옹호하는 예술가 출판물을 일컫는 신조어를 만들었는데, 그것이 바로 **책작품**(bookwork)이다. 어떤 면에서 카리온의 주장은 저자가 책의 물성과 의미(에 미치는 영향)에 더 민감해져야 한다는 호소였지만, 글쓰기를 지적 노동으로 우대하고 책 제작의 물리적 측면을 폄하하는 시스템을 무너뜨려야 한다는 요구이기도 했다.

카리온은 말라르메와 마찬가지로 문학의 위기를 직감했으며 출판 시스템에서 책이 차지하는 위치가 위기의 근원이라고 생각했다. 그는 이 시스템을 직접 겪어본 적이 있었다. 1960년에 단편으로 국가상을 받았고 정기 간행물에 작품을 실었으며

[*] multiple: 한정판의 의미를 담은 복제품.

1966년과 1970년에 작품집 두 편을 인기리에 출간하는 등 일
찌감치 성공을 거두었으니 말이다. 카리온은 멕시코국립자치대
학교에서 문학과 철학을 공부했으며 우수한 성적으로 프랑스,
독일, 영국에서 대학원 장학금을 받았다. 그는 영국에 있을 때
책과 출판에 색다르게 접근하는 방법을 구상하기 시작했다. 멕
시코의 미술가 펠리페 에렌베르크와 마르타 엘리온이 1970년
에 설립한 '보 제스트 프레스'에서 플럭서스 그룹—미술과 삶의
경계를 흐릿하게 하는 우연한 작업, 일회성 행위예술, 개념미술,
참여적 작업에 관심을 가진 일군의 느슨한 미술가들—의 등사
판 책을 접한 것이 계기였다. 카리온은 1972년에 암스테르담으
로 이주하여 자신의 첫 아티스트 북을 만들기 시작했다. 첫 작
품『소네트』는 단테이 게이브리얼 로세티의「심장의 나침반」을
마흔네 번 반복했다. 레몽 크노의『문체 연습』(1947)을 흉내 내
어 로세티의 시를 재미 삼아 여러 문체로 다시 쓴 것이다. 시의
실험이라는 맥락을 통해, 또한 서사에서 개념미술로의 변화 과
정을 통해 카리온은 책작품 개념을 체계화하기 시작했다.

　　『책을 만드는 새로운 예술』(1975)은 책의 개념화와 관련하
여 작가가 더 적극적인 역할을 해야 한다고 촉구하는 선언문으
로, 웅변조의 문체는 오늘날의 독자조차 거북해할 만큼 도발적
이다. 이 글은 본디 옥타비오 파스가 창간한 잡지《플루랄》에
스페인어로 실렸다. 카리온이 도발하고 싶었던 것은 문학 독자
였다. 소설을 "아무것도 일어나지 않는 책"으로 치부하고 "새로
운 문학은 더 이상 없고, 앞으로도 없을 것"이라고 선언한 것은
분명 화를 돋우려는 수작이었다.[32] 물론 소설은 죽지 않았으며

지금도 중요한 표현 수단이지만, 카리온이 책의 능력을 새롭게 상상한 것에서 우리는 아티스트 북이 어떻게 책을 상호매체적 공간으로 대함으로써 그 가능성을 배가했는지 잘 알 수 있다.

카리온은 말라르메와 마찬가지로 페이지의 공간적 잠재력을 간파했다. 그의 선언문은 "책은 공간들의 순차이다"[33]라는 문장으로 시작한다. 이 정의는 하도 성겨서 제본된 책, 카드 한 벌, 일련의 방 등 생각할 수 있는 어떤 오브제나 공예품도 책이 될 수 있다. 하지만 그의 정의는 여기서 더 나아간다.

> 이 각각의 공간은 서로 다른 순간에 인식되므로,
>   책은 순간의 순차이기도 하다.
>   (…)
> 책은 단어의 그릇도, 단어의 가방도, 단어의 전달자도
>   아니다.
>   (…)
> 책은 시공간의 순차이다.[34]

책이 시공간의 순차라면 책은 일종의 영화이기도 하다. 정적이지 않고 움직일 수 있으니 말이다. 카리온이 이 선언문을 작성했을 즈음에 플립북(flip-book)과 그 전신인 니켈로디언 영화관이 책의 순차적 잠재력을 한 세기 넘도록 써먹었다(1868년 존 반스 리넷은 플립북에 대해 '키니오그래프'[kineograph]라는 이름으로 특허를 출원했다). 하지만 페이지가 단순한 '단어들의 주머니'를 넘어선다는 발상은 저자가 언어를 투명하고 실

용주의적이고 직접적으로 대하는 일을 그만둬야 함을 암시한
다. "단어의 의미"가 "저자의 의도를 위한 전달자"라고 믿는 것
은 "오래된 예술"에서나 가능하다는 것이다.[35] 분명한 사실은,
이 시점에 의미와 저자성(authorship)의 관념을 뒤흔든 탈구조
주의 이론이 카리온의 생각에 스며 있었다는 것이다.

　　카리온은 500쪽, 100쪽, 심지어 25쪽이더라도 페이지들이
"모두 엇비슷하게 보이"[36]는 지루한 책이 아니라 1978년 전시회
도록에 썼듯 "표현적 통일체로 간주되"[37]는 책을 옹호했다. 버
젓한 산문으로 이루어진 페이지를 '지루하다'고 하는 것은 고의
적 과장처럼 들리지만, 작품을 읽고 원하는 부분을 찾을 때 쪽
번호와 쪽표제가 어떤 역할을 하는지 생각해보라. 이 표지판은
(글자는 다를지 몰라도) 페이지마다 똑같아 보이는 텍스트를
헤쳐 나가는 길잡이다. 카리온의 정의에 따르면 "책작품에 담
긴 메시지는 물질적 요소와 형식적 요소의 종합"이다.[38] 이렇듯
책작품은 책을 비평하고 책의 행위유도성을 탐색한다. 어느 것
도 액면 그대로 받아들이지 않고 독자에게 텍스트뿐 아니라 책
의 물성에도 주의를 기울이라고 말한다. 영문학자 개릿 스튜어
트 말마따나 책작품은 "평범한 독서가 아니라 사유를 위한 것"
이다.[39] 책작품은 책 만들기에 대한 개념적 접근법을 나타내며,
대상과 그 대상을 보는 사람의 상호 작용에서 의미를 얻는다.
이런 까닭에 카리온은 책작품을 '반책'(anti book)이라고 불렀
다. 책의 역할에 반대하며 그 형식에 질문을 던지고 책의 이데
아를 오브제로부터 분리하기 때문이다.

　　1986년 카리온이 워싱턴주 올림피아의 에버그린 주립대

책은 공간들의 순차이다.
이 각각의 공간은 서로 다른 순간에 인식되므로 책은
순간의 순차이기도 하다.
        (…)
책은 단어의 그릇도, 단어의 가방도, 단어의 전달자도
아니다.

— 울리세스 카리온, 『책을 만드는 새로운 예술』

학에서 강연한 영상에서 보듯 그의 관점은 오늘날 통념이 되었다. "지금 존재하는 모든 책이 결국은 사라질 것이라고 굳게 믿습니다." 예상했겠지만, 그는 상실을 그다지 애달파하지 않는다. "탄식해야 할 이유를 하나도 모르겠습니다. 여느 생물과 마찬가지로 책은 생장하고 번식하고 변색하고 결국 죽습니다. 그 순간 책작품은 이 불가역적 과정의 마지막 국면을 나타냅니다. 도서관, 박물관, 문서실은 책의 완벽한 공동묘지입니다."**40**

카리온은 (그 뒤로 상투어가 되어버린) '책의 조종(弔鐘)'을 울리며 코덱스가 위태로워지면 책작품의 중요성이 더 커질 것이라고 말한다. 그의 말은 지금 시점에서 더더욱 시의적절하다. 조너선 새프런 포어의 속 파낸 책 『코드의 나무』(2010), 마크 대니얼레프스키의 타이포그래피적으로 복잡한 책 『나뭇잎의 집』(2000), 앤 카슨의 접책 『녹스』(2010), 젠 버빈의 에밀리 디킨슨 봉투 조각 모음 『아름다운 무(無)』(2013)—커피테이블 책처럼 보이는 판형이다—같은 예술적 출판물과 개념적으로 기발한 책을 내놓으며 출판사들이 위험을 무릅쓰고 있으니 말이다. 코덱스의 물질적 형식이 디지털로 해체되려는 지금, 물성에 고도로 적응한 작품들은 책의 비물질적인 '이데아'를 성찰하게 함으로써 오히려 물리적 사물에 대해 생각하고 음미할 기회를 선사한다.

책의 이데아

아티스트 북은 책의 앞길에 대해 무엇을 알려줄까? 아티스트

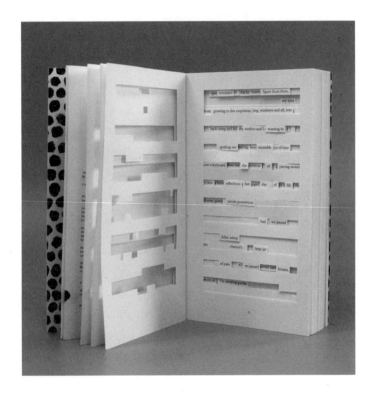

[그림 22] 조너선 새프런 포어의 『코드의 나무』 본문. 모든 페이지를 다르게
파낸 이 책은 글쓰기와 제작 면에서 매우 독특한 시도였다.
사진: 도서출판 마티.

[그림 23] 앤 카슨의『녹스』는 아코디언처럼 펼쳐지는 책으로, 오래된 편지,
가족사진, 스케치 등을 이미지로 연결해 완성한 시이다. 시의 형식뿐 아니라
우리에게 익숙한 코덱스 형식을 변형함으로써 새로운 독서 경험을 제공한다.
사진: 도서출판 마티.

북은 물질적 형태에 긴밀히 관여함으로써 두 가지 목표에 이바
지하는데, 첫째는 '책'이라는 이름을 가질 수 있는 다양한 형식
을 제시함으로써 그 개념을 적용할 수 있는 대상을 확대하고
물질화된 텍스트의 형식 실험이라는 오랜 역사를 상기시키며,
둘째는 아티스트 북에서 탐구하고 개발한 특징들은 (많은 관
심사를 공유하는) 디지털 매개 책과 연결된다. 카리온의 논증
이 반어적이었을지는 몰라도 그의 선언문에는 20세기 아티스
트 북을 관통하여 거듭 등장하는 몇 가지 핵심 테마—시공간
적 유희, 애니메이션, 재조합 구조, 일시성, 침묵, 쌍방향성—가
들어 있다.

      아티스트 북을 들여다보면 현대 디지털 책과 (앞서 살펴
본) 역사적 형식들의 연관성을 이해할 수 있다. 아티스트 북은
책이 기본적으로 상호 작용적인 독서 수단이며 그 의미는 고정
된 것이 아니라 접속의 순간에 생겨남을 상기시킨다. 인쇄의 상
품화와 산업화는 텍스트가 고정되고 의미가 안정되었다는 착
시를 일으킨다.[41] 하지만 책은 늘 타협이요, 행위예술이요, 이벤
트다. 심지어 디킨스 소설도 고이 잠들어 있다가 독자가 책장을
열고서야 비로소 그 언어와 상상 속 세계를 펼친다. 아티스트
북은 우리로 하여금 그 물성을, 그럼으로써 더 나아가 작품으
로 구현된 우리 자신의 모습을 대면하게 함으로써 책에 독자의
역할이 있음을 끊임없이 일깨운다. 이런 실험은 디지털 책이 나
아갈 길을 보여준다. 그것은 전자책 단말기를 내용이 담기는 워
드(Warde)식 크리스털 잔으로서 대하는 것이 아니라 매체의 행
위유도성과 독자의 중요성을 인식하는 방향일 것이다.

아티스트 북은 오랫동안 수많은 형태를 취했기에, 다음 절에서는 책의 구체적 행위유도성 중에서 주목할 만한 사례와 필요할 경우 역사적 선례를 들어보겠다. 책에 관심이 있는 사람이라면 지역 대학과 미술관의 소장품을 찾아보기 바란다(그중 일부는 이 책의 '더 읽을거리와 프로그램 소개'에 실려 있다). 아티스트 북을 손에 들고 여러 시간을 보내는 것보다 좋은 방법은 없기 때문이다. 아티스트 북은 무엇보다 독자가 생명을 불어넣도록 되어 있기에, 간략한 묘사만으로는 그 진면목을 제대로 소개할 수 없다.

가상현실로서의 책

책이 '공간들의 순차'라는 카리온의 원래 정의는 추상적으로 들리지만 실은 문자 그대로 받아들일 수도 있다. 코덱스의 펼침면은 각각 고유한 공간이며 페이지를 넘기는 것은 그 공간을 떠나 새 공간에 들어서는 행위다. 북아티스트는 페이지의 2차원 평면을 꿰뚫는 가상현실을 창조함으로써 이 공간성을 탐구했다. 어차피 책은 '볼륨'(volume)이니까. 이 용어는 1권, 2권(volume 1, volume 2)처럼 순차성을 의미하기도 하고 공간을 의미하기도 한다.

책의 깊이를 가장 쉽게 볼 수 있는 것은 입체책(pop-up book)에서다. 책장을 펼치면 좌우 펼침면의 페이지에서 입체가 솟아오르니 말이다 북아티스트가 우리로 하여금 책의 부피 잠재력을 맞닥뜨리게 하는 한 가지 방법은 이탈리아 르네상스 시

대에 생겨났으며 '요지경'(peep-show) 방식이라고도 하는 **터널
제본** 양식에서다. 어릴 적에 종이 인형극 놀이를 해본 사람이라
면 누구에게나 친숙할 **터널책**(tunnel book)은 레온 바티스타 알
베르티(1404~1472)의 광학 실험에서 발전했는데, 그는 실험을
위해 원근법적 장면을 보여주는 요지경 상자를 만들었다.[42] 17
세기에 비슷한 장치들이 개발되었는데, 순회 흥행사들은 오려
만든 등장인물과 풍경을 상자 안에 겹겹이 배치하여 성서, 신
화, 역사 속 장면을 묘사했다. 이 '상자 안 극장'은 점차 복잡해
져 인형술사가 줄을 당겨 장면을 움직이기도 했다.[43] 18세기가
되자 개인에게 팔 요량으로 요지경을 작게 인쇄하고 양쪽을 따
라 접책 제본하기 시작했다. 19세기 중엽, 요지경 책은 템스 터
널(1851) 개통식 같은 행사의 기념품으로 인기를 끌었다('터널
책'이라는 이름은 여기서 온 듯하다).

터널책을 완전히 펴서 표지 안쪽의 구멍을 들여다보면 겹
친 평면들이 깊이의 착시를 일으키며 겹겹의 평면이 장면을 점
점 자세하게 묘사한다. 이런 책은 테두리에 글이 적혀 있을 수
도 있고 글이 전혀 없을 수도 있다. 인쇄가 되어 있을 수도 있고
백지일 수도 있다. 심지어 미술가 윌리엄 켄트리지의 영상 설치
작품 「피리 준비하기」(2005)에서처럼 표면에 동영상을 비출 수
도 있다. 브뤼셀 오페라 극장에서 상연된 모차르트의 『마술 피
리』 모형으로 제작된 이 작품은 목탄, 파스텔, 연필로 무대 배
경을 그리고 동영상을 비춰 착시 효과를 키웠다.

영상 입체책 구조물의 또 다른 본보기는 데이비 맥과이어
와 크리스틴 맥과이어의 『아이스북』(2011)에서 찾아볼 수 있다.

이른바 '종이와 빛으로 만든 축소판 연극'인 이 책은 백지 팝업 페이지 열한 장을 넘기면서 동화 영상을 비추도록 되어 있다. 나무가 서 있는 풍경, 빅토리아풍 저택, 등대, 교회 등의 무대 장치를 배경으로 영상을 비춰 등장인물, 세부 묘사, 조명 효과를 연출한다. 『아이스북』은 켄드리지의 축소판 극장과 마찬가지로 무대 상연을 위한 축소 모형에서 출발했으며 이것이 성공을 거두자 맥과이어는 공연 회사, 광고업자와 손잡고 종이/영사 쇼를 제작했다. 그중에서도 후방 영사(rear projection) 방식의 『연극책 — 맥베스』는 건전지로 작동하는 영화적 팝업북으로, 로열 셰익스피어 극단에서 제작한 스코틀랜드 연극 「맥베스」의 장면을 묘사한다.

플럭서스 미술가 앨리슨 놀스는 책의 이런 연극적 요소를 훨씬 큰 규모로 구현했다. 그가 만드는 책에서는 관객이 무대를 움직이게 한다. 이런 설치 작품 중 첫 번째인 『큰 책』(1967)은 2.4미터짜리 코덱스로, 빌 윌슨이 《아트 인 아메리카》에서 '들어가 살 수 있는 미술 작품'으로 묘사한 바 있다.[44] 놀스가 배우자 딕 히긴스, 조각가 고다마 마사미와 함께 제작한 『큰 책』은 섬싱 엘스 갤러리에 설치되었다. 첼시에 있는 놀스 부부의 저택 1층에 있는 이곳은 히긴스의 섬싱 엘스 프레스 부설 전시 공간이다. 섬싱 엘스 프레스는 혁신적 소규모 인쇄 출판의 개척자로 명성이 높으며, 플럭서스 미술과 구체시를 저렴하게 유포하고 예술가 공동체를 만들기 위해 1963년부터 1974년까지 관련 서적을 출간했다. 카리온의 어더 북스 앤드 수 서점의 선배격인 이곳은 1960년대 미술가 운영 출판사의 전통을 접목하여, 미술

작품을 유통하는 장소뿐 아니라 실험적 책 형식을 수집하고 전시하는 공간의 역할도 했다.[45]

평론가 하워드 정커는《뉴스위크》에 쓴 글에서 놀스의 프로젝트가(그는 이것을 '판도라의 책'이라고 부른다) 말라르메의 꿈을 실현하고 '문자 이후' 시대에 대한 매클루언의 개탄에 부응했다고 찬사를 보냈다. "책은 활자의 선형성과 제본된 책의 순차적 제약에서 벗어나 다시 한번 현대적 매체가 되었다."[46] 거대한 페이지들이 중앙의 뼈대에 부착된 이 책은 순차성을 버렸다기보다는 이를 이용하여 코덱스가 얼마나 제한되어 있는가를 일깨운다(제약, 즉 제본이야말로 책의 핵심 특징이라고 말할 수도 있겠지만). 어떤 사람들은 이 책을 당시에 팽배한 억압적 가정 공간에 대한 여성주의적 비판으로 읽어내기도 한다. 책이 아무리 크더라도(big) 그 경로는 제한적이다.

『큰 책』에 들어간 관람객은 여덟 페이지를 거치게 되는데, 펼침면마다 각기 다른 장면에 둘러싸인다(그림 24 참고). 한 펼침면에서 다음 펼침면으로 이동하려면 1.2미터짜리 유리 터널 속을 기어가거나 창문에 들어가거나 사다리를 올라가야 한다. 『큰 책』에는 도서관, 화랑, 부엌, 심지어 이동식 화장실까지 마련되어 있다. 판을 접착하여 만든 '페이지'는 조금 반투명하여 다음 펼침면을 엿볼 수 있다. 놀스의 『큰 책』은 제한되어 있긴 하지만, 창조성을 북돋우려고 자기 집에서 가져온 물건(타자기, 친구의 작품들, 생명을 유지하는 데 필요한 부엌)을 비롯하여 그녀에게 필요한 것이 모두 갖춰져 있다. 가정 공간을 재평가하든 비판하든, 『큰 책』은 가정을 읽기와 해석의 장소로 탈바꿈시

[그림 24] 엘리슨 놀스, 『큰 책』, University Art Gallery, University of California
San Diego, La Jolla, 1969. 작가와 University Art Gallery의 허락하에 수록.

켜 코덱스 구조가 순차성을 이용하여 의미를 만들어내는 방식
을 강조한다.

놀스의 작업 중 상당수는 책과 행위예술의 접점을 탐색한
다. 그녀는 1982년작 『콩 책』에서 실물 크기의 책을 다시 선보
였는데, 이것은 콩의 비교문화적·개인적 의미를 명상하는 또
다른 통행 가능 설치 작품이다. 미술가 요시 와다와 함께 제작
하여 전위미술 전시장 프랭클린 퍼니스에 설치된 다(多)감각적
설치미술로, 관객들은 공간의 연쇄를 가로지르며 아랍어에서
스와힐리어에 이르는 '콩'이라는 단어의 번역어를 읽게 된다. 관
객은 전화번호부에 있는 모든 빈(Bean) 씨의 이름과 실제 콩의
이름으로 이뤄진 시를 비롯한 배경 소리를 듣고, 여러 물체 안
에서 달그락거리는 콩의 교향곡을 듣고, 꿈과 콩에 대한 글로
둘러싸인 창문으로 나가, 마지막으로 콩 요리를 대접받는다.

놀스의 책은 그녀의 행위예술과 마찬가지로 독자에게 자
양분을 공급하며 책이 교환임을, 또한 우리가 당도할 때에야 책
이 완성됨을 상기시킨다. 그녀의 말을 직접 들어보자. "좋은 책
이 다 그렇듯 여러분은 곧장 그 속으로 들어가야 한다. 책과 관
계를 맺고 직접 체험해야 한다. 그러면 무언가를 알고 무언가
를 느낄 수 있을 것이다. 책이 '경험'을 위한 환경을 제공한다지
만, 여러분이 책에 부여하는 것이야말로 책에 들어 있는 것보
다 훨씬 중요한 가장 큰 성분이다."[47] 『큰 책』, 『콩 책』, 『배 책』
(2014)을 기어서 통과하다 보면 관람객의 몸이 독자의 눈을 대
신하게 된다. 우리가 페이지를 넘나들 때 우리의 경험은 그 자
체로 텍스트이며, 이 텍스트는 관람객마다 다를 것이다. 우리가

페이지에 앞서, 페이지 사이에서, 페이지 뒤에서 본 것이 저마다 다르기 때문이다.

요크 대학교 퓨처 시네마 연구소를 설립한 케이틀린 피셔의 작품에서 보듯 책의 가상현실은 디지털의 형태를 취할 수도 있다. 피셔는 2000년에 여성주의 이론에 대한 논문을 하이퍼텍스트 형식으로 발표한 이후로 디지털 매체를 이용한 작업을 선보이고 있다. 그녀는 **증강현실**(AR)로 작업 분야를 넓혔는데, 이것은 컴퓨터나 휴대폰의 카메라를 이용하여 디지털 매체를 실황 동영상에 겹치는 기법으로 행위예술, 팝업북, 설치미술의 교집합에 위치한다. 피셔의 AR 설치 작품 「동그라미」(2012)는 열린 여행용 가방인데, 그 안에 들어 있는 찻잔, 빅토리아 시대 엽서, 기타 일용품 같은 가족 물건이 우리로 하여금 그 가족의 역사를 상상하게 한다. 아이패드나 아이폰에서 피셔의 앱을 이용하여 작품을 들여다보면 화면이 '마법의 거울'로 바뀌고 각각의 물건에서 짧은 동영상과 애니메이션이 튀어나오면서 이 가정용품들에 담긴, 삼 대에 걸친 여인들의 기억을 아렴풋한 목소리로 들려준다.[48] 책은 물건 사이사이에 배치된 채 다중 매체적이고 다중 탐색적인 공간—우리의 현실에 겹쳐진 가상현실—이된다. 칼라 개니스의 루멘상(Lumen Award) 수상작 「셀카 그림」(2016)에서 보듯 AR 작품은 코덱스를 더욱 닮기도 한다. 이 작품은 쉰두 장의 AR 초상 사진이 실린 견장정본으로, 스마트 기기의 앱으로 보면 사진이 움직이고 변한다.[49] 놀스나 피셔와 마찬가지로 개니스도 자신의 작품에서 여성주의와 자기표현을 탐구하며, AR를 이용하여 미술가가 깃들 수 있는 새로운 세계를 창조한다.

영화적 공간으로서의 책

책이 공간들의 순차라는 개념은 동영상의 가능성을 의미한다. 이미지로 이루어진 책을 작은 영화로 상상하는 것은 쉬운 일이다. 그것은 루이스 캐럴의 『이상한 나라의 앨리스』 삽화처럼 글에 등장하는 장면을 묘사하는 이미지일 수도 있고 이미지가 잇따라 나오면서 움직임 착시를 일으키는 플립북에서처럼 텍스트를 구성할 수도 있다. 물론 플립북은 영화의 선조였다. 빅토리아 시대에는 에드워드 마이브리지를 비롯한 사람들이 시각의 지속성을 활용하여 순차적 사진으로 원시적 영화를 만드는 실험을 했다.

플립북과 요지경 상자가 만나 뮤토스코프(Mutoscope)가 되었는데, 이것은 초기의 영화 기술로서 길이가 1분 정도밖에 안 되는 매우 짧은 영상에 쓰였다. 1894년에 허먼 캐슬러가 특허를 취득한 뮤토스코프—어원은 '달라지는 광경'을 뜻하는 라틴어다[50]—는 선키 높이의 상자에 덮개 달린 유리 렌즈가 달린 모양이었다. 관람객이 기계의 손잡이를 돌리면 중앙의 릴에서 850여 장의 카드가 눈앞에서 획획 지나가면 '혼자만의 쇼'를 보여주었다. 영화가 발전하는 데 책이 한몫했다는 사실은 책이 영화의 상대가 되지 못할 것이라는 1950년대의 우려에 아이러니를 한 꺼풀 더한다. 신기술이 등장할 때마다 비슷한 불만이 터져 나온다. 비디오 게임, 컴퓨터, 미니시리즈 드라마, 동영상

[그림 25] 허먼 케이슬러가 특허를 받은 뮤토스코프. 1896년에 상업화되었다. 뮤토스코프의 작동 원리는 플립북과 같다. 카드 프레임에 사진을 인화해 원형 릴에 부착해 돌리면 움직이는 것처럼 보인다. 릴 하나에 보통 850여 장의 카드가 붙어 있었으며, 이는 약 1분간 감상 가능한 길이였다.

출처: www.victorian-cinema.net.

좋은 책이 다 그렇듯 여러분은 곧장 그 속으로
들어가야 한다. 책과 관계를 맺고 직접 체험해야 한다.
그러면 무언가를 알고 무언가를 느낄 수 있을 것이다.
책이 '경험'을 위한 환경을 제공한다지만, 여러분이
책에 부여하는 것이야말로 책에 들어 있는 것보다
훨씬 중요한 가장 큰 성분이다.

— 앨리슨 놀스, 『큰 책』

스트리밍, 아니면 최신의 매체 소비 기술이 책의 죽음을 선포
할까? 하지만 이보다 더 흥미로운 물음은 이 기술이 책의 발전
에서 어떤 역할을 했으며 앞으로 할 것인가다.

　북아티스트들은 책장을 휘리릭 넘길 수 있는 코덱스의 구
조를 활용한 수많은 프로젝트에서 페이지의 애니메이션 잠재
력을 실험했다. 이를테면 마이클 스노의 『표지에서 표지까지』
(1975)에서 독자는 책 속으로 들어가는 문을 맞닥뜨리는데, 이
것은 르네상스 시대에 등장한 책의 건축 은유를 미묘하게 빗댄
것이다.[51] 표지 사이의 흑백 세계는 베르소와 렉토를 한 평면의
앞과 뒤로 삼아, 좌우의 페이지에서 사물이 움직이는 듯한 장
면을 끊임없이 보여준다. 우리는 가만히 있지만 움직이는 듯한
느낌을 받는다. 현관문을 열면 표지 뒤쪽에 이 문의 좌우가 뒤
집힌 검은색 이미지가 있고 그 앞에는 작가가 와이셔츠를 단정
하게 바지 속에 넣고서 우리에게 등을 돌린 채 서 있다. 그는 우
리가 문을 열어주길 기다리는 걸까? 나가려고 하는 걸까? 렉토
에는 또 다른 문이 있는데, 작가의 이름과 제목이 찍혀 있다. 이
문을 열면 이번에도 베르소에서는 작가가 우리에게 등을 돌리
고 있고 렉토에서는 문이 보인다. 마치 문 뒤에 문이 있고 그 뒤
에 또 문이 있는 도깨비집 같다.

　하지만 책 속으로 깊이 들어갈수록, 우리가 가만히 있는
데도 작가가 움직이고 있음을 깨닫게 된다. 베르소에서 작가가
문을 연다. 렉토에서는 문이 살짝 열려 있다. 이제 우리는 플립
북이나 GIF 같은 애니메이션이 시작될 것임을 안다. 각 베르소
는 옆에 있는 렉토 이미지를 뒤에서 본 모습임도 알게 된다. 문

이 완전히 열리면 책의 기발한 착상이 드러난다. 베르소에서는 작가가 집을 나서고 있고 렉토에서는 사진 기사가 작가를 촬영하고 있다. 이 마술사는 자신의 수법을 공개한다. 문 양쪽에서 동시에 사진을 찍다가 열린 문을 사이에 두고 두 카메라 기사가 서로를 마주 보게 되는 것이다. 스노는 관람객을 토끼 굴 안으로 더 깊이 밀어넣어 확실한 증거를 보여준다. 한 사진 기사가 백지장으로 카메라를 덮자 반대편에서는 페이지가 하얗게 가려진다. 하지만 백지 위로 작가의 손가락이 보이면서, 공간인 줄 알았던 것이 실은 처음부터 표면이었음이 드러난다. 사진 기사가 아니라 (사진 기사를 찍은) 사진이었던 것이다. 사진은 타자기에 걸리고 글자가 찍힌다. 그 과정에서 책은, 렉토와 베르소는 일련의 연결된 장면─레코드판이 턴테이블에 놓이는 장면, 창문이 나뭇가지에 가려지는 장면, 작가가 집을 나서 화랑으로 가는 장면, 이따금 그의 손이 (우리 손 아래에 그림자처럼 나타나) 페이지를 넘기는 장면─을 언제나 두 앵글에서 기록하는 것처럼 보인다. 정신 사납다고? 그게 이 책의 즐거움 중 하나다. 우리를 어느 한 공간에도 정착하지 못하게 하는 것.『표지에서 표지까지』는 뮤토스코프처럼 끊임없이 광경을 달라지게 한다.

하지만 움직이는 것은 이미지에 국한되지 않는다. 시인이자 미술가 에밋 윌리엄스는 1960년대에 섬싱 엘스 프레스에서 출간한 여러 책에서 텍스트를 움직인다(그는 1966년부터 1970년까지 이 출판사에서 편집장을 지냈다). 마르셀 뒤샹의 마지막 인쇄 작업「두근거리는 심장」을 표지에 실은 오묘한 책『연인』

(1967)은 '그'(HE)와 '그녀'(SHE)의 이야기를 들려준다. 두 등장
인물이 나타날 수 있었던 것은 제목에 'S', 'H', 'E'라는 글자가 있
기 때문이다. 산세리프체 소문자에 글자들을 격자 모양으로 널
찍이 띄워 인쇄했는데, 텍스트가 베르소에만 있어서 독자들은
맨 뒤에서 시작하여 앞으로 책장을 넘겨야 한다. 페이지마다
'SWEETHEARTS'의 보이지 않는 그물에서 떠다니는 글자들로
부터 단어가 만들어지며, 이는 네온사인에서 깜박거리는 글자
처럼 움직임을 모방한 것이다. 윌리엄스는 서문에서 이렇게 말
한다. "어떤 시 한 편도 너비나 높이가 열한 글자를 넘을 수는
없다"(그림 26 참고).[52] 페이지를 넘기면 'SWEETHEARTS'의 글
자들이 순서대로 나오면서 '그'(HE)와 '그녀'(SHE)가 비유로 가
득한 사랑을 나눈다. 그들은 바다(SEA)에 가고, 웃고(HA HA),
별을 보고(SEE THE STARS), 심장(HEARTS)에 맹세하고, 해변
에서 감미로운 전쟁을 벌이며(START A SWEET WAR) 젖는다
(WET). 마지막 장면은 영화 「지상에서 영원으로」에서 파도가
부서지는 장면을 재현한 것인지도 모르겠다.[53] 발칙한 유머와
시각적 유희는 이 책을 뮤토스코프나 그 밖의 니켈로디언 기계
의 외설적 역사와 연결한다. 이런 기계들은 종종 「쇼걸에서 벌
레스크 퀸으로」, 「현대판 사포」, 「그녀의 아침 목욕」 같은 제목
을 단 아슬아슬한 영상을 보여주었다.[54] 뮤토스코프는 '색정적'
영화 말고도 인종주의적 비유, 전쟁 선전, 그리고 1920년대와
1930년대에는 찰리 채플린, 버스터 키튼 같은 무성 영화 '기라
성'(STARS)이 출연한 인기 작품의 예고편과 명장면을 내보냈다.
윌리엄스는 자신의 기라성들이 만들어내는 애니메이션을 '원시

적 영화 효과'라고 부른다. 그의 책은 읽기만 하는 것이 아니라
보기도 하는 것이기에 페이지에는 쪽번호가 없으며 그의 시는
플립북과 마찬가지로 정지 상태가 아니라 관계에서 의미를 얻
는다.

윌리엄스의『노엘을 위한 밸런타인데이 카드』(1973)는 아
내인 미술가 앤 노엘에게 바치는 작품으로, 페이지를 넘기면 움
직이는 구체시들이 실려 있다. 가장 유명한「군인」은 윌리엄스
가 베트남 전쟁에 항의하여 만든 실크 스크린 작품「군인으로
죽다」(1970)를 모티프로 삼았다. 시에서 윌리엄스는 페이지의
공간에 눈길을 돌리게 한다. 책배에서 1센티미터가량 떨어진 곳
에 '군인'(SOLDIER)이라는 단어가 계속 반복된다. 페이지의 끝
을 향해 나아가는 보병 대오처럼 완벽하게 정렬한 모습에서 글
자들이 우리의 시야 너머로 무한히 뻗어 나갈 것임을 알 수 있
다. 푸른색 잉크의 대문자로 인쇄된 '군인'들은 획일적이고 일사
불란하고 동일하고 꼿꼿하다. 하지만 마흔 쪽에 걸쳐 그들의 대
오에 붉은색 잉크가 점차 침투하여 '군인' 속에서 '죽다'(DIE)를
부각한다. 페이지를 넘길수록 위에서 아래로 'DIE'가 하나씩 붉
어진다. 마치 언어에 예정된 운명대로 군인이 한 명 한 명 쓰러
지는 모습이다. 더는 감미롭지도(sweet), 젖지도(wet) 않았기에
윌리엄스는 이 역사적 순간에 '전쟁'이라는 용어를 불러들일 수
없었다. 그의 '죽다/군인'(DIE/SOLDIER) 말놀이는 농담이 아니
라, (출판사 제델레에서 2015년에 이 책을 재출간하면서 쓴 문
구처럼) '살인 기계로서의 전쟁'에 대한 정치적 발언이다.[55]

윌리엄스의 작업은 페이지에 움직임을 부여할 뿐 아니라

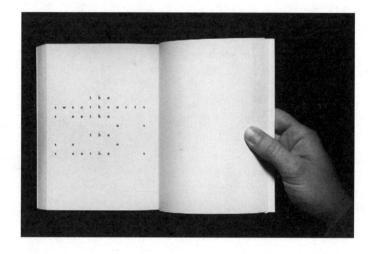

[그림 26] 에밋 윌리엄스의 『연인』 본문(Berlin: Verlag der Buchandlung Walther Knig, [1967] 2010). Ann-Nol Williams의 허락하에 수록.

가장 순수한 형식의 책은 시간과 공간의 현상이며
그 자신에게 고유한 차원성이다. 페이지를 넘기면
앞 페이지가 우리의 과거로 넘어가고 우리는 새로운
세상을 마주한다.

— 딕 히긴스, 「책」

그 아래 깔린 격자꼴 구조에도—종이에 글자를 찍을 때 쓴 실
크 스크린에서 활판 인쇄기의 체이스에 이르기까지—눈길을
돌리게 한다. 『연인』에서 글자들이 페이지를 가로질러 이동할
수 있는 것은 'S W E E T H E A R T S'라는 단어의 보이지 않는
격자가 끊임없이 반복되면서 이 글자들이 올라갈 수 있는 사다
리 노릇을 하기 때문이다. 하긴 '페이지'(page)라는 단어는 '합치
거나 붙이다'를 뜻하는 인도유럽어 어근에서 오지 않았던가.[56]
이 어근에서 비롯한 라틴어 '파기나'(pagina)가 '격자/넝쿨 지지
대'(trellis)로 번역되는 것에서 보듯 페이지는 열매가 풍성하게
달리는 공간이자 언어가 매달리는 구조물이다. 군인(SOLDIER)
들도 대오를 갖추고 있다. 이들의 진군 행렬은 전쟁터뿐 아니라
총살형 집행 부대도 떠올리게 한다. 주사위(die) 한 번 던지는
것으로 이 병사들이 쓰러질 확률을 없앨 수는 없다.

   윌리엄스의 영화적 시도에 앞서 20세기 초 유성 영화의 등
장에 매료된 한 작가는 페이지의 영화적 잠재력을 구현하고자
했다. 밥 브라운으로 알려진 로버트 칼턴 브라운(1886~1959)
은 계속 움직이는 텍스트의 본보기로 두루마리를 떠올렸다. 그
는 1930년에 전위 문예지《트랜지션》에 '레디'(readies)에 대한
글을 발표했다. 레디는 기계를 이용한 새로운 텍스트 형식으로,
"문학을 생생한 유성 영화만큼 최신의 방식으로 즐기는 방법"
이다.[57] 브라운은 자신의 발명을 설명하면서 이것이 읽기에 대
한 대중의 관심에 다시 불을 붙이고 쓰기를 '광학 예술'만큼 첨
단으로 탈바꿈시킬 것이라고 주장했다. 위드와 달리 브라운은
코덱스가 알맞은 그릇이 아니라고 생각했다. "쓰기는 처음부터

책이라는 병에 갇혀 있었다. 이제 마개를 뽑을 때다."[58]

　그 주정(酒精)을, 또는 정신을 어떻게 병에서 꺼내야 할까? 브라운은 마이크로피시*나 무비올라† 비슷한 기계를 고안했다. 이것은 작은 텍스트가 찍힌 좁은 리본으로, 조절 가능한 돋보기를 위에 장착하여 확대할 수 있다. 돋보기를 리본에 가까이 붙였다 뗐다 하면 크기를 조절할 수 있으며, 손잡이를 돌리면 텍스트를 빠르게, 느리게, 앞으로, 뒤로 움직여 독서 경험을 최대한 조절할 수 있다(그림 27 참고). 브라운은 이런 장치가 오락으로 가치가 있을 뿐 아니라 종이, 잉크, 제본의 잠재 비용을 아낄 수 있다고 홍보했다. 그의 속사포 텍스트에는 접속사나 전치사가 없고 (아이디어를 빠르게 쏟아내려고) 혼성어‡를 만들고, 마침표를 찍는 게 아니라 텍스트에 줄을 긋는다.[59] 이 선언문과 뒤이어 그의 출판사 로빙 아이 프레스에서 출간된 쉰두 쪽짜리 소책자 「레디」(1930)에서 과장된 주장을 내세우고 저자와 코덱스의 오랜 관계에 맞선 것은 의도적 행위였다. 희귀본 수집가이기도 한 브라운 자신은 기사, 소설, 시, 요리책, 펄프 잡지용 이야기를 발표하면서 안락하게 살았으니 말이다.[60] 그는 아내와 어머니와 손잡고 요리와 술에 대한 책들을 썼다. 금주법 이후의 역사를 다룬 인기작 『맥주가 있으라!』(1932)는 맥주

[*] microfiche: 마이크로 필름 형태의 일종으로, 폭 넓은 롤 필름에 60쪽 또는 98쪽을 찍어 넣고, 시트로 절단한 것.
[†] movieola: 필름 편집기의 일종.
[‡] portmanteau: 두 낱말의 일부가 결합하여 만들어진 단어. '스모그', '라볶이' 따위가 있다.

[그림 7] 로스 손더스와 힐레어 하일러가 제작한 밥 브라운 독서 기계
프로토타입(1930~1931). *Readies for Bob Brown's Machine*(1931)에 풀로 붙인
사진을 바탕으로 엘펀 버릴이 그렸으며 Craig Saper, *Amazing Adventures of Bob
Brown*(2016)에 수록. 작가와 Craig Saper의 허락하에 수록.

애호가인 동료 H. L. 멩켄에게 헌정되었는데, 멩켄은 추천사에서 두 부를 사라고 권했다. "한 부는 자신을 위해, 한 부는 목사를 위해."[61]

브라운은 1912년에 만평을 닮은 시각적 언어유희를 제작하기 시작했는데, 그중 하나가 1917년 마르셀 뒤샹의 『맹인』에 발표되기도 했다. 뒤샹은 브라운의 작업에 결정적 영향을 주었을 것이다. 기욤 아폴리네르도 시각시(visual poem) 시집 『칼리그람』(1918)에서 형상과 배열을 이용하여 제목을 모방하는 텍스트를 만들어 브라운에게 영감을 주었다.[62] 브라운은 제1차 세계 대전 이후 유럽으로 건너가 많은 재외 작가와 교분을 쌓았으며, 거트루드 스타인, 윌리엄 카를로스 윌리엄스, F. T. 마리네티, 외젠 졸라스, 폴 볼스 등에게 문집 『밥 브라운의 기계를 위한 레디』(1931)를 후원해달라고 요청했다. 그해 프로토타입 기계가 제작되었으며, 브라운의 혁신적 작품들을 재출간하려고 로빙 아이 프레스를 되살린 크레이그 세이퍼와 K. A. 비스니에프스키는 디지털판을 온라인으로 공개했다.[63] '독서 기계'는 독서 혁명이라기보다는 관념적 유희에 가까웠을지도 모르지만 여기서 현대 속독 기술의 전조를 찾아볼 수 있다. 이를테면 스프리츠(Spritz)라는 앱은 광학 시스템을 이용하여 단어를 한 번에 하나씩 표시함으로써 독자가 텍스트를 빠르게 흡수할수 있도록 한다.[64] 브라운의 레디는 당시의 기술을 바탕으로 삼았기에 종이 리본을 움직이는 화면으로 이용했는데, 영화와 티커테이프*를 접목한 이 리본을 독자의 눈앞으로 지나가게 함으로써 독자 자신을 일종의 의미 판독 기계로 탈바꿈시켰다.

재조합 구조로서의 책

책의 요소들을 재배열하는 능력의 행위유도성이 디지털 영역
의 전유물이라고 생각할 수도 있겠지만 아티스트 북에서는 책
을 재조합 구조로 바꿔 독자가 그 안에서 새로운 병치를 만들
어내도록 한 여러 역사적 형식을 찾아볼 수 있다. 이런 쌍방향
성은 두루마리와 코덱스의 중간 지점인 접책에서도 나타나는
데, 독자는 한 번에 한 면을 펼칠 수도 있고 여러 면을 펼쳐서
접책의 이랑과 고랑을 가로질러 텍스트를 훑어볼 수도 있다.

이 구조를 완전히 펼칠 수 있다면 지형학적 작품에 특히
유리한데, 블레즈 상드라르와 소니아 들로네가 1913년에 공저
한 『시베리아 횡단 열차와 어여쁜 프랑스 여인 잔에 대한 산문』
은 색색의 포슈아르† 회화와 시가 담긴 수직의 도시 경관으로,
시선이 단어와 이미지를 가로지른다. 이 기법은 1905년 러일 전
쟁 당시에 모스크바에서 하얼빈까지의 철도 여행을 회상하는
시적 화자에게 어두운 과거와 생생한 현재가 동시적임을 암시
한다. 그런가 하면 루셰이의 『선셋 스트립의 모든 건물』을 읽으
면 안락의자에 앉은 채 로스앤젤레스 전역을 둘러볼 수 있다.
접책 형식이 그 자체로 전시에 알맞은 것은 이런 까닭에서다.
접책을 세워 끝까지 펼치면 모든 이랑과 고랑을 앞뒷면으로 볼
수 있기에 코덱스보다 더 많은 내용을 한눈에 볼 수 있다. 접책
의 끝 부분을 표지에 붙이면 고리 모양이 만들어져 독자에게

[*] tickertape: 과거 증권시장에서 주가를 알려주던 종이테이프.
[†] pochoir: '스텐실'을 일컫는 프랑스어.

처음부터 다시 시작하라고 권하는 셈이 된다. 하지만 접책이 직선적 경험이거나 풍경의 경험일 필요는 없다. 멀리 떨어진 페이지들이 가까이 붙도록 이랑과 고랑을 다시 접어 새로운 병치를 만들어낼 수도 있다. 접책 형식의 아티스트 북을 보면 책이 "서구 문화 최초의 쌍방향 매체"라는 스튜어트의 말이 떠오른다.65

책의 이러한 재조합적 성격은 페이지를 가로질러서만 생겨나는 것이 아니다. 페이지 안에서도 생겨난다. 사실 이 기법은 초창기 '움직이는 책'에서도 찾아볼 수 있는데, 이것은 '볼벨'이라는 회전 원반을 핀이나 끈으로 페이지에 붙여 계산과 탐색을 수월하게 하는 방식이다. 최초의 볼벨은 13세기 카탈루냐 신비주의자 라몬 률의 것으로, 인쇄술보다 앞섰으며 이 기술은 인큐내뷸러 시기에 학문적 유용성으로 인해 주목받았다. 이를테면 2장에서 언급한 레기오몬타누스의 『칼렌다리움』(1476)에도 천문 계산을 위한 볼벨이 달려 있다.66 16세기와 17세기에 생겨난 또 다른 중요한 재조합 도구는 뚜껑책(flap book 또는 turn-up book)으로, 인쇄된 페이지에 뚜껑이 있어서 독자가 들출 때마다 이야기가 달라진다. 런던의 판토마임 인물인 할리퀸이 자주 등장해서 '할리퀴네이드'(Harlequinade)라고도 불리는 이 변신책들은 18세기의 신기한 장난감 책이었으며, 1765년경 런던의 서적상 로버트 세이어에 의해 처음으로 아동에게 판촉되었는데 등장인물의 변신을 통해 도덕과 교훈을 제시했다. 할리퀴네이드의 유산은 아용동 맞춰보기책(mix-and-match book), 즉 페이지를 자르고 스프링 제본을 해서 얼굴 모습을 바꾸거나 이종(異種) 신체를 만들거나 그림이나 글의 일부를 교체하는 책으로 이어진다.

　재조합 형식은 텍스트에도 잘 어울린다. 프랑스의 작가 레
몽 크노(1903~1976)는 어린이책『별난 사람들』[67]에서 영감을
받았는데, 페이지를 잘라 축에 연결했을 때 생겨날 가능성에
매료되어 각운이 같은 페트라르카 소네트 열네 편을 짓고 제본
한 뒤에 각 행을 잘랐다. 1961년에 출간된『백조 편의 시』는 행
을 바꿀 때마다 텍스트가 달라져 10^{14}편의 서로 다른 시가 된
다. 크노의 계산에 따르면 이 시들을 전부 읽으려면 2억 년을
꼬박 바쳐도 모자란다.[68] 따라서『백조 편의 시』는 관념적 작품
이면서도, 저자의 텍스트를 이용하여 새로운 시를 만들어낸다
는 발상의 참신함으로 즐거운 독서 경험을 선사한다. 그렇다면
이 작품이 프로그래머에게 인기가 있는 것은 놀랄 일이 아니
다. 계산상의 잠재력을 디지털로 구현할 수 있으니 말이다. 하
지만 그런 방법에는 맞물려 책을 이루는 종잇조각들의 촉각적
쾌감이 빠져 있다. 펼친 책에서 종잇조각을 살펴보고 들어 올
렸다 내렸다 하면서 잠재성의 감각을 실감하는 경험도 재현할
수 없다.

　크노는 1960년대에 과학·수학 원리에 바탕을 둔 새로운
문학 형식을 창조하고 싶어 하는 일군의 프랑스 작가들과 의기
투합했는데, 이 텍스트는 그 운동에서 중추적인 역할을 하게
된다. '잠재문학작업실'(Ouvroir de Littrature Potentielle)의 두문
자어 '울리포'(Oulipo)로 불리는 이 집단은 제약에 기반을 둔 글
쓰기를 개척했다. 이것은 작품 생산의 엄격한 개념적 토대를 정
하면서도 무수한 잠재적 결과를 낳을 수 있는 방법이었다.『백

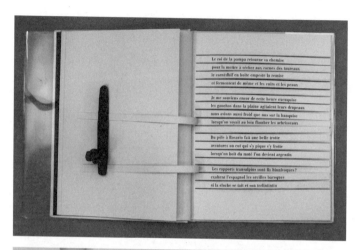

Le roi de la pampa retourne sa chemise

pour la mettre à sécher aux cornes des taureaux

le cornédbif en boîte empeste la remise

et fermentent de même et les cuirs et les peaux

Je me souviens encor de cette heure exeuquise

les gauchos dans la plaine agitaient leurs drapeaux

nous avions aussi froid que nus sur la banquise

lorsqu'on voyait au loin flamber les arbrisseaux

Du pôle à Rosario fait une belle trotte

aventures on eut qui s'y pique s'y frotte

lorsqu'on boit du maté l'on devient argentin

[그림 28] 레몽 크노의 『백조 편의 시』 본문. 잘려 있는 행을 바꿔가며 읽을 때마다 새로운 시를 만날 수 있다. 사진: 도서출판 마티.

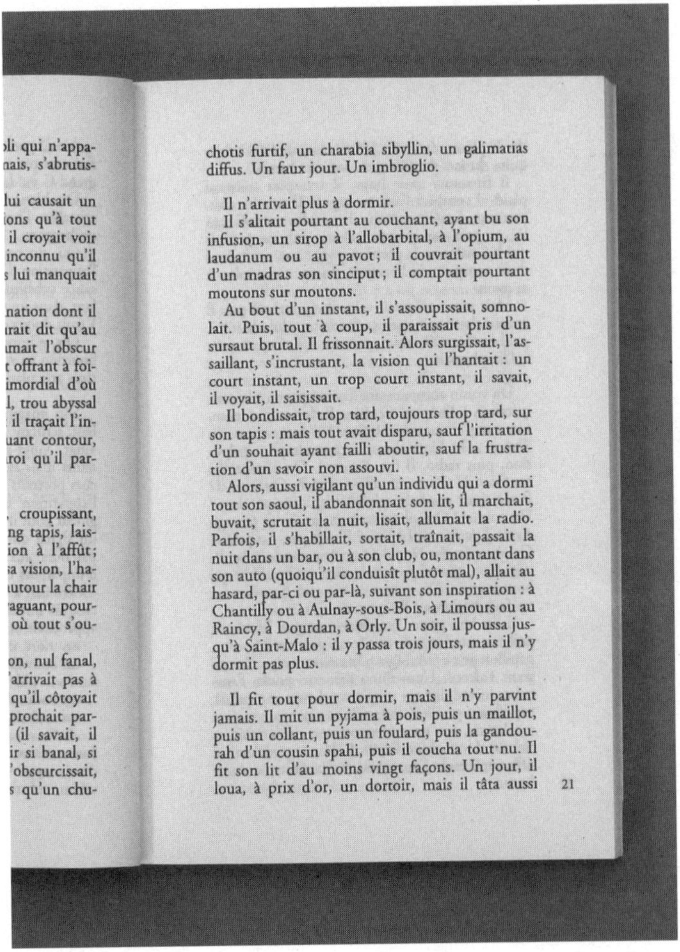

oli qui n'appa-
nais, s'abrutis-

lui causait un
ions qu'à tout
il croyait voir
inconnu qu'il
s lui manquait

nation dont il
rait dit qu'au
mait l'obscur
t offrant à foi-
imordial d'où
l, trou abyssal
il traçait l'in-
uant contour,
roi qu'il par-

, croupissant,
ng tapis, lais-
ion à l'affût;
a vision, l'ha-
utour la chair
aguant, pour-
où tout s'ou-

on, nul fanal,
'arrivait pas à
qu'il côtoyait
prochait par-
(il savait, il
ir si banal, si
'obscurcissait,
s qu'un chu-

chotis furtif, un charabia sibyllin, un galimatias diffus. Un faux jour. Un imbroglio.

Il n'arrivait plus à dormir.
Il s'alitait pourtant au couchant, ayant bu son infusion, un sirop à l'allobarbital, à l'opium, au laudanum ou au pavot; il couvrait pourtant d'un madras son sinciput; il comptait pourtant moutons sur moutons.
Au bout d'un instant, il s'assoupissait, somno-lait. Puis, tout à coup, il paraissait pris d'un sursaut brutal. Il frissonnait. Alors surgissait, l'as-saillant, s'incrustant, la vision qui l'hantait : un court instant, un trop court instant, il savait, il voyait, il saisissait.
Il bondissait, trop tard, toujours trop tard, sur son tapis : mais tout avait disparu, sauf l'irritation d'un souhait ayant failli aboutir, sauf la frustra-tion d'un savoir non assouvi.
Alors, aussi vigilant qu'un individu qui a dormi tout son saoul, il abandonnait son lit, il marchait, buvait, scrutait la nuit, lisait, allumait la radio. Parfois, il s'habillait, sortait, traînait, passait la nuit dans un bar, ou à son club, ou, montant dans son auto (quoiqu'il conduisît plutôt mal), allait au hasard, par-ci ou par-là, suivant son inspiration : à Chantilly ou à Aulnay-sous-Bois, à Limours ou au Raincy, à Dourdan, à Orly. Un soir, il poussa jus-qu'à Saint-Malo : il y passa trois jours, mais il n'y dormit pas plus.

Il fit tout pour dormir, mais il n'y parvint jamais. Il mit un pyjama à pois, puis un maillot, puis un collant, puis un foulard, puis la gandou-rah d'un cousin spahi, puis il coucha tout nu. Il fit son lit d'au moins vingt façons. Un jour, il loua, à prix d'or, un dortoir, mais il tâta aussi   21

[그림 29] 조르주 페렉의 『실종』 본문. 그는 모음 'e'를 전혀 쓰지 않고 무려 300쪽이 넘는 글을 완성했다. 사진: 도서출판 마티.

나는 책의 정의를 계속 확장하다 급기야
그런 정의가 있을 수 없음을 깨닫기에 이르렀다.
무언가를 정의해버리면 확장의 여지가 전혀 없이
과거의 판단에 발목 잡히게 된다.

— 키스 A. 스미스, 「애써야 보인다」

조 편의 시』는 잠재력으로 가득하다. 그 쌍방향성은 우리가 잠
재력을 실현하는 수단이자 독자에게 어느 정도 능동적 역할을
부여하며 또한 크노의 작가적 천재성을 부각한다. 똑같은 운율
에 행을 뒤바꿀 수 있는 소네트를 짓는 일은 독창적인 작업이
다. 울리포는 이런 작업을 많이 내놓았는데, 조르주 페렉의『실
종』(1969)은 제2차 세계 대전 중 자신의 부모를 비롯한 유대인
수백만 명의 실종을 다룬 우화 소설로, 'e'를 하나도 쓰지 않았
으며, 안 가레타의『스핑크스』(1986)는 주인공의 성별을 밝히
지 않는다. 울리포 회원들은 계속해서 '수학과 컴퓨터를 활용한
문학 작업실'(Atelier de Littrature Assiste par la Mathmatique et
les Ordinateurs)—폴 브라포르와 자크 루보가 1981년에 결성했
으며 두문자어 '알라모'(Alamo)로 알려져 있다—을 내걸고 재
조합 시와 컴퓨터 시를 짓는다.[69]

　　물론 놀이와 같은 이런 재조합 텍스트는 아티스트 북에
국한되지 않는다. 많은 독자들은 1970년대와 1980년대에 대중
을 겨냥하여 출간된 '독자 참여형 책'들을 접해봤을 것이다. 줄
거리가 여러 개인 이 책들—'모험 골라잡기' 시리즈*가 가장 유
명할 것이다—은 독자에게 몇 가지 선택지를 제시하고 그에 따
라 이야기가 다르게 전개된다. 가능한 모든 결말 중에서 최고
의 결말로 이어지는 길이 하나 있는 반면에, 나머지는 말썽, 상
심, 심지어 죽음으로 이어진다. 이런 독자 참여형 책은 길이 여
러 개 있다고 암시하지만, 로버트 프로스트가 그랬듯 우리도

[*] 한국에는 '내 맘대로 골라라 골라맨' 시리즈(고릴라박스, 2015)로 소개되었다.

"몸이 하나"*여서 그 길을 다 밟아볼 수는 없다.70 그럼에도 독자는 사실 모든 줄거리를 따라갈 수 있었는데, 이는 선택 지점을 손가락이나 서표로 표시해두고 각각의 잠재적 결말을 읽은 뒤에 다음으로 넘어갈 수 있었기 때문이다. 이런 책 중 하나인 『UFO 54-40에 탑승하다』는 독자가 꼼수를 부리지 못하도록 어떤 줄거리에서도 연결되지 않는 페이지를 끼워넣었다. 기적의 행성 울티마에 도달하려면 규칙을 어겨야 했다.

이런 여러 갈래 책의 유산은 디지털 대화형 픽션(interactive fiction, IF)에 남아 있는데, 이것은 컴퓨터의 등장으로 가능해진 최초의 게임 장르 중 하나다. 대화형 픽션은 웹이나 독립형 앱, 심지어 인쇄물에서도 구현할 수 있으며 독자의 선택에 따라 작품의 경로가 달라진다. 제이슨 시가의 『한편으로』는 3856가지 줄거리를 자랑하는 그래픽노블로, 하이퍼텍스트를 종이책에 구현했다. 만화 프레임에서 뻗어 나와 페이지 가장자리까지 이어지는 파이프는 일종의 **반달 색인†**으로, 이를 따라가면 책의 다른 지점으로 건너뛸 수 있다.71 『한편으로』는 만화책 예술가이자 연구자 스콧 매클라우드가 '무한 캔버스'(infinite canvas)라고 부르는 것을 모방하도록 디자인되었으며 앱으로도 나와 있는데 모든 방향으로 스크롤되는 인터페이스를 채택하

[*] 미국의 서정 시인 로버트 프로스트의 시 「걸어보지 못한 길」의 다음 구절을 인용한 것이다. Two roads diverged in a yellow wood, / And sorry I could not travel both / And be one traveler.
[†] thumb index: 두꺼운 사전류 등에서 책배를 반달 모양으로 따내고 색인문자를 넣어 찾아 보기 편하게 한 것.

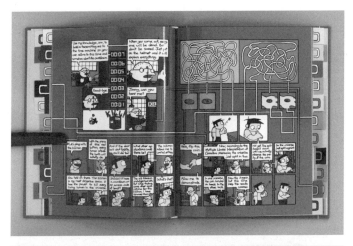

[그림 30] 제이슨 시가의 『한편으로』본문. 페이지를 건너뛸 수 있도록 만딜 색인을 활용했다. 사진: 도서출판 마티.

여 모든 잠재적 경로를 따라갈 수 있다.72

독자 참여형 책은 매드립스,* 스토리텔링 주사위,† 스토리텔링 카드,‡ 시 자석§을 비롯한 그 밖의 게임 형태로도 출간된다. 출판사와 북아티스트는 카드를 활용하여 독자가 책의 순서를 정하도록 하기도 했다. 존 케이지의 1960년대 불확정성 작업도 여기에 포함할 수 있을 것이다. 프랑스의 작가 마르크 사포르타의 『작품 번호 1』(1961)은 한 면만 인쇄된 종이 150매가 상자에 들어 있는데, 읽기 전에 페이지를 섞으라는 지시 사항이 쓰여 있다. B. S. 존슨의 『불운한 자들』(1969)은 시작하는 접지와 끝맺는 접지 사이의 스물다섯 개 접지를 아무 순서로나 읽어도 무방하다. 이야기의 시작과 끝을 정해두는 괄호 치기 방식은 로버트 쿠버가 《맥스위니 16호》(2005년 5월)에 실은 단편「하트 짝패」에서도 활용되었다. 이 책은 하트 짝패 한 벌로 이뤄졌는데, 이야기의 도입부와 결말에 해당하는 표지 카드와 조커까지 열다섯 장의 커다란 카드에 이야기가 인쇄되어 있다. 미술가 크리스천 마클레이는 레디메이드에 초점을 맞춰 2007년에 『셔플』이라는 카드 한 벌을 발표했는데, 여기에는 머그잔, 재킷, 벽화 등에 장식으로 그려진 악보 이미지 75장이 들어 있고 독자는 이를 뒤섞어 연주 가능한 악보를 만들어내야 한다.

미술가 캐럴리 슈니먼의 『ABC—카드에—무엇이든 인쇄

---

[*] Mad Libs: 문장의 빈칸을 채워 자기만의 새로운 문장을 만드는 게임.
[†] storytelling dice: 주사위를 던져 즉흥적으로 이야기를 만드는 게임.
[‡] storytelling decks: 카드를 뽑아 즉흥적으로 이야기를 만드는 게임.
[§] magnetic poetry: 단어가 적힌 자석을 배열하여 시를 짓는 게임.

[그림 31] B. S. 존슨의 『불행한 자들』은 총 스물일곱 개 섹션으로 나뉘어 있고,
각 섹션이 중철제본되어 있다. 첫 번째와 마지막을 제외한 스물다섯 개 섹션은
임의의 순서로 읽어도 무방하다. 사진: 도서출판 마티.

합니다』(1977)는 이 방면에서 기념비적이다. 색색의 카드 158
장을 파란색 천 상자에 넣은 이 작품은 독자가 다양하게 해석
할 수 있는 악보인 셈이었다. 노란색 카드에는 꿈과 일기에서 발
췌한 글, 파란색 카드에는 등장인물 A, B, C(슈니먼, 조만간 전
남자 친구가 될 앤서니, 새 연인 브루스)의 말, 분홍색 카드에는
친구의 언급을 실은 이 책은 관계가 끝날 때 모든 가능성이 미
리 정해져 있었던—"카드에 쓰여 있었던"—것처럼 느껴질 수
있음을 의미한다.[*] 인쇄소나 타블로이드 신문사의 구호일 것만
같은 '무엇이든 인쇄합니다'에서 보듯 이 ABC는 초등학교 교과
서와는 거리가 먼 성인용 책이다. 슈니먼이 신체예술(body art)
과 행위예술에 금기를 두지 않았듯 이 책도 무엇에든 거리낌이
없다. 마치 이 책이 그녀의 패를 모조리 내보인다는 사실을 강
조하기라도 하듯 카드의 흑백 사진에는 그녀의 벌거벗은 몸, 가
정 공간, 에로틱한 미술 작품이 군데군데 끼어 있다.

　하지만 책이 제본되지 않고 상자에 들어 있으면 무슨 일
이 일어날까? 그래도 책으로 여길까? 물론 그렇다. 상자는 견장
정본을 넣는 친숙한 책갑(冊匣)의 역할을 한다. 그래서 책꽂이
에 꽂아둘 수 있도록 네모진 모양이며 페이지나 카드를 내용으
로 담고 있다. 그럼에도, 겉은 코덱스처럼 생겼지만 상자를 여
는 순간 무언가가 달라진다. 이 페이지들은 뒤집어서 헐거운 종
이 묶음 두 개를 마주 보게 할 수 있다는 점에서 '넘길' 수 있다.

---

[*] '카드에 쓰여 있다'(in the cards)는 '예정되어 있음'을 일컫는 영어 관용
　표현이다.

두 묶음 사이의 공간은 코덱스나 접책과 같은 어엿한 '펼침면'일까? 그렇다. 아니기도 하고. 접책이나 코덱스에서는 페이지가 펼쳐지고 마주 보는 페이지가 상호 작용하는 것이 저자와 디자이너의 계획에 들어 있다. 이에 반해 무제본 책은 페이지를 섞어 순서를 마음대로 바꿀 수 있기에 읽을 때마다 다른 상호 작용이 일어난다. 카드나 페이지에 쪽번호가 없으면 순서를 매기는 것은 진정으로 독자의 몫이다. 심지어 방향조차 그런지도 모르겠다. 페이지를 회전시킬 수 있으니 말이다(하지만 경우에 따라서는 거울이나 블레이크의 수법을 쓰지 않고서는 텍스트를 읽을 수 없게 될 수도 있다).

이 가능성을 탐구한 작품 중에서 손꼽히는 것 중 하나로 스위스계 독일인 시인 디터 로트(1930~1998)—본명은 카를 디트리히 로트—가 1950년대 후반부터 1960년대 전반까지 제작한 연작이 있는데, 제목은 단순히 '복'(Bok. '책'이라는 뜻)이다. 로트는 독일에서 태어났으나 1943년 부모가 그를 스위스에 보내어 전쟁 기간에 머물게 했다(로트 가족은 1946년에 스위스에서 재회했다). 그는 스위스에서 그래픽 디자이너 교육을 받고 구체시인 오이겐 곰링거를 만나고 시각시와 아티스트 북 실험을 시작했다. 1957년에 레이캬비크로 이주해서는 소규모 출판사 포를라크 에드를 설립하여 다양한 종이 자르기 형식의 책을 출간하기 시작했다. 책 형식에 대한 실험으로 유명한 그의 첫 출간작 『어린이책』은 본디 친구 클라우스 브레머의 아들에게 선물로 주려고 만들었는데, 32×32센티미터 페이지 스물여덟 장에 빨간색, 노란색, 검은색, 파란색 동그라미와 네모를 다양한 배치와 크기로 활판 인쇄를 했다. 이 책은 스프링 제본으로 100부 발행되었으며, 그중 스물다섯 부는 도형의 모양에 따라 속을 파냈다. 훗날 그는 이 기법에 지대한 관심을 보이게 된다.

로트의 장난기는 1959년에 제작하기 시작한 '구멍책'(sch-litzbcher)에도 이어졌다. 이 책은 가로 세로 40센티미터가량 되는 판지들 가운데에 너비와 방향이 제각각인 네모 구멍을 손으로 뚫었으며, 첫눈에도 짓궂어 보인다. 각각의 '책'(bok)은 제목 대신 숫자나 두 개의 알파벳이 매겨져 있다. 미학적으로는 미니멀리즘적인데, 두세 가지 색깔(검은색과 흰색, 빨간색과 파란색, 빨간색과 초록색, 파란색과 주황색, 그리고 그중 하나는 빨간색과 초록색과 파란색)의 판지 10~24매를 서류함에 넣은 모습이다. 페이지를 포개서 넘기면 아래 페이지의 일부가 보였다 사라졌다 하면서 다양한 착시 효과와 변화를 일으킨다. 서류함 형식은 블레이크의 채색 인쇄본에서처럼 책의 정의가 형식적 성격으로만 결정되지 않음을 일깨운다. 책의 의미는 사용을 통해서, 우리의 해석을 빚어내도록 설치된 장치를 통해서 생겨난다.

구멍책은 제본이 되어 있지 않기 때문에 낱장을 사방으로 돌리거나(모든 페이지가 중앙에 대칭적으로 정렬되어 있지는 않다) 뒤집어 총 여덟 방향으로 놓을 수 있다. 이것은 밑에 놓인 페이지의 방향에도 영향을 받는다. 이 독자 참여적 작품은 텍스트를 암시하는 공간을 우리에게 제시함으로써(가운데의 잘려 나간 부분은 여백이 넓은 본문을 연상시킨다) 책에 대한 우리의 개념을 희롱하지만, 이것은 페이지를 넘길 때에야 분명해진다. 의미는 눈으로 행을 훑는 게 아니라 페이지를 움직임으로

써 생긴다. 낱장을 옵 아트* 작품으로 감상할 수도 있지만, 실은
아래 페이지와의 병치를 위해 '꿰뚫어' 보아야 한다. 이것은 한
페이지의 텍스트가 책의 연쇄 속 위치를 통해 의미를 얻는 것
과 비슷하다. 생성예술(generative art) 작가 더55(The55)는 이런
재조합 책 중 하나를 시각적 시뮬레이션으로 구현하여 우리가
페이지를 마음대로 겹칠 수 있도록 함으로써[73] 로트의 작품이
지닌 범위와 다양성을 보여주었다. 의미를 생성하려면 독자가
이 범위와 다양성을 현실화해야 한다. 어차피 페이지에는 텍스
트가 하나도 없으니까.

수명이 짧은 책

몇몇 미술가는 책을 자른다는 행위를 그 논리적 귀결로까지 밀
어붙였다. 그것은 파괴, 덜 비판적으로 말하자면 해체였다. 책
오브제를 변형하고 조각하여 새로운 것을 창조하든 책의 분해
과정을 단순히 기록하든 이런 작업은 책 형식의 일시성을 부각
한다. 우리는 책을 사랑하여 미래 세대를 위해 도서관에 소장
하고 예술품으로서 유리 뒤에 진열하지만 책은 취약한 매체다.
점토판, 두루마리는 물론 코덱스도 물리적 형태가 쉽게 삭을
뿐 아니라 생각을 퍼뜨리는 능력도 검열, 훼손, 파괴에 (특히, 이
념적·정치적 차이에서 비롯했을 때) 취약하다.[74] 일부 아티스트

---

[*] op art: 20세기 중엽에 국제성을 띠었던 기하학적인 비구상 계열의 미술로
시각적인 착각을 다뤘다.

두루마리에서 접지 제본에 이르기까지 책은 진실로
진화했다. 그리고, 진화하는 모든 것과 마찬가지로
멸종을 맞이할 수 있다.

— 개릿 스튜어트,
　『북워크: 매체에서 오브제로, 개념으로, 예술로』

북은 이런 덧없음을 받아들여 우리로 하여금 책이 연기로 사
라져버릴지도 모른다는 두려움을 성찰하도록 한다.

1960년대 아티스트 북의 부활은 예술 작품의 탈물질화,
화랑 제도의 배격, 미술가의 탈중심화와 관객의 참여에 대한
폭넓은 예술적 관심과 동시에 일어났다. 제약을 창조적 대담성
의 기회로 삼은 울리포와 달리 플럭서스 미술가들의 지시 기반
(instruction-based) 작업은 천재성을 비평하고 관객에게 관심을
기울일 기회가 되었다. 1968년에 미술가 브루스 나우먼이 제작
한 아티스트 북은 책의 유용성과 일시성에 대한 동시 발생적
감각을 전형적으로 보여준다. 그의 『불타는 작은 불』은 나우먼
이 루셰이의 『여러 가지 작은 불과 우유』에서 페이지를 뜯어내
어 자신의 작업실 바닥에 늘어놓고 한 장 한 장 태우는 사진으
로 이루어졌다. 하지만 우유는 남겨두었다.

커다란 접지 포스터에 오프셋으로 인쇄한 열다섯 장의 타
임 랩스 사진을 서류철에 집어넣었는데, 표지는 루셰이 특유의
색깔인 흰색 배경에 연붉은색으로 인쇄했다. 다만 책배 쪽으로
갈수록 붉은색 잉크가 진해지는 것은 제목처럼 불이 테두리를
넘어 넘실거리고 있음을 암시한다. 세 줄로 된 붉은 활자 제목
은 루셰이의 타이포그래피를 연상시키지만, 소문자를 쓰고 단
어를 (가운데로 정렬하지 않고) 엇갈리게 배치하여 변화를 준
다. 제목을 이렇게 배치한 탓에 서류철의 등을 따라 단어가 잘
리는데, 이 때문에 앞표지의 "urning all ires"가 (발음이 같은)
"earning all ires"(분노를 사다)로 읽히면서 미묘하게 재해석된다.
이는 그가 자신의 행위가 분노에 찬 반응을 낳으리라 예상했

음을 암시한다. 하지만 그가 얻은 것은 '분노'가 아니라 '칭찬'이
었다. 이 작품에 만족한 루셰이는 여러 점을 입수하여 소장했
다.[75] 나우먼의 책이 루셰이의 책에 대한 암시적 소각을 완료하
는 것은 이를 현실화함으로써뿐 아니라 마지막 이미지—루셰
이가 대접하는 우유 한잔이 앞의 화염을 끈다는 터무니없는 희
극적 상황—의 부적절함을 드러냄으로써이기도 하다. 불을 놓
아 루셰이의 불을 끈다는 재귀적 행위에는 우로보로스를 연상
시키는 유쾌한 성격이 있다. 2003년에 조너선 몽크는 나우먼의
책을 태우는 16밀리미터 영화에서 『불타는 작은 불』의 꼬리를
문다.

중국인 미술가 차이궈창은 책의 폭발력에 착안하여 『위험
책: 자살 불꽃놀이』(2006)를 만들었다. 저마다 다른 아홉 권의
책이 연작을 이루는데, 커다란 수제 종이 50장에 화약과 접착
제로 불꽃놀이 장면과 연기 기둥을 그렸다. 그리고 책 안쪽 여
백에 적린 심지가 달린 성냥개비 묶음을 부착하고, 책을 덮으
면 틈새로 심지가 삐져나오게 했다. 이 가름끈을 잡아당기면
위험한 책에 불이 붙는다.[76] 작가는 이렇게 경고한다. "책을 조
심하라. 책을 조심하라. 조심하지 않으면 자기도 모르게 무기를
휘두를 수 있다. 조심하지 않으면 희생자가 될 수도 있다."[77] 서
적파괴자(biblioclast)라면 잘 알겠지만 책은 재료 면에서나 내
용 면에서나 인화성이 크다.

불, 곤충, 물, 햇빛에 취약하긴 하지만 코덱스는 사실 경이
로운 보관 매체다. 소프트웨어 업데이트가 필요 없고, 덥거나
추운 기후에서도 보관할 수 있고, 고급 중성지에 인쇄하여 제

본하면 독자의 손에 묻은 기름과 들었다 났다 하는 충격과 펼
쳤다 덮었다 하면서 서서히 책등을 쪼개는 동작도 이겨낼 수
있다. 하지만 정치적 힘과 시장의 힘에는 당해낼 수 없다. 이념
이 변하고 자료가 갱신되고 도서관이 꽉 차면 책은 매각되고
경우에 따라서는 폐기된다. 2013년에 캐나다 수산·해양도서관
은 운영 비용 절감을 위해 분관 열한 곳 중 일곱 곳을 폐쇄하
기 전에 대규모 디지털화 작업을 추진했다. 하지만 디지털화는
완료되지 못했으며 19세기로 거슬러 올라가는 수많은 생태학
연구 자료가 제삼자에게 매각되거나 무상 기증되거나 매립지
에 처박혔다.[78] 미국 전역의 도서관들은 지난 10년간 편안한 친
목·협업 공간을 조성하고 컴퓨터와 인터넷 서비스를 제공하고
모임과 행사를 지원하는 일에 투자를 집중했다. 서가를 지하나
관외로 숨겨 접근성이 낮아지는 경우도 많다. 모든 정보를 영원
히 보관할 수는 없으며 작가는 자신의 작품이 세세만년 남으리
라 장담할 수 없다. 디지털 책은 종이책보다 유통 기한이 길다
고 생각할 수도 있겠지만, 전자책 단말기가 보급되고 기술 발전
의 속도가 빨라지면 특정 소프트웨어나 하드웨어 전용의 전자
책은 퇴물이 될 수밖에 없다. 그러니 일시성은 물리적 책과 디
지털 책 모두의 근심거리다.

　　도서관에서 책을 매각하고 처분하는 조치는 현대 북아트
의 중요한 조류를 낳았다. '불필요한' 책을 엄청나게 저렴한 값
에 입수할 수 있기 때문이다. 21세기에는 책 변형(altered book)
과 책 조각(sculpture)에 대한 관심이 급증했으며 책이 이 세상
에서 오래가지 않는 물건이라는 통념—셰익스피어 같은 르네

상스 작가들이 '책'(tome)과 '무덤'(tomb)의 언어유희를 즐겨 쓴 것도 이런 맥락에서다—을 부추겼다.[79] 백과사전, 어학사전, 오래된 건장정본을 깎아내어 미술적 팰림프세스트*를 창조하는 미술가 브라이언 데트머는 자신의 작업이 디지털 시대에 한물간 책들을 해방시키는 일이라고 말한다. 그는 책을 몸으로 삼아 조심스럽게 조각한다. 스튜어트는 이런 작업을 '생체 해부'라고 부르는데,[80] 해부자들의 생각과 달리 이 책들이 죽지 않았음에 빗댄 표현이다. 탈매체화되거나 읽을 수 없는 책을 신중하게 연구한 『북워크』에서 스튜어트는 책의 정보 저장 및 인출 기능이 디지털 미디어에 흡수되었다는 통념을 책 변형의 인기 요인으로 꼽는다. 데트머 같은 조각가들은 코덱스본을 정보의 전달 매체에서 사물로 돌려놓는다. 코덱스의 일시성을 부각하고 책을 진흙이나 돌처럼 새로운 방식으로 이용할 수 있는 재료로 취급한다. 하지만 이런 시도가 가능한 것은 눈앞에 있는 책이 이제 접근 불가능해졌다는 것을 우리가 알기 때문이다. 우리는 책을 받는 동시에 빼앗긴다. 책이 정상적으로 기능하는 소통 체계 바깥에서는 책을 볼 수 없다.

여러 북아티스트가 책의 일시성, 휘발성, '자기파괴'의 잠재성을 구현했는데, 그중에서 맨 처음은 마르셀 뒤샹의 『불행한 레디메이드』(1919)일 것이다. 이 작품은 동생 수잔과 매제 장 크로티에게 준 고약한 결혼 선물로, 부에노스아이레스에서 신

---

[*] palimpsest: 원문을 전부 또는 일부 지우고 그 위에 새로 쓴 두루마리나 낱장 형태의 필사본.

혼여행 중인 두 사람에게 발송되었다. 『불행한 레디메이드』에
는 기하학 교과서에 끈을 묶어 발코니에 매달아 조금씩 풍화되
도록 하라는 지시 사항이 들어 있다. 뒤샹이 지은 제목은 이 작
품 자체가 불행함을 암시한다. 책이 스스로의 상실을 애도한다.
하지만 그가 수잔에게 창작에 동참할 것을 요청한 동기는 슬픔
이 아니라 유머였다. "행복과 불행을 레디메이드에, 그 다음에
는 비에, 바람에, 나부끼는 페이지에 집어넣는다는 발상이 우스
웠습니다. 재미있는 아이디어였죠."[81] 이 작품은 뒤샹의 대다수
레디메이드 원본처럼 유실되었으며 남은 것이라고는 수잔의 그
림뿐이다. 정말로 결코 읽을 수 없는 책이 되어버린 것이다.

디터 로트는 『문학 소시지』(1961~1970) 연작에서 책이나
일시성을 코믹한 관점에서 들여다보았다. 그는 싫어하는 책이
나 잡지를 으깨어 양념, 기름, 젤라틴, 물에 절여 보존 처리하는
방법으로 마르크스, 헤겔, 독일 타블로이드를 새로운 포장재에
넣었다. 견장정본의 또 다른 이름이 '케이스 제본'인 것은 표지
를 따로 만들고 내지를 이 상자에 붙이기 때문이다. 책을 책갑
(冊匣)에 보관하는 경우도 흔한데, 한때 '프레스'(press)라는 이
름이 더 흔했던 것은 늘어만 가는 장서를 둘러싸고 가두기 때
문이었으리라.[82] 로트가 텍스트를 '가공'하는 것은 문학의 '소
비', 또한 문학을 '보존'하려는 우리의 욕망에 빗댄 언어유희다.
그의 작업은 텍스트를 충전하고 바싹 말려 형태를 완전히 바꿔
놓는다. 보관용 선반에 놓인 책은 독자의 손에 들린 생생한 책
과 달리 힘없고 처지고 말랐다. 로트의 의도는 보존인 것처럼
보이지만 그의 농담은 보관론자를 향해 있다. 미국 농무부에

따르면 건조 소시지의 보존 기한은 냉장하지 않을 경우 6주가
량이므로 로트의 작품 상당수는 보관 기간이 짧은 셈이다.

또한 로트는 자신의 이름에도 말장난을 했는데 — 그는
아이슬란드로 이주했을 때 이름 철자를 'Diter Rot'로 표기했
다 — 자신의 작품이 틀림없이 썩을 것임을 알고 있었다.* 그는
자신의 작품 『눈』(1964~1965)에 "기다리라. 이것은 나중에 아
무것도 아닐 것이니"라고 썼는데,83 이 구절은 초콜릿, 새 모이,
토끼 똥 등 미술과 미술가가 영원하지 않음을 겸허히 증언하는
유기물로 만든 그의 조각품에도 똑같이 적용된다. 로트는 심지
어 연지†에 시를 인쇄해서 피울 계획을 세우기도 했다(실현하
지는 않았지만). 중국인 미술가 슈빙도 같은 생각을 했다. 2000
년에 제작한 『담배 프로젝트』는 노스캐롤라이나, 중국, 버지니
아에서 담배의 문화적, 경제적, 역사적 의미를 탐구한 연작이
다. 그중 한 작품인 「붉은 책」은 중국 브랜드의 담배를 붉은 금
속제 담뱃갑에 넣은 것으로, 마오쩌둥의 『붉은 소책자』에서 뽑
은 글귀들이 박혀 있다. 「강을 따라 여행하다」는 12세기 족자의
복제품에 9미터 길이의 담배를 올리고 태운 작품으로, 압축된
담뱃잎으로 만든 페이지를 전시 기간에 바구미가 먹어치웠다.

변형된 책(altered book)과 일시성의 책(ephemeral book)은
재활용과 동일시할 수 있을 것이다. 둘 다 낡은 재료에 새 생명
을 주는 일이니 말이다. 로트는 런던 《데일리 미러》, 인쇄소 바

[*] 'rot'는 영어로 '썩다'라는 뜻이다.
[†] 煙紙: 담배 마는 종이.

닥에서 주운 버려진 교정쇄, 아래 페이지를 보여주는 말풍선
같은 구멍을 뚫은 만화책 페이지 등 온갖 종류의 인쇄물을 즐
겨 재사용했다. 신문지와 교정쇄는 어차피 버릴 재료다. 신문은
오늘까지만 유효할 뿐 내일은 새 신문에 밀려난다. 그래서 '신
문'(新聞)이다. 교정쇄는 오프셋 방식으로 수백 장을 인쇄하기
전에 확인하는 원고로, 수명이 짧다. 페이지가 최종 공연—'실
제' 인쇄—을 앞두고 진행하는 드레스 리허설이랄까. 쓰고 난
교정쇄는 인쇄소에서 재활용되거나 다른 용도로 쓰일 수 있지
만 그 자체로는 쓸모가 없다. 로트는 이 요소들을 버무려 책이
아무리 조잡한 말도 담을 수 있는 그릇임을 부각하며, 우리로
하여금 제본 행위로 인해 부여되는 완성의 지위와 이것이 내용
에 부여하는 영속성의 환각에 대해 생각하도록 한다.

　　비영속성을 상실의 렌즈로만 읽어야 하는 것은 아니다. 삭
제라는 시적 과정에 종사하면서 원천 텍스트의 단어들을 조직
적으로 지워 그 안에 내포된 대안적 텍스트에 독자의 주의를
끄는 변형책 제작자와 작가에게 파괴는 어떤 텍스트에나 내재
하는 잠재성을 드러내는 생성의 충동이다. 톰 필립스, 젠 버빈,
메리 루플 같은 미술가와 작가는 윌리엄스의 『연인』에서처럼
페이지를 언어의 격자로 취급한다. 이들이 발굴하는 새로운 텍
스트는 경우에 따라 텍스트의 출처인 책을 언급하거나 전복하
거나 새롭게 한다.

여러 측면에서, 문화적 기술들이 모방하고자 하는
본보기가 된 것은 책 형식—스크롤 능력과 랜덤
액세스 능력을 조합하여 이 장소에서 저 장소로
건너뛸 수 있게 된 것—이다.

— 피터 스탤리브래스,
  「책과 두루마리: 성경을 탐색하다」

무언의 사물로서의 책

하지만 어떤 아티스트 북은 의도적으로 읽을거리를 전혀 제시하지 않은 채 책의 아이디어를 내놓는다. 많은 이론가들이 이같은 읽을 수 없는 사물을 '반책'이나 책 조각으로 간주하며 아티스트 북과 구분하지만(접근을 거부한다는 이유로), 이런 작품들은 책이란 우리가 문화 자본과 문화적 중요성을 불어넣은 관념이며 이는 책의 생산에 자원이 투입되고 저자가 선망받는 지위이기 때문임을 일깨운다. 책의 죽음에 대한 현대인의 우려는 (책이 상징하게 된) 저자의 죽음이나 지적 유산의 상실에 대한 두려움과 맞물려 있다.

패멀라 폴스러드는 『시금석』으로 이 불안에 형체를 부여한다. 이 작품은 현대의 코덱스를 사포질하여 매끈하고 길쭉한 마노(瑪瑙)로 만든 것이다. 책의 표지와 텍스트는 색색의 띠로 겉에 드러난다. 이런 돌을 만지는 것은 읽는 행위라기보다는 기억하는 행위다. 우리가 책을 책꽂이에 꽂아둔 채 읽지 않고 그저 손가락으로 책등을 쓸어내리면서도 자신이 한때 누구였으며 무엇이 내게 중요했는지 떠올리듯 말이다. 책에 폭발력이 있는 데 반해 이 돌들은 덜 위험하고 더 자연적으로 느껴진다. 폴스러드는 가장 조용한 책조차도 중요한 토대가 될 수 있음을 보여준다.

리사 코킨은 무언의 책이 지닌 무게를 더 냉소적인 관점에서 들여다보는데, 책을 돌로 바꿔 책이 우리를 어떻게 짓누르는지 표현한다. 『개선의 여지』 연작에서 코킨은 자기 계발서를 으깨고 이 혼응지*로 공을 만들어 책의 조언을 무지른다. 이 사물들은 무거울 것 같지만 깃털처럼 가벼운데, 이는 우리의 '개선' 욕망을 이용해먹는 이 책들이 실은 실속이 없음을 반어적으로 꼬집는다. 공에서는 텍스트, 책 머리띠, 때로는 제목 일부를 엿볼 수 있지만, 책으로서는 원래 모습인 풀 먹인 종이만큼도 가치가 없다.

이 미술가들이 돌을 이용하여 책의 재료를 부각하는 데 반해 어떤 미술가들은 무언의 페이지를 활용하여 텍스트 자체의 물성을 강조한다. 쿠바의 미술가 레이니에르 레이바 노보의 「다섯 밤」(『역사의 무게』 연작 중 하나)은 "20세기 전체주의 정권들의 토대가 된 혁명적 저작들"[84]의 내용 전체를 검은 직사각형 '페이지'에 옮긴다. 이 페이지는 미술관 벽에 잉크를 직접 칠한 것으로, 그림의 크기는 잉크의 양에 따라 정해진다. 히틀러, 레닌, 카스트로, 마오쩌둥, 카다피의 저작에서 우리가 읽을 수 있는 것이라고는 제목과 저자명뿐이다. 그 위로 두꺼운 잉크가 청록색 유막처럼 반짝거린다. 쓰인 글의 영향력과 검열의 혹독한 손길을 연상시키는 무언의 텍스트는 책의 힘에 대한 압도적인 논평이 된다.

앤 해밀턴도 1994년작 「특징」에서 이 힘을 탐구하지만 이 힘이 우리를 상하게 하는 것이 아니라 치유할 수도 있다고 주장한다. 행위예술가 한 명이 견장정본에서 텍스트를 벗겨내는데, 마치 텍스트가 좌우교대서법으로 인쇄된 것처럼 오렌지 껍

[✱] 混凝紙: 펄프에 아교를 섞어 만든 종이. 습기에 무르고, 마르면 아주
    단단해진다.

질 벗기듯 모든 행이 한 가닥으로 이어지도록 들어올린다. 이 종이 가닥을 공으로 뭉쳐 책의 평면을 3차원 물체로 탈바꿈시킨다. 이 행위는 월리스 스티븐스의 시 「탁자 위 행성」에 담긴 의미를 떠올리게 한다. 그것은 훌륭한 시가 "자신이 깃든 행성의/특징이나 성격"[85]을 지녀야 한다는 것이다. 텍스트의 행들은 자신의 성격을 고스란히 간직한 채 해밀턴의 손에서 행성으로 뭉쳐진다. 이 작업은 우리가 평평하다고 생각하는 물체에 부피의 성질이 있음을 드러낸다. 속을 파낸 페이지는 우물이 되고 텍스트는 덩어리가 된다. 이 행위예술은 우물에서 건져낸 몸으로서의 텍스트에도 우리의 시선을 돌린다. 행위예술가는 연고를 바르듯 공을 어루만지며 축소판 병실 칸막이의 틈새로 하나하나 통과시킨다. 새로운 형체를 얻은 공은 환자처럼 '탁자 위'에 놓인다.

　해밀턴처럼 버즈 스펙터도 우리가 책의 개념을 만들어내는 데 쓰는 언어를 부각한다. 해밀턴의 「특징」과 같은 해에 발표된 『진행』은 견장정 코덱스의 페이지를 조금씩 잘라내되 면지는 도련*하지 않은 가장자리처럼 흔적만 남도록 싹 뜯어내고 다음 페이지는 1밀리미터가량 넓게, 다음 페이지도 그보다 1밀리미터가량 넓게 해서 내지 전체가 층층이 비탈을 이루도록 했다. 표지를 들추면 경사를 따라 시선이 내려간다. 이 횡단은 페이지의 구조를 드러낸다. 완벽하게 정렬된 본문, 일정한 여백, 쪽표제, 쪽번호 등이 어찌나 대칭적인지 저마다 다른 페이지인

[*] 刀鍊: 종이 따위의 가장자리를 가지런하게 베는 일.

데도 딱 들어맞는다. 대량으로 생산되는 책의 페이지가 완전히 똑같다는 카리온의 논평을 떠올리는 사람도 있을 것이다. 페이지를 넘기면 코덱스의 섬세한 디자인을 실감할 수 있을 뿐 아니라 페이지마다 똑같은 텍스트(『진행』이라는 책의 181쪽)가 인쇄되어 있음을 알 수 있다. 이 페이지에는 탈무드 모든 페이지의 특정한 위치에 무슨 글자가 있는지 아는 유대교 학자의 자기참조적 일화가 실려 있다.

학자의 머릿속 지도는 치열한 공부와 통달의 산물이지만 관람객은 그런 친숙함을 얻을 가망이 없다. 우리는 눈동자를 움직이지만 전혀 '진행'하지 못하고 같은 자리에 머물러 있다. 책장을 넘겨도 마찬가지다. 우리는 이해하지 못한 채 게슴츠레한 눈으로 같은 구절을 읽고 또 읽는 학생 신세다. 의미심장하게도 스펙터는 자신의 찢은 책 연작을 '쐐기꼴'이라 부르면서 이렇게 축소된 텍스트를 설형문자와 문버팀쇠에 연결 짓는다.[86] 스펙터의 자기소멸(말 그대로, 책 속의 일화는 친구가 작가의 작업실을 방문하면서 시작된다) 책은 코덱스가 생각을 떠받치고 퍼뜨리는 유용한 구조이기는 하지만 시간의 진행만큼이나 일시적이고 과도기적임을 암시한다.

책 형식 중에서 가장 극적으로 밀려난 것은 백과사전일 것이다. 최초의 백과사전은 1751년에 출간된 드니 디드로의 열일곱 권짜리 폴리오판 『백과전서』로, 저자에서 인쇄업자, 제본업자에 이르기까지 수천 명의 노동력이 투입된 대역사였다. 디드로는 직접 집필에 참여했을 뿐 아니라 루소와 볼테르를 비롯한 당대 최고의 프랑스 계몽주의자들에게 의뢰하여 최신의 철학,

과학, 문화, 수학을 대중에게 소개했다. 무엇보다 놀라운 일은
『백과전서』가 이익을 거두고 인기를 끌었다는 것이다. 어찌나
인기가 있었던지 저렴한 가격에 널리 보급하려고 쿼토판과 옥
타보판을 찍기도 했다. 18세기를 지나는 동안 『백과전서』는 유
럽 전역에서 2만 5000부 가까이 팔렸다.[87] 백과사전의 인기는
1950년대에도 여전했다. 근대 가정에서는 똑같이 장정한 전집
류를 집 한가운데 책꽂이에 보란 듯이 꽂아두었는데, 이제 이
런 책들은 대부분 가구 전시장의 장식물로 전락했다.

　　1990년대에 시디롬 방식의 디지털 백과사전이 등장하고
곧이어 웹에서 백과사전 서비스를 제공하면서, 주기적으로 개
정·증보해야 하는 정적인 코덱스는 말랑말랑한 살아 있는 텍
스트에 자리를 내줬다. 값어치를 잃고 퇴물이 된 지식의 보고
는 종종 미술가들의 책 변형 재료가 된다. 그중에서도 가장 가
슴 아픈 작품으로 꼽을 만한 스콧 매카니의 책 조각들에서는
거대한 책들이 허공에 매달린 채 마치 서로 연결된 개념들의
하이퍼텍스트적 폭포처럼 내용을 쏟아낸다. 페이지들이 리본
모양으로 조각조각 잘려 서로 꼬인 모습은 (제목에서 보듯) 말
그대로 「매달린 색인」(1992)이다. 도서관에서 폐기한 책들을
탑처럼 쌓아놓은 조각 작품 「한 번도 읽히지 않은 책들」(1988)
에서는 인기 없는 책들이 도서관에서 버려지는 현실을 노골적
으로 언급한다. 이 뾰족한 탑을 통해 작가는 '한 번도 붉지 않
은'(never red) 것을 정반대의 것—늘 푸른 것(evergreen)—으로
탈바꿈시킨다. 소각은 그의 정원에 놓인 채 봄에는 새집이 되고
여름에는 넝쿨 지지대가 되고 가을에는 쥐구멍이 되고 겨울에

는 눈 덮인 침엽수가 된다. 이런 미술가에게 책은 변신과 가능성의 여러해살이 공간이다. 심지어 내용을 신뢰할 수 없게 되어도 우리가 백과사전에 부여하는 힘은 부인할 수 없다.

침묵당한 책은 주술적 의미를 얻는다. 북 오브제나 책 조각은 '읽을' 수 없기에, 우리가 보는 것은 책의 개념이다. 책의 은유는 우리 문화에 깊이 침투해 우리가 스스로를 묘사하는 언어에 영향을 미친다. 우리는 "표지로 책을 판단하"(judge a book by its cover)지 말라고 배우고, 정직한 사람은 "펼친 책"(an open book)이라고, 직관력 있는 사람에겐 "사람을 책처럼 읽는다"(read us like a book)라고 말한다. 남을 베낄 때는 "책장을 뜯어 간다"(taking a page out of their book)라고 하며, 진짜 책벌레가 책을 먹어치우듯 책에 담긴 생각을 먹어치우는 사람을 우리는 "책벌레"(bookworm)라고 부른다. 이런 애서가들은 자신들이 하찮은 대우를 받는다고, 즉 "여백으로 밀려났다"(marginalized)고 생각할지 모른다. 우리는 타인을 판단하기 전에 "내 생각에는…"(in my book…)이라고 운을 떼면서 내면의 도덕 책을 참고한다. 예약 내역을 장부에 적었던 과거에 비추어 'book'은 지금도 예약을 뜻하는 동사로 쓰인다. 이제는 대부분 온라인상에 기록되지만. 경리 직원(bookkeeper)이 결산(balance the books)할 때 쓰는 회계 소프트웨어 이름조차 퀵북스(Quickbooks)이다. 시험공부를 할 때면 그 분야에 대해 "책 한 권 썼다"(wrote the book)고 할 만큼 전문가가 될 때까지 "책을 때린다"(pound the books). '책을 던지다'(throw the book at'em)는 '엄벌에 처하다'(법률), '책이 될 만한 것'(one for the books)은

'굉장한 사건'(역사), '책대로'(by the book)는 '원칙대로'(사회 규범)를 뜻한다

　　불변성, 확실성, 질서의 공간으로서의 책을 일컫는 표현들은 책이 문화 속에서의 역할을 바탕 삼아 이념과 이상으로 탈바꿈했음을 일깨운다. 책은 기반이며, 그 네모진 형태는 사회질서와 자아실현의 토대로 보이기에 손색이 없다. 책꽂이에 꽂기만 하면 학식, 재능, 부의 상징이 되는 코덱스의 형태는 비유적으로뿐 아니라 말 그대로도 우리를 떠받친다(이를테면 삐딱한 가구를 괼 때). 책은 그 자체로 일종의 가구여서 페이지 사이를 저장 공간으로 내어준다. 책장 사이사이에 압화(押花)도 넣고 요리법 쪽지도 넣고 사진도 넣고 스크랩도 넣던 르네상스 시대 독자들의 습관은 오늘날까지 이어진다.[88] 책은 이웃도 떠받친다. 책꽂이에서 책을 꺼내면 옆에 있는 책들이 쓰러지는 것을 보면 알 수 있다. 책은 우리를 쓰러뜨릴 수도 있다. 가지고 다니기 편해서 불시에 투척 병기가 될 수 있으니 말이다. 책을 정의하려면 형식 못지않게 쓰임새를 감안해야 한다. 책의 개념 변화는 책의 구조 변화와 맞물려 있다.

4
인터페이스로서의 책

북아티스트들과 그 선배들은 코덱스와, 책을 닮은 수많은 기발
한 형식을 이용하여 책의 불변성, 권위, 물성, 영속성에 대한 우
리의 가정에 의문을 제기했다. 앞에서 보았듯 책은 제본된 텍
스트―출판의 힘으로 세상에 퍼지고 내용과 독자의 필요나 저
자의 변덕과 별개로 어떤 형식이든 취할 수 있는 텍스트―에
대한 우리의 관념이다. 책은 본질적으로 우리가 생각을 맞닥뜨
리는 관문인 인터페이스다. 책의 물성이 내용과 관계가 있어야
할 필요는 없지만, 우리는 코덱스를 손에 들 때마다 신체적이고
체화된 상호 작용의 역사, 이 책을 어떻게 인식하고 다뤄야 할
지 우리에게 가르친 역사에 무의식적으로 의지한다. 코덱스가
이토록 인기를 얻은 것은 휴대할 수 있고 제작 비용이 낮고 평
균적 인체에 적합한 물리적 도구로 쓰임새가 입증되었기 때문
이다. 코덱스의 디자인은 물체 표면에 내려놓거나 높이 들어올
리거나 얼굴에서 30~60센티미터 떨어진 거리에서 텍스트나 이
미지를 보거나 손가락으로 점자를 읽기에 알맞다. 흥미로운 구
절을 찜해둔 채 다른 구절을 들춰 보려고 페이지 사이에 손가
락이나 서표를 끼워둘 수도 있다. 저자나 나중에 이 책을 읽을

독자나 미래의 자신에게 말을 걸기 위해 여백에 메모를 남길 수
도 있다. 책은 우리에게 적합하고 우리는 책에 적응한다.

우리는 컴퓨터에서, 자동차에서, 텔레비전에서, 자동판매
기에서 끊임없이 인터페이스를 맞닥뜨린다. 그리고 인쇄본 코
덱스와 마찬가지로 우리가 인터페이스의 존재를 알아차리는
것은 뭔가 잘못됐을 때뿐이다. 인간 중심 디자인 원칙에 따르
면 좋은 인터페이스는 워드의 크리스털 잔—우리가 원하는 정
보를 나르는 투명한 그릇—과 같다. 이 비가시성은 장점으로
홍보되지만 반드시 우리에게 가장 유리한 것은 아니다. 미디어
고고학자 로리 에머슨 말마따나 인터페이스를 숨기는 경향은
내부 작동을 이해하고 변화시키는 능력에 제약을 가해 "우리를
콘텐츠의 생산자가 아니라 소비자로 전락시킨"다.[1] 디지털 독서
기기는 대체로 이런 접근법을 취한다. 문학, 참고 자료, 수많은
책을 제공하는 이들 인터페이스의 목표는 코덱스의 행위유도
성과 이로부터 우리가 적응시킨 행동을 바탕으로 이음매 없는
(seamless) 독서 경험을 만들어내는 것이다. 주석과 책갈피 표시
에서 미색 '페이지' 위의 검은색 글자에 이르기까지 킨들과 같
은 전자책 단말기의 인터페이스는 실제 책의 구조를 수없이 차
용하여 디지털 환경에 '재매체화'하는 한편 코덱스를 얇은 납판
의 두께로 납작하게 편다. 이 기기들은 물리적 형태 측면에서
코덱스를 닮은 요소가 거의 없는데도 '전자책'이나 '이북'이라고
불린다. 이런 이름이 붙은 것을 보면 '책'이라는 용어가 '내용'의
동의어가 되었고, (1장에서 보니 맥이 밝혔듯) '파기나'가 책이라
는 대상을 우리의 상상 속에서 정의하는 데 중요한 역할을 하

고 있음을 알 수 있다.

디지털 기기가 책 인터페이스 역할을 할 수 있는 잠재력은 휴대용 컴퓨터 초창기로 거슬러 올라간다. 앨런 케이가 1972년에 구상한 다이나북(Dynabook)은 최초의 랩탑 컴퓨터 중 하나로, 폴립티크를 닮은 경첩식 덮개와 디지털 콘텐츠를 저장하는 능력을 갖춘 노트북 컴퓨터의 개념을 정립했다. 실제로 현대의 많은 랩탑은 쿼토와 크기가 비슷하다. 휴대용 컴퓨팅 기기가 줄기차게 책을 닮아가는 것은 코덱스 자체가 전형적인 휴대용 저장·인출 기술이기 때문이다. 피터 스탤리브래스 말마따나 코덱스는 순차적 읽기와 랜덤 액세스가 둘 다 가능한데, 이는 컴퓨터와 매우 비슷하다.[2] 코덱스는 색인과 상호 참조를 통해 우리를 외부의 다른 출처로 안내할 수도 있다. 하이퍼링크를 클릭하는 것보다는 시간이 걸리겠지만. 영문학자 매슈 커션바움이 지적하듯 우리는 전자 공간에서의 읽기에 대해 생각할 때 책을 본보기로 삼는다.[3]

노트북 컴퓨터가 책을 닮은 것은 최초의 전자책 개발을 추진하는 동력이었다. 보이저—중요한 영화와 보너스 자료를 담은 레이저 디스크를 발매한 크라이테리언 컬렉션의 모회사—가 초기 애플 파워북 100을 기증받았을 때 한 직원이 기기를 회전시키자 힌지가 책등이 되었다. 이때 애플 기기만을 위한 책을 디자인한다는 아이디어가 탄생했다.[4] 보이저의 멀티미디어 실험은 1989년으로 거슬러 올라간다. 베토벤 교향곡 9번의 관련 정보를 하이퍼카드(HyperCard) 방식으로 추가한 시디롬을 발매한 것이다. 보이저는 독자들이 정보를 읽으려고 노트북을

90도 돌리리라고는 기대하지 않았지만 1992년에 익스팬디드 북스(Expanded Books)라는 하이퍼텍스트를 발표하기 시작했다. 플로피 디스크에 담긴 채 페이퍼백을 떠올리게 하는 상자에 포장되어 출시되었는데, 텍스트를 어디까지 읽었는지 보여주고 책 귀퉁이를 가상으로 접어 페이지를 표시하고 여백에 메모를 입력하고 본문을 검색할 수 있었다. 익스팬디드 북스는 인쇄본을 재매체화하고 디지털 저장의 이점을 살려 텍스트에 기능을 추가함으로써 초창기 전자책과 전자책 단말기의 방향을 제시했다. 이 추세는 '확장형 전자책'—유명 배우의 녹음이나 관련 자료 같은 보조적 기능을 담은 책 앱—으로 계속되고 있다.

이런 **재매체화**—제이 데이비드 볼터와 리처드 그루신이 만든 용어—는 역사적으로 책의 발전에서 중요한 역할을 했다.[5] 앞에서 보았듯 코덱스는 두루마리의 좁은 단을 모방했고 초기 활자체는 필사본 서체를 본떴으며 펭귄 페이퍼백의 디자인은 중세 필사본 페이지의 황금비를 되살렸다. 증거에 따르면 안달루시아의 제지업자들은 양피지를 흉내 내려고 희미하게 튼살 자국을 내고 종이에 밀 녹말풀을 발라 잉크가 잘 배게 했다고 한다.[6] 심지어 중국의 세로쓰기를 간책 두루마리 기법의 연장으로 볼 수도 있다. 이 재매체화는 앞선 방식을 반영하면서도 변형된 물질적 수단을 통해 읽기와 쓰기를 둘 다 근본적으로 바꿔놓는다. 이를테면 월터 옹이 분명히 밝혔듯 구술 전통에서 문자 텍스트로의 변화는 문학의 형태를 근본적으로 바꾼 재매체화였으며 이로 인해 정형화된 언어가 밀려나고 풍부한 수사를 가능케 하는 복잡한 문장과 서사가 선호되었다. 이

것이 소설의 부상을 촉진했다고 주장하는 사람도 있다.

하지만 이 책은 소설, 시, 자서전, 아니 어떤 문학 장르도 다루지 않는다. 이 책이 다루는 것은 물질화된 텍스트—우리가 '책'이라고 생각하는 것을 읽는 휴대용 수단—이다. 이 수단은 설형문자 점토판 이후로 4500년간 변해왔으며 통신 기술의 급격한 발전으로 보건대 앞으로도 계속 변할 것이다. 전자책과 이전 매체의 관계를 고려하기 시작하면서 우리는 문학비평가 N. 캐서린 헤일스가 '물질적 은유'라 부르는 것으로 책을 들여다보게 된다. 우리는 이를 통해 언어와 접촉하며 이를 통해 우리의 접촉 방식을 바꾼다.[7]

헤일스는 말한다. "인공물의 물리적 형태를 바꾸는 것은 단지 읽기 행위를 바꾸는 것이 아니라 말과 세계의 은유적 관계를 속속들이 탈바꿈시키는 것이다."[8] 우리는 현대 전자책 단말기를 살펴보기 전에 이 단말기가 지원하는 전자책의 발전을 탐구해야 한다. 전자책은 텍스트를 데이터로 전환함으로써 휴대 가능성을 근본적으로 바꿔 말과 세계의 관계를 바꿨다. 텍스트는 디지털화되면서 구체적인 물질적 매체의 제약에서 벗어났다. 이로써 컴퓨터, 스마트폰, 태블릿, 전용 전자책 단말기 등 다양한 인터페이스로 접속할 수 있게 되었는데, 이는 각각 읽기에 영향을 미친다. 또한 디지털 독서에 대한 현대적 접근법도 들여다볼 것이다. 디지털 독서는 크리스털 잔을 내미는 것이 아니라 우리로 하여금 텍스트의 테두리를 손가락으로 더듬어 텍스트가 노래하도록 하라고 권함으로써 디지털의 행위유도성을 탐구하고 활용하는 인터페이스에 주의를 기울이게 한다. 뉴미

우리는 대체로 책을 물질적 은유로 생각하는 데
익숙하지 않지만, 사실 책이라는 인공물은 물리적
성질과 역사적 쓰임새를 통해 명백하거나 미묘한
방법으로 우리와 책의 상호 작용을 빚어낸다.

— N. 캐서린 헤일스, 『쓰는 기계』

디어 연구자 테리 하폴드 말마따나 이것은 진보의 서사나 '업그레이드 경로'라는 솔깃한 발상이 아니다.[9] 오히려 나의 취지는 이 접근법과 (앞으로의 책을 빚어낼) 20, 21세기 독자의 필요가 어떻게 서로를 빚어낼지에 주목하는 것이다.

말하는 책

어떤 사람들은 재매체화된 책 중에서 훨씬 흔한 사례를 전자책의 선조로 꼽을지도 모르겠다. 그것은 카세트나 시디에 담기거나 지금처럼 디지털로 내려받는 오디오북이다. 역사가 매슈 루버리는 오디오북이라는 매체가 종이책을 재생산하는 동시에 그 단점을 보완한다고 주장한다.[10] 오디오북은 전자책이나 디지털 책과 비슷한 경로를 밟았다. 1878년 토머스 에디슨이 원통을 감싼 은박지에 「메리는 작은 양이 있었지」 낭송을 녹음한 첫 순간부터 구어는 음성 녹음의 일부였지만, 온전한 책을 오디오 형식으로 녹음하고 배포하는 일이 가능해진 것은 미국맹인재단의 기술자들이 (최근 특허를 받은) 장시간 재생용 녹음 기술의 잠재력을 알아보고 시각 장애인 독자를 위해 이른바 '말하는 책'(Talking Book)을 만들어낸 1932년 들어서였다. 최초로 시험 녹음된 책 중에는 헬렌 켈러의 자서전 『중년』(1929)과 에드거 앨런 포의 듣기 좋은 시 「도래까마귀」(1845)가 있었다. 처음으로 제작된 녹음은 미국독립선언서와 시편, 셰익스피어의 희곡과 시, 그리고 P. G. 우드하우스, 루이스 캐럴, 러디어드 키플링 등의 고전 소설 같은 퍼블릭 도메인 텍스트였으나 재단에서는 현대 작품의 필요성을 금세 깨달았다. 카네기재단과 자선가 에이다 무어에게서 지원금을 받은 미국맹인재단은 책을 녹음했을 뿐 아니라 녹음을 위한 신소재를 만들어냈다. 그것은 유연하고 가볍고 쉽게 운반할 수 있는 비닐(vinylite)이었다. 심지어 재생용 축음기도 개발했는데 하나는 전기식이었고 다른 하나는 (전기가 들어오지 않는 가정을 위한) 스프링 구동식이었다. 지름 30센티미터에 회전수 33과 3분의 1아르피엠의 음반이 대중화된 것은 1948년 CBS에서 음반을 출시한 이후이지만 시각 장애인들은 누구보다 먼저 이 매체를 즐길 수 있었다.

사상 처음으로 장시간 재생되는 무료 녹음이 출판 도서를 위협하지 않게 해달라는 출판사와 저자의 요구를 받아들여 재단은 녹음을 맹인에게만 배포하고 라디오에서 방송하지 않으며 공공장소에서 틀지 않겠다고 합의했다. 전미작가협회와 전미도서출판협회와의 계약이 체결되어 재단은 작품당 25달러의 정액 요금만 납부하면 추가 사용료 없이 그 책을 녹음할 수 있게 되었다. 출판 도서 재매체화의 저작권과 법률 문제에 대한 이 조항들은 이후로 이런 작품을 제작하고 판매하는 사람들을 괴롭혔다. 1934년이 되자 재단에서는 전축과 '말하는 책' 27종의 레코드판을 맹인에게 빌려주기 시작했으며 1935년에는 신설된 공공사업진흥국의 지원을 통해 의회도서관의 의뢰를 받아 미국인 수만 명에게 공급할 수 있는 규모로 '말하는 책'과 재생기를 생산했다.

헬렌 켈러는 사업의 물꼬를 터준 루스벨트 대통령에게 감사하며 이렇게 말했다. "대통령님께서는 펜을 한번 휘둘러 말하는 책의 축복을 퍼뜨리셨습니다. 이것은 맹인에게 교육의 문을 열어준 점자의 발명 이후로 가장 건설적인 도움입니다."[11] 헬렌 켈러는 말하는 책이 대공황 시기에 처음 개발되었을 때는 보잘것없다며 거부했지만, 말하는 책이 시력을 잃은 사람들에게 문학을 접하게 할 뿐 아니라 일자리를 창출할 수 있음을 알게 되었다. 1937년 이 사업에 대한 보고서에서 로버트 B. 어윈 상임이사는 "시각 장애인 40명이 원조에 의지하지 않고서" 뉴욕 공공사업진흥국 작업장에서 비장애인 직원들과 함께 전축을 제작한다고 뿌듯하게 말했다.[12] 이것은 수익을 내는 사업이 아니라 공공선을 위한 사업이었다. 1951년에 의회도서관은 미국 전역의 54개 지국을 통해 3만 대의 기기를 청취자들에게 대여하고 있었다. 1950년대와 1960년대에는 기술이 발전하면서 릴 테이프가 개발되었으며 1970년대에는 카세트가 등장했다. 교외 통근자와 바쁜 주부를 대상으로 한 상업적 오디오북 시장이 활황을 누렸다. 2000년이 되자 미국맹인재단은 여느 오디오북 제작사와 마찬가지로 디지털을 도입했다. 오디오북이 최고의 인기를 누리던 1980년대에는 많은 사람이 오디오북 때문에 종이책이 죽음을 맞을까 봐 우려했지만, 그 뒤로 보았듯 두 형식은 저마다 다른 상황과 (우리가 텍스트에 접근하는 방법에 영향을 미치는) 구현 방식의 필요에 맞게 나란히 공존하고 있다.

인류가 낭독을 접한 것은 이번이 처음은 아니다. 1920년대부터 라디오 연극과 드라마에서 전파를 타고 이야기를 제공했지만, 이 이야기들은 대체로 해당 매체를 위해 쓴 글이었다. 물론 문학은 바드(bard), 트루바두르(troubadour), 필리드(filid), 메다(meddah), 그리오(griot) 같은 낭독자를 포함하는 구전 전통에서 출발했다. 하지만 앞에서 보았듯 이런 이야기들은 정해진 텍스트를 그대로 읽으며 녹음한 것이 아니라 기억술을 동원하여 현장에서 창작되었다. 오디오북이 등장하면서 녹음은 (문어가 그랬듯) 말하는 사람과 독립적으로 존재하고 유통된다. 36시간에 이르는 조지 엘리엇의 『미들마치』를 들으면서 우리는 자신이 그 책을 '읽었다고' 확신한다. 말하는 책은 오디오북의 전신으로서 기존 문학을 새 매체에 체계적으로 녹음한 첫 사례였으며, 출판사와 저자, 독서 대중이 맞닥뜨린 문제점들은 이후 디지털 시대에 나타날 문제점들을 예고했다.

디지털 행위유도성

다양한 매체를 통해 책을 재개념화하려는 중요한 계획들이 많이 시도되었다. 각각의 시도는 새로운 발전을 바탕으로 우리가 책을 맞닥뜨리는 인터페이스를 개선했다. 각각의 인터페이스에서 우리는 저마다 다른 재료에 은유를 어떻게 적응시킬 수 있을지 생각할 유용한 방법을 얻을 수 있다. 디지털 책을 읽어본 사람이라면 누구나 동의하겠지만, 디지털화가 촉진하는 행위유도성의 상당수는 종이책에 이미 담겨 있던 것들이다. 코덱스는 저장 및 인출 메커니즘이다. 디지털 기기는 방대한 양의 책을 저장하고 인출할 수 있다. 책은 색인이 매겨지고 번역될 수 있으며 자료 조사를 돕기 위해 용어 색인을 만들 수도 있다. 디지털 책에서는 이런 작업이 훨씬 수월해지는데, 이는 텍스트가

이미 데이터이기 때문이다. 책은 주석을 이용하여 독자를 책
바깥의 출처와 텍스트 간 참고 자료로 인도함으로써 텍스트의
그물망이 집필에 이바지했음을 넌지시 알린다. 이와 마찬가지
로 디지털 하이퍼링크는 우리를 그 출처들로 직접 데려갈 수 있
다. 3장에서 보았듯 물리적 책과 디지털 책은 둘 다 독자 참여
형 다중 매체적 경험일 수 있다. 쌍방향성의 구체적 경험은 기
기마다 사람마다 다를 수 있지만.

  디지털 책의 가능성을 위한 토대를 놓았으리라 생각되는
최초의 디지털 독서 기기는 컴퓨터 초창기인 1945년에 버니바
부시 과학연구개발국장이 창안했다. 부시는 제2차 세계 대전
기간에 군을 위해 핵무기 개발을 도왔는데, 전쟁 뒤에는 파괴
보다는 연결에 이바지하는 더 선한 역할을 맡고 싶었다. 즐겨
인용되는 부시의 에세이 「생각하는 대로」에서 묘사된 미멕스
(Memex)는, 결코 제작되지는 않았지만 대규모의 자료를 인출
하고 상호 참조하는 연구 장비의 상을 제시했다. 연구자의 참조
네트워크를 통해 학술 성과들을 연결한다는 그의 바람은 구글
북스 계획의 선례였으며 우리가 북마크 히스토리와 텍스트 메
타데이터에 의존하는 것 또한 그의 구상에서 비롯했다.

  미멕스가 실제로 구현되었다면 책상에 후방 영사 스크린
이 달리고 그 위에서 연구자가 마이크로필름에 저장된 책이나
잡지, 사진, 기타 매체를 열람하는 방식이었을 것이다(그림 32
참고). 받아쓰기를 하는 전자 '슈퍼비서'와 해당 분야의 데이터
수집을 지원하는 초소형 키메라 내장 안경도 제공되었을 것이
다. 부시는 1945년에 이미 정보 포화의 도래를 예견했다. "연구

가 엄청나게 쌓이고 있다. … 연구자는 수많은 연구자들의 발견
과 결론에 압도당하고 있다. 발표되는 결론들을 기억하는 것은
고사하고 이해할 시간마저 부족하다."[13] 미멕스를 이용하면 연
구자들은 오늘날 우리에게 친숙한 메타데이터처럼 키워드를 입
력하여 항목을 연관성에 따라 연결할 수 있다. 이렇게 연결망
이 만들어지면 어떤 도서관이나 목록보다 유용하리라는 것이
부시의 생각이었다. 데이터를 지능적으로 정리하고 심지어 연
구자가 화면상에서 주석을 달 수도 있기 때문이다. 미멕스는 결
코 구현되지 않았지만, 디지털 검색 도구가 카드 목록을 대체한
뒤로 책 항목에 메타데이터를 붙이는 방식은 도서관학의 핵심
요소가 되었다. 그뿐 아니라 이제 연구자 개개인은 개인용 컴퓨
터에서 수많은 정보 취합·분류 도구를 이용하여 스스로 정의
한 키워드를 통해 정보를 정리할 수도 있다.

　　부시의 상상은 인터넷의 초기 모습을 예견한 것으로 즐겨
인용되지만, 그가 이를 위해 선택한 인터페이스— 책 여러 권을
한꺼번에 볼 수 있도록 펼쳐놓은 학자의 책상—는 의미심장하
다. 미멕스가 오늘날 전자책 단말기보다 좀 더 거추장스럽기는
하지만, 사진 재현을 통한 책의 재매체화로서의 미멕스는 오늘
날 책 스캔 사업의 전신이자, 컴퓨터의 그래픽 사용자 인터페이
스에 대한 비유로 주로—당분간은—쓰이는 데스크톱(책상)의
원조다. 르네상스 시대에 학자들은 여러 텍스트를 한꺼번에 볼
수 있도록 회전식 독서대와 원탁 모양 책상을 서재에 주문했는
데(이는 비망록을 곁에 두기 위한 방법이었다), 이런 취향은 그
뒤로도 별로 달라지지 않았다. 이런 회전판은 6세기 중국에서

[그림 32] 버니바 부시의 미멕스를 앨프리드 D. 크리미가 《라이프》(1945)에 그린 상상도. Joan Adria D'Amico의 허락하에 수록.

유래한 것으로 알려져 있다. 사찰에서 불경을 대조할 때 이용했다고 한다.14 책을 여러 권 읽기 위한 인터페이스의 수요가 증가하자 아고스티노 라멜리라는 기발한 발명가는 기울어진 선반에 펼친 코덱스 열두 권을 놓을 수 있는 바퀴를 설계했다(실제로 제작되지는 않았을 테지만). 바퀴를 살살 돌리면 책들이 한 권씩 이용자의 눈앞에 오게 되어 있어서 의자에서 일어서거나 읽던 부분을 놓칠 염려가 없었다(그림 33 참고). 디지털 매체가 등장하면서 독자가 한꺼번에 접할 수 있는 책의 수도 늘었는데, 이 책들을 나르는 것은 네트워크라는 회전 바퀴다.

프로젝트 구텐베르크(전자 텍스트와 전자책)

디지털 온라인 도서관을 만들려는 첫 시도는 1971년 7월 4일에 있었다. 당시 학생이던 마이클 S. 하트(1947~2011)는 미국독립선언서를 타이핑했는데, 이 5킬로바이트 크기의 텍스트 파일을 일리노이 대학교 컴퓨터 네트워크의 이용자 100명 모두에게 보낼 작정이었다. 그랬다가는 이메일 시스템이 먹통이 될 거라는 말에 그는 파일이 저장된 서버의 디렉토리 주소를 대신 보냈으며 여섯 명이 파일을 내려받았다. 하트는 1억 달러어치에 해당하는 시간 동안 컴퓨터를 이용할 수 있는 허가를 받았는데—캠퍼스에 설치된 제록스 시그마 V(Xerox Sigma V) 메인프레임 컴퓨터의 운영 기사와 친분이 있던 점도 한몫했다—이 자원을 활용할 방법을 찾고 싶었다. 그는 컴퓨터의 진정한 가치가 정보 처리보다는 정보의 저장과 인출에 있다고 생각했다.15

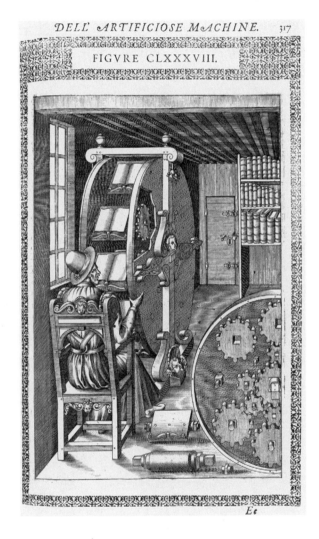

[그림 33] 이탈리아의 공학자 아고스티노 라멜리가 설계한 '바퀴 독서대'.
출처: *Le Diverse et Artificiose Machine del Capitano Agostino Ramelli*(Paris: In casa del'autore, 1588).

미국 건국의 바탕이 된 문서를 비롯한 퍼블릭 도메인 도서를 타이핑하면 도서관에 유익할 것이라고 판단한 것은 텍스트가 한 부만 있어도 전 세계 독자들이 동시에 공유할 수 있기 때문이다. 그는 책의 복제를 가능케 한 선구적 기술에 영감을 받아 자신의 사업에 '프로젝트 구텐베르크'(Project Gutenberg)라는 이름을 붙이고서 퍼블릭 도메인 문서를 (나중에는 자원봉사자들의 도움을 받아) 최대한 디지털화했다. 이 책을 쓰는 지금 프로젝트 구텐베르크는 "5만 4000종 이상의 무료 전자책"을 확보했는데,[16] 여기에는 "세계의 위대한 문학, 특히 저작권이 만료된 옛 작품"이 포함된다. 이는 이 책들이 인쇄 출판과 학술 연구에서 부여한 판단, 개입, 명성을 통해 '위대한' 문학의 지위를 얻었음을 상기시킨다. 한마디로 프로젝트 구텐베르크의 사명 선언은 이 책들이 지금은 디지털 형식을 갖추고 있지만 한때는 표지와 표지 사이에 자리 잡고 있었음을—이 중 상당수는 웹사이트에서 JPG 이미지로 미리 보기 할 수 있다—떠올리게 한다.

프로젝트 구텐베르크의 설립 취지는 책의 접근성을 최대한 높이려는 것이었기에 하트와 그의 협력자들은 이 전자 텍스트를 '일반 무서식(無書式) 아스키'(Plain Vanilla ASCII)로 공유하는 데 우선순위를 두었다. 서식을 없애야 책이 더 널리 보급되고 파일 저장도 수월할 터였기 때문이다.[17] 구텐베르크가 금속 활자를 사용하고 페이지의 규격에 관심을 기울인 것과 달리 프로젝트 구텐베르크의 철학은 텍스트를 (독자가 선택한 매체화 그릇에 다시 부을 수 있는) 액체로 여기며 종이책을 재현하고자 하는 독자들에게 전자 텍스트를 이용하여 그 밖의 형식들을 제작하라고 권한다. 하지만 책을 디지털화하려면 우선 페이지를 하나하나 스캔한 뒤에 **광학 문자 인식**(optical character recognition, OCR)을 통해 생성한 임시 텍스트를 검수하는 과정을 거친다.

프로젝트 구텐베르크는 텍스트를 최소한의 뼈대로 압축함으로써, 시간이 지남에 따라 소프트웨어와 하드웨어가 달라지더라도 이와 무관하게 검색과 색인화와 보관이 최대한 보장되도록 하고자 한다. 전자 텍스트를 '차기 킬러 앱'*으로 치켜세운 에세이에서 하트는 유동성이야말로 전자 텍스트가 종이책을 뛰어넘는 비결이라고 주장했다. "전자 텍스트는 결코 필요할 때마다 검사하지 않아도 되고 결코 다시 제본하지 않아도 되며 수레에 쌓여 있다가 엉뚱한 서가에 꽂히지 않아도 된다. 전자 텍스트의 페이지는 결코 사라지지 않으며(분실되거나 도난되는 일이 결코 없다) 전자 도서관은 결코 휴관하지 않는다."[18] 그가 내용을 형식보다 중시한다고 주장하는 사람이 있을지도 모르겠지만, 이 배포 형식이—같은 텍스트의 사본을 여러 서버에 동시에 저장하고 자원봉사자들이 텍스트를 적극적으로 교정하고 번역하고 추가 텍스트를 만들어내는 상황에서—장기적으로 커다란 잠재력을 가지고 있다는 점에서 그에게는 선견지명이 있었다. 프로젝트 구텐베르크 웹사이트는 자원봉사자가 녹음하거나 컴퓨터 '문자 음성 변환'(text-to-speech, TTS)으

---

[*] Killer App: 등장하자마자 경쟁상품을 몰아내고 시장을 완전히 재편하는 제품이나 서비스.

책은 매듭이다.

— 디터 로트,『작은 구름 246가지』

로 생성한 (접근성이 높은) 무료 오디오북과 전자책 선집이 담긴 크로스 플랫폼 CD 및 DVD 이미지를 내려받을 수 있도록 서비스 영역을 확대했다.

인터넷 아카이브

하트의 뒤를 이어 여러 중요한 디지털화 계획이 추진되었는데, 그 탄생 배경은 인터넷이 도서관의 미래를 보여주며 텍스트의 디지털화가 공공의 이익을 위한 수단이라는 생각이었다. 금세 사라지는 월드 와이드 웹 페이지들을 보관하려고 MIT 대학원생 브루스터 케일이 설립한 인터넷 아카이브(Internet Archive)는 책의 세계와는 동떨어진 것처럼 보일지도 모르겠다. 인터넷 아카이브는 '웨이백 머신'*— 색인화된 웹사이트의 이전 버전을 방문객에게 보여주는 인터페이스—으로 가장 잘 알려졌으며, 시간이 지나면서 영상, 음성, 텍스트, 소프트웨어, 잡지 등의 매체를 디지털 형식으로 미래에도 영구적으로 접할 수 있도록 보관하는 장소가 되었다. 이 사업의 설립자들은 불안정하고 경계가 불분명한 인터넷 자료를 보관하는 경험을 통해 책의 디지털화에 대해 참신한 시각을 얻었으며, (디지털이 모태임에도) 2005년에 후손을 위해 도서관 장서를 스캔하기 시작했다. 처음에는 마이크로소프트와 제휴했으나(마이크로소프트에서

[*] Wayback Machine: 본디 『로키와 불윙클 쇼』 애니메이션에 등장하는 타임머신으로, 이 책에서는 인터넷 아카이브가 만드는 디지털 타임 캡슐을 일컫는다.

는 고급 스캐너와 첫 3년간 데이터 저장 서비스를 제공했다) 출간된 모든 책의 스캔본을 보관한다는 목표를 내걸고 2008년에 디지털화 장비를 전 세계 공립·사립 도서관으로 확대했다.

이 사업은 단순히 모든 인쇄물을 집어삼켜 디지털화하는 것이 아니었다. 이들은 책에 접근할 때 신중을 기했다. 엔지니어 톰 매카티는 받침대와 카메라를 이용한 책 스캔 시스템 스크라이브(Scribe)를 설계했는데, 이 시스템은 이후 널리 보급되었다. 예전에는 책의 제본 부위를 절단하여 스캐너에 자동으로 급지했으나(아직도 시간 절약을 위해 일부에서는 이 방법을 쓴다) 새로운 방법은 코덱스를 보전할 수 있다. 이렇게 만든 JP2000 이미지는 PDF 및 검색 가능한 웹 지원 버전과 함께 웹사이트에 게시된다. 인터넷 아카이브 오픈 라이브러리(Open Library) 사업의 목표는 저작권이 만료된 작품뿐 아니라 지금껏 출간된 모든 책에 대해 웹 기반 검색 서비스를 (가능하다면 스캔을 포함하여) 제공하는 것이다. 오픈 라이브러리는 전 세계 1000여 곳의 도서관과 제휴하여 해당 도서관에서 소장한 저작권이 만료되지 않은 작품과 현재의 전자책을 후원자들이 대출할 수 있도록 인터넷 아카이브의 서비스를 확장했다.[19] 종이책의 경우와 마찬가지로 후원자 한 명은 전자책을 한 번에 한 권만 대출할 수 있어서, 저작권 침해는 일어나지 않는 반면에 독자들이 쉽게 접할 수 있는 텍스트의 수는 부쩍 늘었다.

인터넷 아카이브는 전 세계 28여 곳의 스캔 센터를 운영하고 있으며 도서관과 기타 기관은 명목상의 수수료만 내고서 소장 도서를 하루에 1000종씩 스캔하고 있다.[20] 이 책을 쓰는 지금 300만여 종의 책이 온라인에 보관되었다(전자 텍스트를 포함하면 1100만 종에 이른다). 2010년에 인터넷 아카이브는 데이지(Digital Accessible Information System, DAISY)로 디지털화한 100만여 건의 문서를 공개했다. 데이지는 종이책을 읽는 데장애가 있는 독자들이 텍스트를 들을 뿐 아니라 북마크, 검색, 재생 제어를 할 수 있도록 해주는 특수 형식이다. 인터넷 아카이브는 스캔되는 책을 훼손하지 않는 것에 중점을 두었을 뿐아니라, 수많은 책을 다뤄야 하고 저작권 문제도 있었기에 2011년에 책을 물리적으로 보관하는 깜짝 조치를 단행한다. 도서관이 종이책을 돌려받고 싶어 하지 않거나 수요가 없어서 관외에보관하는 것을 알고서, 또한 스캔된 책의 실물을 소장하면 디지털 사본을 공유할 수 있다는 사실을 깨닫고서 인터넷 아카이브는 (케일 말마따나) "인터넷 아카이브의 실물 아카이브" 사업을 벌였다. 이들은 냉난방이 되는 12미터짜리 컨테이너를 캘리포니아주 리치먼드에 설치하고서 디지털 아카이브에 해당하는 책, 음반, 영화를 보관했다.[21]

　　이것은 전혀 다른 종류의 웨이백 머신이 될 것이다. 이 사업은 스발바르 국제 종자 저장고를 본보기로 삼았다. 스발바르저장고는 자연재해나 인재가 일어났을 때 작물 다양성을 보장하기 위해 노르웨이 제도의 영구 동토층에 벙커를 짓고 전 세계 작물의 씨앗을 보관하는 곳이다. 상호 참조용 사본을 디지털판과 함께 제공하고, 도서관에서 디지털화로 인해 폐기되는장서를 구하고, 디지털 사본이 저장된 (3~5년마다 교체해야 하는) 하드 디스크보다 수명이 긴 이 자료들을 오랫동안 안정적

으로 보관한다는 인터넷 아카이브의 포부도 그에 못지않게 거
창하다. 인터넷 아카이브는 만전을 기하기 위해 비블리오테카
알렉산드리나(2002년에 대중에 개방된 이집트의 현대판 알렉
산드리아 도서관)에 백업을 보관한다. 2016년 선거 이후로 미
국 내 인터넷의 안정성과 개방성에 대한 우려가 커지자 케일은
2017년에 캐나다에도 백업 센터를 마련하기 위해 기금을 마련
하겠다고 발표했다.22

   인터넷 아카이브는 책을 널리 보급한다는 사명에 충실하
고자 2002년에 이동 도서관을 설립했는데, 이곳은 도서관이 없
는 지역에 책을 실어 나르는 것이 아니라 노트북과 위성 인터
넷, 컬러(레이저 및 잉크젯) 프린터, 제본기, 작두 재단기를 제공
하여 독자들이 퍼블릭 도메인 책을 무료로 인쇄·제본할 수 있
도록 했다.23 이동 도서관이 멘로파크에서 워싱턴까지 이동한
것은 '엘드레드 대 애슈크로프트'(2003) 재판의 대법원 판결에
대한 인식을 제고하기 위해서였다. 이 재판은 1998년 '소니 보
노 저작권 보호 기간 연장법'(CTEA)의 합헌 여부를 판단할 예
정이었다. 이 판결로 CTEA가 합헌화되고 많은 작품이 퍼블릭
도메인에 속하지 못하게 되었으나, 이동 도서관 사업은 도서관
과 공립 학교에서 240쪽짜리 책을 약 1.5~2달러의 재료비만으
로 인쇄하는 DIY 제본 프로그램을 성공적으로 시범 운영했다.
또한 주문형 인쇄(print-on-demand, POD) 출판와 에스프레소
북 머신(Espresso Book Machine)이 탄생할 길을 닦았다. 페이퍼
백 인쇄기, 제본기, 판매기를 겸한 이 기계는 2007년에 출시되
었으며 미국과 전 세계의 엄선된 서점 및 도서관에 비치되었다.

구글 북스

이 맥락에서 대규모 책 스캔 사업을 하나 더 언급하지 않을 수 없다. 우리 시대 최대의 기업 중 하나인 구글에서 진행하는 사업이기 때문이다. 2004년 프랑크푸르트 도서전에서(550년 전 구텐베르크의 1282쪽 성서가 이곳에서 데뷔했다) 구글은 책 내용을 검색 결과에 추가하는 '구글 프린트' 사업을 발표했다. 주요 출판사와 협력하여 독자에게 책의 미리 보기를 제공한다는 계획이었는데, 출판사와 저자의 권리를 보호하기 위해 페이지 제한을 두고 복제 방지 조치를 취하기로 했다. 독자는 책을 찾고 검색 결과와 관련된 쪽글(snippet)을 볼 수 있으며, 책을 구입하거나 인근 도서관에서 대출할 수 있는 링크가 제공될 터였다. 이 사업은 구글 말마따나 "전 세계 정보를 체계화하여 누구나 접하고 이용할 수 있도록" 한다는 원대한 취지의 일환인 듯했다.[24] 2007년에 제프리 투빈은《뉴요커》기사에서 전 세계의 책, 또는 적어도 월드캣* 데이터베이스에 등록된 3200만 종을 스캔하려면 약 8억 달러의 비용이 들 것이라고 추정했는데, 이를 감당할 수 있는 기관은 거의 없었다.

얼마 안 가서 구글은 스캔 사업을 '구글 프린트 도서관 프로젝트'로 확장하여 하버드, 뉴욕 공립 도서관, 옥스퍼드, 스탠퍼드, 미시간 대학교의 장서 1500만여 권을 확보하기로 했다. 이는 퍼블릭 도메인 작품과 보관 자료의 디지털 배포에 중요하

[*] WorldCat: 온라인 컴퓨터 도서관 센터 글로벌 협동조합에 참가한 170개 국가와 지역의 7만 2000개 도서관의 소장 도서에 대한 종합 도서 목록.

새로운 읽기 방식이 등장하면 책은 한물가는 것이
아니라 변화하고 새로운 형태와 독자층을 발전시킬
것이다. 계속해서 특정한 종류의—특히 책으로
제본되었을 때의 물성과 가능성에 관계된— 독서
수요와 독서 욕구에 부응할 것이다.

— 제시카 프레스먼, 「21세기 문학에서 애서의 미학」

게 기여할 터였다. 구글은 2002년 이후로 미시간 대학교와 협력하고 있었는데, 이것은 공동 창업자 래리 페이지의 모교에 선물로 시작한 사업이었다. 도서관 프로젝트는 협력 기관에 무료로 제공되며 도서관들은 전체 장서의 전자책을 확보하게 될 예정이었다. 이 사업은 2005년에 구글 북스가 되었으며, 저작권이 만료된 책과 만료되지 않은 책 2500만여 권을 디지털화하여 보관했다.25 퍼블릭 도메인 작품은 대상 도서의 약 7퍼센트에 불과하므로 저작권으로 보호받는 (또한 소장 권수가 적은) 작품이 중요하게 부각되었다. 이 책들의 디지털화를 좌우한 것은 이른바 파트너 프로그램을 통한 출판사들의 협조 여부였다. 독자는 구글 북스 인터페이스를 이용하여 책을 가상 '책꽂이'에 저장하고 발췌문을 공유하고 퍼블릭 도메인 작품의 이퍼브(EPUB) 및 피디에프(PDF) 파일을 내려받을 수 있었다.

구글 북스는 2004년에 출범했지만 구글의 자기서사에 따르면 디지털 책의 구상은 회사 창립 시기로 거슬러 올라간다. 1996년에 아직 스탠퍼드 대학교의 대학원생이던 공동 창업자 래리 페이지와 세르게이 브린은 백러브(BackRub)라는 웹 크롤러*를 개발했는데, 이것은 책들의 연관성을 분석하여 독자들이 연구에 가장 알맞은 자료를 찾을 수 있도록 하기 위해서였다. 이 크롤러는 '스탠퍼드 디지털 도서관 기술 프로젝트'의 일환으로, 구글의 페이지랭크(페이지를 선별하는 이 기술은 훗

[*] web crawler: 검색 엔진을 운영하는 사이트에서 웹상의 다양한 정보를 자동으로 검색하고 색인하기 위해 사용하는 소프트웨어.

날 구글 검색에 이용되었다) 알고리즘의 토대가 되었다. 구글은 2002년에 '프로젝트 오션'이라는 코드명으로 책 스캔 연구를 시작했는데,[26] 프로젝트 구텐베르크와 인터넷 아카이브 같은 대규모 디지털화 계획에서 어느 정도 영감을 받은 것이었다. 구글이 스캔 기술을 오픈 소스로 공개하고 의회도서관 '세계디지털도서관' 사업─전 세계 다국어 일차 자료를 스캔하여 무료로 온라인에 공개한다─에 300만 달러를 기부하는 등, 디지털화 시장을 독차지하려 들지 않고 다른 사업자들을 지원한 것은 인정할 만하다.

구글의 책 스캔 과정은 마이클 S. 하트가 미국독립선언서를 한 번에 한 자씩 단말기에 타이핑한 것과도, 인터넷 아카이브 자원봉사자들이 스크라이브 카메라로 책을 한 페이지 한 페이지 꼼꼼히 촬영한 것과도 사뭇 다르다. 프로젝트 오션은 2002년 출범 당시에는 수작업으로 진행되었는데 래리 페이지와 머리사 메이어(구글의 도서 담당 부사장)는 300쪽짜리 책을 한 장 한 장 넘기는 데 걸리는 시간을 측정하고는 스캔 기술을 개선하여 40분을 더 현실적인 시간으로 줄여야겠다고 판단했다.[27] 2015년이 되자 이 수치는 시간당 6000쪽으로 부쩍 늘었다. 이것은 전동 받침대, 카메라 넉 대, 발 페달 스위치, 페이지 곡률을 보정하는 소프트웨어를 이용한 구글의 독점 기술 덕이다. 구글의 일반인용 스캔은 대부분 텍스트 자체에 중점을 두기에 파일 크기를 줄이고 OCR를 최적화하려고 흑백 이미지로 압축한다. 또한 오른쪽 아래에 직접 스캔한 경우 '구글에서 디지털화했음'(Digitized by Google), 파트너 프로그램에서 작업

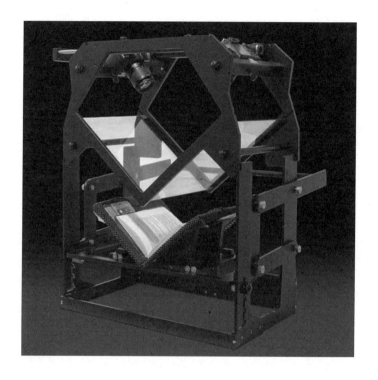

[그림 34] 스크라이브 스캐너. 스크라이브 스캐너는 코덱스 형태의 책 스캔에 최적화되어 있으며, 인터넷 아카이브는 전 세계 도서관과 연계한 스크라이브 시스템을 운영한다. 책을 손상시키지 않고 디지털화할 수 있다는 것이 최대 장점이다. 출처: Internet Archive Blogs.

한 경우 '저작권 보호 자료'(Copyrighted material)라는 문구가
워터마크로 표시된다. 공교롭게도 '워터마크'라는 용어 자체는
본디 종이 제작의 디자인 요소로, 페이지를 조명에 갖다 대면
제조사가 나타나는 기법이다.

　구글의 스캔 공정은 첨단 기술을 동원하기는 했지만 전자
동은 아니다. 위탁받은 도서관 장서의 형태, 크기, 보관 상태가
제각각이어서 다룰 때 신중을 기해야 한다. 구글에서 스캔한
책 중에는 옥스퍼드 보들리 도서관의 재단되지 않은 서적(스캔
하려면 접지를 째야 한다)과 시간과 권한이 있는 소수의 학자
만 이용할 수 있는 희귀본도 있다. 스캔할 때 책에서 손을 완전
히 뗄 수 없기 때문에, 미술가 앤드루 노먼 윌슨이 2008년에 발
견했듯 페이지에는 손자국이 남는다. 그는 구글의 의뢰로 다큐
멘터리를 제작하고 있었는데, 마운틴뷰 사옥의 일부 직원들이
나머지 직원들로부터 격리되어 있음을 알아차렸다. 그들은 통
근용 무료 셔틀버스, 구내식당과 자전거와 마사지 이용 같은 직
원 혜택을 전혀 받지 못한 채 건물 한 곳에 처박혀 일하다가 매
일 오후 2시 15분에 일제히 퇴근했다. 대부분 유색 인종인 이
직원들이 처한 카스트 제도에 호기심이 생긴 윌슨은 오귀스트
뤼미에르와 루이 뤼미에르 형제의 첫 영화 「리옹의 뤼미에르
공장을 나서는 노동자들」에 오마주를 바치는 의미에서 직원들
의 퇴근 장면을 촬영하고 인터뷰를 시도했다. 그는 이 일로 해
고되었지만 2011년에 「구글플렉스를 나서는 노동자들」이라는
영화를 개봉했으며 구글의 책에서 발견된 이미지들을 공개했
다. 이 이미지에는 보이지 않는 인간 스캐너들의 손이나 손가락

이 들어 있었는데, 이는 육체노동과 디지털의 관계를 일깨운다. 많은 미술가들이 비슷한 실수를 폭로하여 스캔 과정에 관객의 눈길을 돌리며, 이를 통해 텍스트가 우리의 디스플레이에 표시되는 것과 달리 유동적 픽셀이 아니라 물리적 사물의, 속속들이 매개된 이미지임을 독자에게 상기시켰다.

미국맹인재단과 마찬가지로 구글의 스캔 사업은 극심한 저항을 맞닥뜨렸다. 전미작가협회와 여러 주요 출판사(이들은 모두 구글 북스 프로젝트의 협력사다)는 2005년에 저작권 침해 소송을 제기했다. 이들은 구글이 퍼블릭 도메인 작품을 스캔하거나 저작권 보호 종이책의 판매를 지원하는 것에는 전혀 분노하지 않았으나, 저작권이 살아 있지만 절판된 수많은 작품을 스캔하는 도서관 프로젝트가 불법이며 이 책들에 대해 구글이 사용료를 내야 한다고 주장했다. 구글은 디지털화가 텍스트의 출처를 변형하고 독자들에게 검색 서비스를 제공하되 통째로 읽지는 못하게 한다는 점에서 공정 이용에 해당한다고 항변했으나 상황은 그렇게 간단하지 않다. 이 변형은 저자가 인용 출처를 언급하거나 디제이가 샘플들을 짜맞춰 트랙을 만드는 것처럼 텍스트 수준에서 이루어지는 것이 아니라 코드 수준에서 이루어지기 때문이다. 지루한 소송이 이어지다 2015년에 제2순회항소법원은 저작권이 살아 있으나 절판된 작품, 이른바 '고아책'(orphan book)의 쪽글을 이용하는 것이 합법적이라고 결정했다. 피에르 르발 판사(1990년 공정 이용 원칙을 정립하는 데 핵심적 역할을 한 인물)는 이렇게 판결했다. "구글이 저작권 보호 작품을 승인 없이 디지털화하고 검색 기능을 제작하고 그 작품의 쪽글을 표시한 것은 저작권을 침해하지 않는 공정 이용에 해당한다. 복제의 목적은 고도로 변형적이고 텍스트의 공중 전시는 제한적이며 공개는 원본의 보호되는 측면에 대해 유의미한 시장 대체물을 제공하지 않는다."[28]

프로젝트 구텐베르크, 인터넷 아카이브, 구글 북스의 세 가지 사업은 자신들의 대규모 디지털화 작업을 공공선으로 여기지만 책 자체에 접근하는 태도는 사뭇 다르다. 프로젝트 구텐베르크가 퍼블릭 도메인 작품을 아스키 텍스트로 변환하는 데 치중하는 것은 텍스트의 이전 물성을 무시한 채 접근성과 유연성을 최대한 높이기 위한 것이다. 이는 구글도 마찬가지다. 한편 구글은 색인, 검색, 접근성을 강조한다. 텍스트의 이미지를 축소된 크기의 파일로 제공하는 것은 책이 사물임을 상기시키면서도 책의 세부 사항을 간과하는 셈이다. 구글 책 스캔 사업의 궁극적 목표는 자기네 검색 엔진을 더욱 보강하는 것이다. 인터넷 아카이브에는 두 가지 성격이 다 있다. 책을 사물로 보아 고해상도 컬러 스캔을 제공하여 페이지 표면의 뉘앙스를 드러내고 접지 이미지와 난외주를 포함하여 책을 최대한 그대로 재현하지만 저마다 다른 독자들의 필요에 부응하여 책 하나하나를 다양한 디지털 포맷으로 제공한다. 내려받기나 온라인 이용을 위해서는 고해상도 스캔을, 전자책 단말기로 읽는 독자를 위해서는 이퍼브를, 시각 장애인을 위해서는 '말하는 책' 형식을 채택함으로써 디지털 공공 도서관의 역할을 자임한다. 심지어 구글 북스[29]의 책을 내려받아 인터넷 아카이브 사이트에 올리는 슈퍼유저들의 도움을 받아 120만 권 이상을 입수하기도

했다(구글의 면책 조항에서는 이런 행위를 만류한다).[30]

전자책 단말기

이렇게 스캔되고 디지털화된 책과 대형 출판사에서 내놓은 전자책은 종이책의 재매체화로, PDF, EPUB, MOBI, TXT, HTML, 애플 독점의 iBAC 등 포맷에 따라 다양한 기기에서 읽을 수 있다. 화면에서 읽는 디지털 콘텐츠에 '전자책'이라는 용어를 쓰면 내용과 형식의 경계가 불분명해진다. 우리가 '책'이라는 단어로 구체적 사물과 일반적 아이디어를 둘 다 일컬으면 하나가 다른 하나에 포함될 수 있는 것과 마찬가지다. 하지만 이런 디지털 책이 있다는 사실만으로, 즉 어떤 크리스털 잔에든 내용을 부을 수 있다는 바로 그 이유로 1990년대와 2000년대에 전자책 단말기(책 읽기만을 위해 설계된 전용 기기)가 탄생했다. 마이크로프로세싱, 솔리드 스테이트 드라이브(solid state drive, SSD), 전자 잉크(E Ink) 등의 기술 혁신 덕에 텍스트뿐 아니라 오디오, 비디오, 경우에 따라서는 대화형 애니메이션까지 저장할 수 있는 대용량의 휴대용 컴퓨터가 개발되었다. 이런 기기에 대한 구상은 밥 브라운의 레디나 버니바 부시의 미멕스까지 거슬러 올라가지만, 이 두 가지 초창기 디자인에서 상상한 기계는 책의 애초 목적인 휴대성이 결여된 고정식 장치였다. 2007년에 출시된 아마존 킨들이 전자책 전용 단말기로 최고의 인기를 누리는 것은 고해상도의 전자 잉크 화면이 장착된 페이퍼백만한 기기 하나에 책 수천 권을 저장할 수 있어서 도서관 한 채를 가지고 다니는 셈이기 때문이다.

휴대용 디지털 독서 기기라는 발상은 현대의 기기들보다 먼저 생겨났다. 그중 최초는 갈리시아의 교사 앙헬라 루이스 로블레스가 1949년에 특허를 받은, 전기와 압축 공기를 이용하여 조명이 달린 독자 참여형 페이지를 만들어내는 기계 책이다. 이 계획은 실현되지 않았지만, 로블레스는 자신의 발상을 계속 발전시켜 1962년에 그 후신인 '엔시클로페디아 메카니카'(Enciclopedia Mecnica, 기계 백과사전) 시제품을 제작하고 특허를 받았다. 이 제품은 학생들이 가지고 다녀야 하는 교과서의 수를 줄이기 위한 것이었다.[31] 1985년에 텍사스 인스트루먼트에서는 미국 국방부의 의뢰로 개발한 기기에 대해 특허를 출원했는데, 휴대용 전자식 정비 설명서가 서류 가방 안에 들어 있었다. 두 기기 다 지금의 전자책 단말기와는 닮지 않았다. 이런 기기가 인기를 얻으려면 손으로 들 수 있는 크기여야 하는데 그보다는 훨씬 컸기 때문이다.

대량 생산된 최초의 전자책 단말기는 설형문자 점토판처럼 매우 작았다. 프랭클린 일렉트로닉스는 1985년에 소형 디지털 철자 검사기를 내놓은 회사인데, 1989년에 북맨(Bookman)이라는 포켓형 기기에 성서를 담아 출시했다. 작은 긴네모 화면에는 텍스트가 한 번에 세 줄씩 표시되었으며 독자는 쿼티(QWERTY) 키보드와 화살표로 페이지를 이동했다. 기기 뒤에 있는 카트리지 슬롯을 이용하여 책을 교체할 수도 있었기에 휴

Maybe why I am so drawn to hybrid/digital. My father patented that name ~ 1988.

내가 좋아해/디지털 하이브리드에 끌리는 이유가 이것인지도 모르겠다. 'Bookman'은 아버지가 1988년에 등록한 상표다.

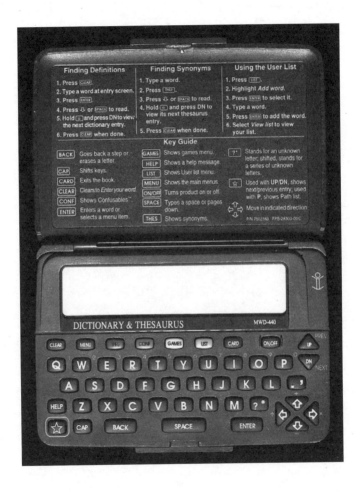

[그림 35] 초기 전자책 단말기인 프랭클린 북맨 사진 및 유의어 사전.
저자의 소장품.

책은 단순히 독자와 저자 사이에서 정신과 정신을
중개하는 것이 아니다. 연이어 또는 동시에 독자의
몸들 사이에서─심지어 책을 가지고 있는 사람과
그의 시선 앞에서 또는 그의 시신 위에서 페이지를
넘기는 사람 사이에서─관계를 중개(또는 완충)
하기도 한다.

── 리어 프라이스,
  『빅토리아 시대 영국에서 책으로 할 수 있는 일들』

대용 도서관으로 손색이 없었다(그림 35 참고). 소니가 그 뒤를
이어 1990년에 데이터 디스크맨(Data Discman)을 발표했다. 피
디에이*를 닮은 이 독서 기기는 학생을 겨냥했지만 당시에는
가격이 비싸서 널리 보급되지 못했다. 1996년에 등장한 팜 파일
럿(Palm Pilot)은 텍스트를 읽는 범용 디지털 기기를 유행시키
면서 스마트폰 시대를 열었다.

   이 초창기 기기들은 화면이 작고 해상도가 낮았으며 디자
인이 소박했다. 납작한 회색 케이스는 당시의 노트북과 계산기
를 연상시켰다. 하지만 물리적 형태를 독자의 손에 맞춘 전자
책 단말기도 몇 가지 있었다. 이 제품들은 코덱스의 발전에 핵
심적이었던 타이포그래피와 페이지 디자인을 무시했다는 점에
서는 여느 전자책 단말기와 같았지만, 자신의 물성을 활용하여
이전의 행위유도성을 되살리고자 했다. 1992년에 이탈리아의
건축학도 프란코 크루뇰라와 이사벨라 리가몬티는 인치피트
(Incipit)라는 플로피 디스크 전자책 단말기의 시제품을 제작했
다. 이것은 두루마리를 양손에 펼쳐 든 모양으로, 두꺼운 곡면
이 페이퍼백 크기의 화면을 감싸고 있었다. 독자의 엄지손가락
자리에 위치한 단추를 누르면 페이지를 넘길 수 있었으며 화면
아래의 키보드에는 숫자 단추와 재생 키가 달려 있었다.[32] 누보
미디어의 로켓 이북(Rocket eBook)과 소프트북 프레스의 소프
트북(SoftBook)은 1998년에 출시되었으며 물리적 책을 흉내 낸

---

[*] PDA: 들고 다니는 개인 단말기로, 작고 가벼우며 컴퓨터와 인터넷, 휴대
전화 따위의 기능을 가지고 있다.

최초의 전용 전자책 단말기로 꼽히는데, 둘 다 좌우 비대칭 디자인으로 유명하다. 긴네모꼴에 좌우 중 한쪽이 두껍고 둥글어서 마치 페이퍼백의 앞표지를 젖힌 채 손에 들었을 때의 책등 모양을 연상시킨다. 소프트북은 심지어 부드러운 가죽 덮개로 기기를 켜고 끌 수 있었다. "소프트북은 여느 책과 똑같이 가죽 표지를 넘겨 바로 읽을 수 있습니다."[33] 이런 모방은 화면에 페이지를 하나만 보여줄 수 있는 전자책 단말기의 한계를 넘어서려는 시도였다. 이러한 전자책 화면은 코덱스의 '공간들의 순차' 또는 펼침면과 비교되는 근본적 차이였다. 전자책 단말기의 디자인에서는 매 페이지가 렉토가 되어(왼손으로도 오른손으로도 들 수 있는 로켓의 경우는 베르소일 수도 있다) 감추고 싶은 인터페이스가 노골적으로 두드러진다. 페이퍼백의 표지를 이런 식으로 뒤로 넘기면 페이지를 넘길 때마다 두꺼운 책등을 이 손에서 저 손으로 옮기거나, 책을 활짝 펼쳐 베르소를 읽고 나서 표지를 다시 넘길 것이다.

이런 행위유도성은 친숙할 뿐 아니라 요긴하다. 표지를 뒤로 넘기면 페이퍼백을 한 손으로 쥐고 균형을 잡기 편한데, 이것은 종이책 독자와 전자책 독자 할 것 없이 이동 중에 책을 읽을 때 특히 중요한 특징이다. 다음 세대의 전자책 단말기에서는 이 인체 공학적 디자인이 사라졌지만 아마존은 2016년에 출시한 킨들 오아시스(Kindle Oasis)에서 이를 되살렸다. 케이스는 왼쪽이 약간 두껍고 로켓처럼 단추가 앞쪽에 있어서 (화면을 두드리지 않고도) 엄지손가락으로 페이지를 넘길 수 있다. 이 제품은 가속도계를 탑재하여 방향에 따라 페이지가 회전하기

[그림 36] 로켓이북과 소프트북, 초창기 전자책 단말기인 로켓이북(위)과 소프트북(아래). 두 기기 모두 왼쪽을 다소 두껍게 디자인해 페이퍼백을 한 손에 말아쥐는 듯한 감각을 선사했다. 소프트북은 가죽으로 된 덮개까지 있어 표지가 있는 종이책에 더 가깝게 디자인되었다.
로켓이북 출처: teleread.org. 소프트북 출처: chozadigital.com.

때문에, 가상의 책등을 양손 어느 쪽으로도 들 수 있다. 이것은 독자에게 또한 디지털의 행위유도성에 적응하여 디자인이 개선된 사례다.

1990년대 후반과 2000년대 초에 많은 전자책 단말기가 등장했지만 킨들 이전에는 그 어느 것도 도서 시장에 이렇다 할 영향을 끼치지 못했다(그림 37 참고). 킨들은 6인치 텍스트용 전자 잉크 화면에 스크롤 및 페이지 넘김 단추, 텍스트 입력 기능을 갖춘 경량 태블릿으로, 2007년 출시되어 여섯 시간 만에 매진되었다. 킨들은 아마존에서 판매하는 수많은 전자책을 읽을 수 있다는 장점이 있었지만, 독점적 디지털 권리 관리(digital rights management, DRM) 시스템 때문에 기기 간에 전자책을 옮길 수 없다는 중요한 단점도 있었다. 애플 아이폰도 2007년에 출시되었는데, 이로써 대중을 겨냥한 휴대용 터치스크린 컴퓨터가 시장에 등장했다. 2년 뒤에 출시된 아이패드는 전자책 단말기의 두 배 크기에 다양한 포맷의 책을 담을 수 있는 컬러 태블릿의 표준을 세웠다. 킨들, 코보(Kobo), 누크(Nook)를 비롯한 전자책 서점들은 잇따라 iOS 앱을 발표했는데, 이는 독자를 붙들어두면서도 애플 기기를 이용하여 내용과 상품으로서의 책, 소비자로서의 독자를 보강하기 위한 것이었다(그림 37 참고). 컬러 터치스크린을 갖춘 킨들 파이어(Kindle Fire, 2011)를 내놓으면서 아마존은 애플과 본격적으로 경쟁하기 시작했다. 이제 독자들이 클라우드에 들어 있는 아마존의 모든 콘텐츠(책, 음악, 동영상)를 이용할 수 있게 되었기 때문이다. 지금까지 나온 전자책 단말기들은 와이파이 무선 인터넷을 탑재했으

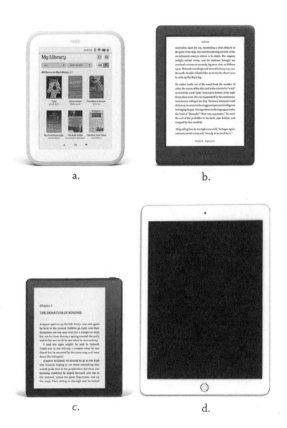

[그림 37]

[a] 반스앤노블 누크 글로라이트(Nook Glowlight), 165×127×10.7밀리미터,
   제작: 반스앤노블, https://www.barnesandnoble.com/h/nook/media-kits;

[b] 라쿠텐 코보 글로 HD(Kobo Glo HD), 157×115×9.2밀리미터, 제작: 라쿠텐 코보
   주식회사(courtesy Rakuten Kobo Inc.), http://news.kobo.com/media-library;

[c] 아마존 킨들 오아시스(Kindle Oasis), 143×122×3.4~8.5밀리미터, 제작: 아마존,
   http://phx.corporate-ir.net/phoenix.zhtml?c=176060&p=irol-imageproduct52;

[d] 애플 아이패드 프로(iPad Pro), 240×169.5×6.1밀리미터, 제공: Frmorrison (위키맥과
   영어판), https://commons.wikimedia.org/wiki/File:IPad_2017_tablet .jpg.

며 경우에 따라서는 아이패드와 경쟁하기 위해 3G와 블루투스를 포함하기도 했다.

전자책 단말기는 인쇄본 코덱스에서 발전한 요소들을 계속하여 재매체화하면서 성장하고 있다. 가볍고 가지고 다닐 수 있고 눈이 부시지 않은 흑백 전자 잉크 화면을 갖춘 전자책 단말기는 크기도 얇은 페이퍼백과 비슷하다. 대부분 형광펜과 메모 기능이 있고, 페이지 넘기기와 가상 북마크를 모방하며, 마지막으로 읽은 위치를 저장하는데, 이 기능이 필요한 것은 텍스트를 유동적인 것으로 취급하기에 기기와 글자 크기에 따라서 쪽 번호가 달라질 수 있기 때문이다. 오닉스 사의 북스(Boox) 제품군은 안드로이드 운영 체제를 기반으로 제작되었으며, 일반적 전자책 단말기에 음성 녹음과 스타일러스 펜 필기를 추가하여 디지털 미디어 고유의 행위유도성을 활용하고 종이책에 하는 것처럼 필기할 수 있다. 전자 잉크는 1990년대 후반 MIT에서 개발되었으며 전자책 단말기의 발전에 핵심적 역할을 했다. 내부 광원 없이도 텍스트를 표시할 수 있어서 종이와 비슷한 표면을 구현할 수 있기 때문이다. 전자 잉크 기술은 전하를 이용하여 화면 위 흑백 미립자를 재배열하는데, 에너지 효율적이고 대비가 큰 가독성 높은 텍스트를 표시할 수 있어서 이제는 업계 표준이 되었다.

전자 잉크 독서 기기의 디자인은 단추와 손잡이를 최소화하면서 점차 간소해졌는데, 이는 전자책 단말기가 텍스트 읽기의 인터페이스에 불과하다는 통념을 부각하고 디지털 탈육의 신화를 영속화한다. 전자책 단말기는 활자 크기와 서체를 바꾸고 어두운 곳에서는 화면을 밝힐 수 있으며 기기에 따라서는 내장 TTS 기능으로 책을 읽어주기도 한다. 이런 편의 기능은 종이책의 고정된 인터페이스와 다른 중요한 특징이며 디지털화가 아니었다면 불가능했을 것이다. 이런 기기는 책 수천 권을 담을 수 있을 뿐 아니라 충전 없이 몇 주를 버틸 수 있고 경우에 따라서는 욕조나 해변에서 읽을 수 있도록 방수 기능을 제공하기도 한다. 책을 사물이 아닌 내용으로 여기는 변화를 주도한 빅토리아 시대의 값싼 책들처럼 전자책 단말기도 디자인을 대부분 없앴으며 심지어 광고를 강제로 보게 만들어 독자의 호주머니를 털기도 한다.

전자책은 여전히 엄청난 인기를 누리고 있지만, 2016년 미국과 영국 모두에서 판매량이 감소했다.[34] 혹자는 이러한 부진을 '디지털 피로' 탓으로 돌리는가 하면 어떤 사람들은 아마존의 가격 정책이 페이퍼백, 견장정, 전자책의 선택에 영향을 미친다고 주장한다. 전자책의 인기는 여전하지만 미국에서는 2015년 한 해 동안 종이책 판매량이 3.3퍼센트 늘었다. 수치를 들여다보면 더 의미심장하다. 견장정은 5.4퍼센트, 페이퍼백은 4퍼센트, 아동용 보드북은 7.4퍼센트 성장했다. 운동 능력을 학습하고 발달시키는 데 이런 촉각적 사물이 유리하다는 사실을 부모들이 인식하고 있음이 분명하다.[35] 문고판, 시디와 카세트의 오디오북처럼 하락세에 있는 분야는 디지털 다운로드와 직접 경쟁해야 하는 신세다. 형식과 독립적이기에 물질적 경험 면에서 제공할 것이 별로 없기 때문이다.

책다움과 파라텍스트

하지만 전자책 시장은 대형 출판사의 전유물이 아니다. 자기출
판 작가들은 여러 전자책 서점에 작품을 올려 판매할 수 있으
며 수고에 비해 두둑한 대가를 거두는 경우도 많다. 아마존 덕
분에 누구나 작가가 될 수 있는 지금, 집의 컴퓨터에 있는 디지
털 파일과 '책'을 어떻게 구분할 것인가는 생각해볼 만한 문제
다. 컴퓨터의 문서를 이루는 텍스트는 내용으로 취급하여 화면
상에서 읽거나 이메일에 붙여 넣거나 게시판에 첨부하거나 인
쇄할 수 있다. 하지만 그런 텍스트는 과연 책일까? 앨리슨 놀스
의 『큰 책』과 알두스판이 포함되도록 정의를 넓혀도 대다수 사
람들은 컴퓨터 텍스트가 책이 아니라고 답할 것이다. 이런 까
닭에서인지도 모르겠지만, 스스로를 작가로 소개하는 사람을
만나면 대부분 처음 던지는 질문은 이것이다. "출판한 적이 있
나요?"

　출판, 즉 세상에 내놓는 행위는 책의 문화적 정의에서 핵
심적 요소다. 출판은 문화 자본을 상정할 수도 있다. 어떤 편집
주체가 이 작품의 인쇄 가치를 인정했다고 볼 수 있는 것이다.
청중을 상정할 수도 있다. 즉, 이 텍스트를 간절히 바라는 독자
들이 있는지도 모른다. 하지만 근본적 차원에서 출판이 상정하
는 것은 텍스트 바깥에 있는 많은 곁다리 요소들이다. 이것들
이 출판물을, 심지어 디지털 형식으로 출간되었어도 책으로 인
식하게 한다. 서적사가 제라르 주네의 신조어 **파라텍스트**(para-
text)는 표제지, 색인, 쪽표제, 표지를 비롯하여 우리가 책과 맞
닥뜨리는 방식에 영향을 미치는 주변 장치들을 일컫는다.[36] 앞

에서 보았듯 이 요소들은 책의 독자층이 수도원에서 대학으로
바뀌면서 책을 다르게, 기도나 예식을 위해서가 아니라 논쟁과
대화를 위해 이용해야 할 필요성에 부응하여 생겨났다.[37] 책 보
존 전문가이자 북아트 교육자 게리 프로스트는 이런 부속물이
야말로 "책을 책이게 하"는 참된 수단이라고 생각한다. 그것은
우리로 하여금 책을 책으로 보게 한다는 까닭에서다.[38] 이 텍
스트 바깥의 보조 수단들이 등장한 이유 중 하나가 독서 대중
의 요구 변화와 책 자체의 물성 변화임을 감안하면 현대의 책
도 지금의 쓰임새와 기대에 부응할 것이라고 보는 것이 이치에
맞는다.

　　이런 '파라텍스트'를 전자책 단말기에 적용할 수 있는 좋
은 예로 ISBN, 즉 국제표준도서번호(책의 판매와 유통에 쓰이
는 고유 번호)가 있다. 1966년 영국에서 유통 과정을 추적하려
고 개발한 ISBN은 책의 출간 국가, 발행인, 제목/판(같은 책이
라도 판이 달라지면 다른 ISBN을 부여받는다) 등의 정보가 담
긴 복잡한 부호다. 열 자릿수의 각 덩어리가(열 자리 부호가 동
나면서 2007년에 열세 자릿수 ISBN이 도입되었다) 각각의 정보
를 나타내며 마지막 숫자(숫자 10은 글자 'x'로 나타낸다)는 부
호가 유효한지 검사하는 역할을 한다.[39] ISBN은 1967년 미국
에 도입되었으나 채택이 지지부진하다가 1979년에야 정착했다.
1986년에 판독 가능한 바코드가 추가되면서 책의 추적이 간편
해지고 책의 얼굴(또는 등)이 영영 달라졌다. 기계로 읽을 수 있
는 유럽몰 품번호가 도입 이후에 얼마나 널리 보급되었던지 우
리는 이 바코드를 일종의 콜로폰으로 여긴다.

책에 실린 파라텍스트는 책 자체를 정의하며
그렇기에 실험들은 사소하지 않다고 주장할 수 있다.
지적 범위, 서사의 흐름, 성격 묘사, 문채, 플롯의
논리, 주술적 통찰을 비롯한 수많은 책다움의 성격이
아니라 파라텍스트적 관점이 책을 책이게 한다.

— 게리 프로스트, 『책의 미래: 전망』

ISBN은 어마어마하게 쏟아져 나오는 책을 관리하고 중앙 데이터베이스에 등록할 수 있도록 발전했으며, 도매상과 서점에서 책을 사고팔 수 있는 것은 이 덕분이다. 저자와 출판사는 이 데이터베이스에 들어가는 특권을 얻으려고 비용을 지불하는데, ISBN은 전 세계의 저마다 다른 기관에서 발행하며 비용도 제각각이다. 미국에서는 R. R. 보커*가 저자와 출판사에 ISBN 번호를 판매하는 독점권을 가지고 있으며 수량에 따라 가격을 매긴다. ISBN 한 개를 사려면 125달러이지만 열 개를 묶어 사면 295달러이며 1000개를 사면 개당 가격이 1.5달러까지 낮아진다. 이 방식은 해마다 수백 권을 찍어내는 대형 출판사에는 유리하지만 자신의 작품을 자기출판하려는 저자들에게는 걸림돌이 될 수도 있다. 대다수 서점과 도매상은 ISBN을 필요로 하고 보커는 자기네 부호가 '불멸의 서지(書誌)'를 부여한다고 홍보하지만[40] 아마존, 구글 플레이, 코보를 비롯한 전자책 서점은 ISBN을 쓰지 않는다. 이미 디지털로 유통을 추적하고 있기 때문이다. 2016년에는 전자책 판매량의 43퍼센트가 ISBN이 없는 책에서 발생했는데,[41] 이는 ISBN 시스템의 이점을 전혀 체감하지 못하는 자기출판 저자들의 수를 반영한다.

미술가 피오나 배너는 상품을 뜻하는 파라텍스트로서의 ISBN을 오랫동안 작품에 활용했다. 2009년에는 허리에 "ISBN 0-9548366-7-7"라는 문신을 새겨 자신을 '출판'하기도 했다.[42] 그녀는 「경사」(2009)라는 작품에서는 돌에 ISBN 번호를 새겼

---

[*] 도서 목록 자료의 출판을 전문으로 하는 회사.

고, 「2009년 여름」(2009)에서는 ISBN이 적힌 종이를 작업실 밖
에 두어 햇빛에 바래게 했으며, 「책 1/1」(2009) 연작에서는 은
박 판지에 ISBN을 인쇄하되 한 페이지짜리 책 65권의 반사면
에 각각 고유의 ISBN을 찍었다. 배너의 「책 1/1」은 관객이 스
스로를 매우 개인적인 유일무이한 작품으로 여기도록 함으로
써 ISBN과 책, 책과 독자가 일대일 관계를 맺고 있음을 암시한
다. 유일무이한 오브제와 일시적 행위예술의 이 연작은 실제
ISBN 번호를 썼으며 작가의 출판사 배니티 프레스에서 '출판'되
었다.[43] 고유 부호를 발행하자 저작권법과 영국 납본도서관법이
적용되었는데, 이에 따르면 출판사는 어떤 작품을 출판하든 한
달 이내에 영국도서관에 사본을 제출해야 한다. 배너는 납본
부서에서 요청한 사본을 줄 수 없어서 이 ISBN을 찍은 책을 제
작했다. 책에는 각 작품의 사진과 더불어 영국도서관과 주고받
은 편지를 실었다. 책의 제목은 'ISBN 978-1-907118-99-9'로 정
해졌다.

쌍방향성과 디지털 책

지금 이 순간은 활자의 첫 세기를 방불케 하는 과도기다. 구텐
베르크 시대에도 필사본이 명맥을 이어 갔듯 우리 시대의 책
은 페이퍼백, 오디오북, 이퍼브 다운로드, (드물긴 하지만) 대화
형 디지털 체험 등 여러 형식으로 공존한다. 전자책 중에는 단
순히 텍스트로만 이루어진 것도 있지만, 많은 저자와 미술가는
전자책이라는 매체를 이용하여 영화와 게임을 닮은 몰입형 독

서 경험을 만들어낸다. 이들의 작업은 이 기술이 열어젖힌 디지털 공간을 활용하는 한편 책의 정의를 확장하라고 요구한다. 이 작업들은 새로운 관점을 제시한다. 20년도 더 전에 문학 평론가 스벤 버커츠는 『구텐베르크 애가』에서 '깊이 읽기'의 상실을 애도했지만,[44] 이 관점은 깊이 읽기를 대체하는 것이 아니라 뚜렷하게 공간화되고 체화되어 스크린 표면 아래로 우리를 이끈다.

개인용 컴퓨터가 등장한 이래로 저자들은 다중 매체와 다중 순차성을 활용하는 디지털 환경에 맞춘 작품을 내놓았다. 초기 전자책 출판사는 종이책을 재매체화하는 것이 아니라 독자 참여형이고 다매체적이고 비선형적인 작품을 만들어냈다. 이를테면 보이저에서는 익스팬디드 북스를 발표했으며 이스트게이트 시스템스에서는 1987년에 하이퍼텍스트 저작 시스템 '스토리스페이스'를 마이클 조이스의 『오후 이야기』와 함께 출시했다. 웹이 떠오르면서, 하이퍼링크가 달린 웹사이트 형식의 전자 문학은 이 포스트모던적 구조를 사이버 공간으로 확장했으며 곧이어 어도비 플래시를 통해 애니메이션과 동영상 기반 대화형 작업이 가능해졌다. 이런 '전자 문학' 작품은 아티스트 북과 마찬가지로 코드와 인터페이스를 비롯한 형식적 구조를 내용의 일환으로 간주하여 질문을 던짐으로써 매체의 행위유도성을 활용한다.

킨들과 누크 같은 디지털 독서 인터페이스의 목표가 종이책용으로 쓴 텍스트를 디지털 그릇에 붓는 것이라면, 어떤 작가들은 동영상, 사운드, 애니메이션, 복잡한 레이아웃을 아우르는 스크린 기반 네트워크 장치의 행위유도성에 들어맞는 책을 개발한다. 전자책 단말기는 인식할 수 있는 파일의 종류가 제한적이고 이런 파일을 통한 쌍방향성에도 제약이 있기 때문에, 이 작가들은 태블릿을 직접 다루어 애플과 안드로이드용 앱 기반 책을 제작하며 태블릿 인터페이스의 물질적 은유를 활용하여 이를 작품에 접목한다. 이를테면 아이패드의 터치 인터페이스는 운영 체제에 내장된 특정 제스처(손짓)를 인식한다(두드리기, 두 번 두드리기, 누르기, 끌기, 튀기기, 밀기, 꼬집기, 누르고 있기, 흔들기, 여러 손가락 이용하기 등이 있다). 아이패드와 아이폰 이용자들은 이런 제스처에 친숙하기 때문에, 애플 개발자 규칙에서는 직관적 인터페이스와 편의성이라는 자사의 특색을 살리고자 제스처의 용도를 지정하고 별도의 매핑을 제한한다.[45] 우리는 『토끼 쓰다듬기』가 읽는 법과 만지는 법을 알려주던 출발점으로 돌아왔다. 또한 이런 디지털 책은 읽기의 촉각적 양상을 탐구함으로써 책 — 그 물리적 형식이 어떠하든 — 에 생명을 부여하는 독자의 역할을 전면에 내세운다.

이를테면 서맨사 고먼과 대니 카니차로의 노벨라 『엿보기』(텐더 클로스 제작, 2014)는 iOS의 행위유도성을 이용하여 터치로 서사를 이끌어가는 영화적 읽기 경험을 창조한다.[46] 이 책은 페이지에서 페이지로 이어지는 것이 아니라 장(章)마다 서로 다른 인지 공간에 우리를 빠뜨리며 동영상, 디지털 애니메이션, 사운드, 쌍방향성을 통합하여 아이패드의 제스처 기능을 서사에 접목함으로써 인간 정신의 내부 작동을 탐구한다. 주인공은 제1차 걸프전 참전 군인 제임스로, 그는 전쟁 경험에 시달

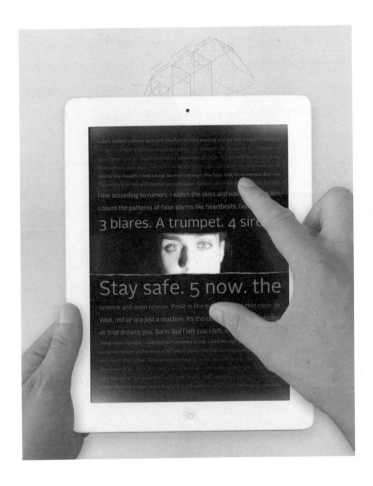

[그림 38] 서맨사 고먼과 대니 카니차로의 『엿보기』(2016)에서 독자는
주인공의 잠재의식을 들여다본다. 제작사 텐더 클로스의 허락하에 수록.

리느라 민간인의 삶에 온전히 적응하지 못한다. 잠재의식은 텍스트에 표시되는데, 한 장에서는 펼치고 또 펼칠 수 있는 접책으로 나타나 새로운 행을 보여주면서 이야기를 풍성하게 하고 다른 장에서는 무한한 두루마리로 나타나 모든 방향으로 펼쳐지면서 페이지의 고정된 테두리를 찾는 우리의 욕망을 좌절시킨다. 우리가 태블릿 표면을 획획 넘기면서 똑같은 화면만 보게 되는 동안 어릴 적의 기억 속 이미지가 그의 마음속 지도에 의해 촉발된 듯 텍스트 뒤의 어둠 속에서 튀어나온다. 의식 자체는 찢길 수 있는 얇은 막 역할을 한다. 폭파 전문가 제임스의 일상을 보여주는 동영상이나 그의 악몽이 재생되는 동안 우리는 두 손가락을 화면에 갖다대어 그의 억압된 생각들을 서로 떼어놓음으로써 그 속을 꿰뚫어 볼 수 있다. 블라인드를 들춰 안을 엿보듯 우리는 그의 기억을 벌려 연다.

　일곱 개 장에서 우리는 제임스의 과거 트라우마를 짜맞추는 한편 그와 마찬가지로 어둠 속에 갇혀 있다(그림 38 참고). 제스처 인터페이스와 시력의 연관성은 서사에 필수적이다. 그는 점차 시력을 잃어가는데, 그 이유는 이야기가 진행되면서 점차 드러난다. 『엿보기』는 비선형적이며 게임을 닮았기에 독자는 상호 작용을 통해서만 의미를 이끌어낼 수 있으며 터치스크린을 당연하게 받아들이는 것이 아니라 매우 인상적인 방법으로 서사에 접목한다.

　아티스트 북에서와 마찬가지로 디지털 책이 인터페이스를 가시화하고 서사의 필수적인 일부로 만들 때 우리는 어떤 책이든 협상, 행위, 역동적 사건이 될 수 있음을 알아차린다. 이 사건은 순간적으로 일어나며 결코 반복되지 않는다. 영화 제작자이자 프로그래머로 iOS용 그래픽노블을 개발하는 에릭 로이어는 터치를 통해 독자에게 능동성을 부여하는 방법을 실험해왔다. 그의 『낯선 비』(오퍼툰 제작, 2011)는 『엿보기』와 마찬가지로 터치스크린을 이용하여 사운드, 비디오, 텍스트를 아우르는 몰입형 일인칭 독서 경험을 창조한다. 이 앱은 유리 스크린과 긴네모꼴을 활용하여 아이폰과 아이패드를 일종의 채광창으로 탈바꿈시킨다. 기기를 머리 위로 쳐들고 등을 뒤로 기대면 동영상의 현실감이 더욱 커진다. 구름 낀 하늘에서 떨어진 빗방울이 유리창에 동그라미를 그리고는 사라진다. 우리는 빗방울이 화면을 두드리는 소리를 들을 수 있으며, 손가락으로 화면을 두드리면 단어와 구절이 어두운 하늘에 겹쳐진다. 이것은 주인공의 내적 독백이 외부 세계에 표현되는 것으로, 화면을 두드리는 동작에 맞춰 으스스한 멜로디가 반주처럼 들린다. 이 일인칭 시점에서 우리는 그의 명상 상태를 좌우할 수 있다. 다급하게 불안을 자아내며 이 생각에서 저 생각으로 빠르게 진행할 수도 있고 그가 가족의 응급 상황에 대처하는 동안 그의 느낌 속으로 천천히 파고들 수도 있다(그림 39 참고). 우리는 말 그대로 그의 생각들을 모아 그가 정서적·심리적 카타르시스에 도달하여 지금 이 순간에 대처할 수 있도록 돕는다.

　　화면의 시차와 그로 인한 3차원 착시의 잠재력은 일인칭 작업을 뒷받침하는 것 이외에 모션 코믹*에도 제격이다. 로이어는 이 주제를 폭넓게 탐구한 바 있다. 그의 『루벤과 럴러바이』(2009)는 공원 벤치에서 다투는 연인을 보여주는데, 우리는 두 사람의 말다툼을 관찰할 뿐 아니라 개입할 수도 있다. 에즈라 클레이턴 대니얼스가 그림을 그린 이 독자 참여형 그래픽노블은 말이 없이 진행되는데, 스마트폰을 왼쪽으로 기울이면 루벤에 초점이 맞고 오른쪽으로 기울이면 럴러바이의 반응을 볼 수 있다. 이 시각적 효과는 스마트폰의 모션 센서를 활용한 것이다. 전경의 등장인물은 선명하게 보이는 반면에 뒤의 공원은 흐릿하게 물러나 장치를 움직일 때마다 반응한다. 우리의 동작은 둘의 실랑이가 전개되는 데 영향을 미친다. 화면을 쓰다듬으면 등장인물이 누그러져 차분한 푸른색으로 바뀌고 스마트폰을 흔들면 상황이 악화되어 그들의 세상이 붉게 물든다. 또한 기기를 기울이고 만지고 흔들 때마다 프리 재즈 사운드트랙이 그에 맞춰 작아졌다 커졌다 한다. 우리는 이 인터페이스를 통해 두 사람의 관계를 조절하여 우리가 원하는 결론으로 이끌어야 한다. 로이어는 음악, 텍스트, 동작을 이용하고 iOS의 행위유도성인 시차, 반응형 사운드, 애니메이션을 활용하여 그래픽노블과 영화의 잡종을 만들어내는 터치식 대화형 만화를 많이 제작했다.

이 작품들은 시각적 형식과 텍스트 내용이 서로 얽힌 작품을 만들어내는 현대 독립 출판의 추세와 맞아떨어진다. 이런 출판사 중 하나인 비주얼 이디션스는 오래전에 절판된 (3장에서 설명한) 마르크 사포르타의 『작품 번호 1』을 2011년에 재출

[*] motion comic: 여느 애니메이션과 달리 화면의 특정 부분만 움직이는 만화 형식.

[그림 39] 에릭 로이어의 『낯선 비』(2013)에서 채꿩칭치럼 보이는 화면 Erik
Loyer의 허락하에 수록.

문화는 책에 연결되어 있다. 지식의 저장고로서의
책은 지식과 동일시된다. 책은 도서관 — 형식과
단어와 글자의 모든 조합이 제각각 엮인 채 놓여
있는 미로 — 에 처박힌 책만이 아니다. 책은 저마다
유일한 책이다. 여전히 읽히고 여전히 쓰이고 늘 이미
쓰였고 읽기에 의해 완전히 꿰뚫린 채, 책은 읽기와
쓰기의 모든 가능성의 조건을 이룬다.

— 모리스 블랑쇼, 「책의 부재」, 『무한한 대화』

간했는데, 텍스트 뒤섞기를 재매체화하는 아이패드 앱을 동시에 발표했다. 출판사는 그 뒤로 구글과 손잡고 별도의 자회사를 설립하여 쌍방향성과 화면의 한계를 활용한 디지털 생산*웹 기반 작품을 만들었다. 이디션스 앳 플레이(Editions at Play)의 목표는 "작가들이 독자의 스마트폰이나 태블릿에서 인터넷을 이용하여 동적으로 변하는 책을 만들고 다음 세대 독자들을 종이책뿐 아니라 스마트폰으로도 끌어들이"는 것이다.[47] 이 책들은 인쇄할 수 없으며 디지털 형식에서와 거의 비슷하게 작동한다. 아티스트 북이 특정 형식을 선택한 근거를 가지고 있듯이 책들은 웹과 모바일 장치의 행위유도성(여기에는 네트워크, 알고리즘, 타임스탬프, 위치, 센서 반응성 등이 포함된다)을 구조의 일부로 이용한다. 이 책들이 만들어내는 독자 참여 경험은 우리의 일상생활을 지배하면서도 마치 보이지 않는 것처럼 취급받는 유비쿼터스 기기에 대해 우리로 하여금 질문을 던지거나 적어도 생각해보도록 한다. 이 책들이 이러한 서사의 무제본적(당연히 무한하지는 않지만) 성격에 대응하는 한 가지 방식은 전자책 단말기의 측정 방식을 받아들여 길이를 페이지가 아니라 '읽기 시간'으로 측정하는 것이다. 페이지의 파라텍스트는 이 맥락에 들어맞지 않기 때문이다. 순서가 없거나 독자에게 이동의 권한을 주는 쌍방향 서사에서는 우리가 어디까지 봤는지 또는 보지 못했는지 알 수 없으며 반드시 모든 단어를 읽을 필요도 없다. 비디오 게임의 진행 막대처럼 우리는 지속 시

[*] born-digital: 애초에 디지털로 만들어낸 자료.

간으로 현재 위치를 짐작한다. 이 작품들은 HTML로 썼기 때문에 웹과 모바일 기기에서, 또한 구글 플레이를 통해 볼 수 있으며 기기의 화면에 맞게 크기를 조정했다. 어떤 것은 무료이고 (광고로 수익을 얻는다), 어떤 것은 소액의 요금을 받는다.

이를테면 최근에 티 유글로가 발표한 『우주 폭발』(2017)은 블록체인을 이용하여 한정판 디지털 작품 100부 중 한 부를 소유자에게 할당하는데, 각각의 소유자는 텍스트를 다음 독자에게 넘겨주기 전에 반드시 편집해야 한다. 책은 분량이 점차 줄어서 마지막에는 페이지당 단어 하나만 남는다. 책을 구입하지 않은 사람도 각각의 버전을 읽으면서 이야기—부모가 아침 식사를 만들면서 가족과 시간과 공간의 본질에 대해 성찰하는 이야기—가 어떻게 달라지고 소멸하는지를 (상실을 중심으로 한) 플롯과 더불어 살펴볼 수 있다. 시리즈의 일부 작품은 다른 작품보다 더 성공적이지만, 이 책은 오퍼툰과 텐더 클로스의 작품과 마찬가지로 디지털을 크리스털 잔으로 취급하기보다는 그 행위유도성을 활용하려 한다. 이런 작업들은 우리가 어떻게 읽는지, 또한 구하기 쉽고 안정적이고 아름다운 종이책이 여전히 중요한 이야기를 들려주는 상황에서 우리가 왜 이런 매개적 방식의 독서를 선택하는지 들여다본다.

콜로폰이냐 잉키피트냐?

앞에서 보았듯 아티스트 북이 디지털 책에 대해 생각하는 유용한 시금석인 것은 근본적으로 쌍방향적이고 촉각적이고 다

감각적이기 때문이다. 디지털 책의 효과를 온전히 경험하려면 독자는 책에 손을 대야 한다. 이 작품들은 책의 전복적이고 선동적인 잠재력을 부각한다. 이런 사물이 무엇을 침묵시키는지뿐 아니라 어떻게 유통되는지도 곱씹는다. 어떤 때는 순서에 대한 기대를 무너뜨림으로써, 어떤 때는 이를 이용하여 페이지에 움직임을 부여함으로써 책에 부피와 순차성이 있음을 상기시킨다. 인터페이스에 초점을 맞춤으로써 책 형식에 대한 변형과 유희의 심층사를 부각한다. 딕 히긴스는 이런 작품을 일컫기 위해 '인터미디어'(intermedia)라는 단어를 만들었는데, 현대인의 귀에는 증강현실이나 터치스크린 독서 경험을 가리키는 것처럼 들린다. 히긴스의 정의에 따르면 **인터미디어** 작품은 자신을 구성하는 요소들의 '개념적 융합'이다.[48] 아티스트 북이 그에게 인터미디어인 이유는 "디자인과 형식이 내용을 반영하"기 때문이다. "아티스트 북은 **상호**(inter) 병합되고 **상호** 침투한다. … 아티스트 북을 읽고 보고 짜맞추는 경험이야말로 예술가가 그 작품을 제작할 때 강조하는 것이다."[49] 인터미디어의 관건은 수용의 순간이다. 유리 뒤에 펼쳐졌을 때의 인터미디어는 독자의 손—장갑을 꼈을 수도 있고 맨손일 수도 있다—에 있을 때와 같은 책인 척하지 않는다. 독자가 의미의 창조를 경험하는 필수적 성분으로서 자신의 형식을 결코 당연시하지도 않는다.

(바라건대) 이 책에서 시사하듯, 모든 책은 수용의 순간에 독자의 손과 눈과 귀와 마음에서 생겨난다. 아티스트 북과 전사책이 경계를 밀어붙이는 것에서 우리는 용어의 유연성과 그 인터페이스의 다양한 범위를 볼 수 있다. 킨들의 기능에 주로

관심을 가지는 독자는 여전히 있을 것이다. 그들은 알두스 마
누티우스와 동료 학자들이 그랬듯 텍스트를 최대한 홀가분하
게 읽고 싶어 한다. 그 인터페이스를 구조화 메커니즘으로 보
면—그 파라텍스트와 행위유도성은 우리가 독자로서(또한 저
자로서) 의미를 만들어갈 가능성을 선사한다—닫힌 인터페이
스를 맞닥뜨린 우리에게 주체성이 생겨난다. 역사의 사례들에
서 보았듯 책의 소비자는 한 번도 수동적인 적이 없었다. 우리
와 우리가 읽는 텍스트 둘 다 몸이 있으며, 책이 형체를 얻는 것
은 우리와 텍스트가 한 몸이 될 때뿐이다.

　책이 독자에게 적응하는 과정은 아직 끝나지 않았지만, 인
쇄본 코덱스는 500년 넘도록 순탄한 삶을 살았다. 어떤 학자들
은 텍스트를 고정하고 둘러싼 이 시기를 '구텐베르크 시대(era)'
가 아니라 '구텐베르크 기간'(Gutenberg parenthesis)으로 보기
도 한다. 이는 생각이 표지 사이에 매이거나 똑같은 방식으로
소유될 필요가 없는, 구술성과 일시성을 중시하는 문화로 우리
가 복귀하고 있다는 뜻이다.[50] 디지털 기기에서 읽기라는 행위
가 사라지지는 않겠지만, 한 기술이 다른 기술을 대체하지 않
는 것은 분명하다. 오히려 (과거에서 조금의 실마리나마 얻을
수 있다면) 이 읽기 방식들이 공존하는 것에서 우리는 저자성,
소유, 보관, 학문, 여가에 대한 생각의 변화가 책에 대한 생각과
책에 거는 기대에 대한 변화를 여전히 일으킬 것임을 알 수 있
다. 책이라는 용어가 애매모호한 것은 단점이 아니라 오히려 최
대의 자산이다. 책은 우리가 생각과 만나는 말랑말랑한 구조
다. 사물, 내용, 아이디어, 인터페이스— 책은 우리를 바꾸고 우

리는 책을 바꾼다. 한 글자 한 글자, 한 페이지 한 페이지씩.

따라서 책 너머란 여전히 책이다.

— 에드몽 자베스, 「모래」, 『예상 밖의 전복의 서』

용어 설명

각자/각자공(刻字, punch/punchcutter)

각자공이 만든 각자로 활자를 만들었다. 각자는 쇠막대 끝에 글자를 거꾸로 새긴 것이다. 이 각자를 구리 덩어리에 눌러 올바른 모양으로 자국을 내고 이것으로 어미자를 만든 뒤에 녹은 금속을 부어 활자를 만들었다.

간책(簡册)

좁고 납작한 대나무 조각을 엮어 위에서 아래로 글을 쓰는 중국식 두루마리. '簡'은 '대나무 조각'을, '册'은 '책'을 일컫는다.

갤리(galley)

활판을 올려두는 쟁반.

거들북(girdle book)

내지를 꿰매 이은 연한 가죽 표지를 길게 빼서 허리띠에 거는 책. 중세에 순례자와 수도사에게 인기가 많았으며 르네상스 시대에도 계속해서 제작되었다.

결(grain)

종이에서 섬유가 향하는 방향. 미국의 종이는 대부분 섬유의 방향이 종이의 긴 쪽과 같은 세로결(grain long)이다. 기계로 만든 종이는 손으로 만든 종이에 비해 결이 잘 안 보이지만, 결에 맞거나 어긋나게 접었을 때 뚜렷한 차이가 느껴진다.

고딕체(Gothic)

중세 필사본 필기체에 바탕을 둔 글자로, '블랙레터'라고도 한다. 구텐베르크는 15세기 독일 책의 일반적 서체인 텍스투라를 토대로 자신의 고딕 서체를 개발했다. '고딕체'라는 이름은 이 서체가 투박하다고 여긴 르네상스 인문자의자들이 붙였다.

고아책(orphan book)

저작권이 살아 있지만 저작권 보유자가 불분명하거나 연락 두절인 책.

공식 사본(exemplar)

사본의 바탕이 되는 원본.

광학 문자 인식(optical character recognition, OCR)

텍스트의 이미지(광학 문자)를 기계가 읽을 수 있는 텍스트로 변환하는 기법. 디지털화를 하기 전에 이미지 속 글자들을 인식하고 처리하는 과정이다.

그림문자(pictogram/pictographic)

묘사 대상인 사물을 상징하는 그림.

난외주(marginalia)

책 여백에 쓴 논평으로, 대개는 독자가 텍스트를 꼼꼼히 읽었다는 표시이지만 낙서, 연애편지, 필경사의 불만 등 어떤 글이든 될 수 있다.

낱장(leaf)

렉토와 베르소의 두 면으로 이루어진 한 장. 큰 종이를 접으면 낱장이 여럿 생기며 낱장마다 두 면이 있다.

내지(書芯, book block)

책 표지 안쪽에 장합한 종이(폴리오, 접지).

대문자(majuscule)

대문자 자형.

도자도(dos-à-dos)

뒤 표지를 하나로 만들어 책 두 권을 합치는 제본으로, 각 권이 반대 방향으로 펼쳐진다. '등과 등을 맞대다'를 뜻하는 프랑스어에서 왔다. 뒤의 책이 위아래로 뒤집힌 테트베슈(tête-bêche. '머리에서 발끝까지'를 뜻하는 프랑스어)와 헷갈리지 말 것.

독피지(犢皮紙, vellum)

송아지 가죽을 가공한 것으로, 글쓰기와 제본에 썼으며 염소와 양의 가죽으로 만든 양피지보다 고급으로 쳤다.

두루마리(scroll)

글쓰기 재료를 돌돌 만 것. 파피루스, 가죽, 양피지, 종이, 비단, 대나무 조각, 아마포로 만들었다. 기원전 2000년경부터 기원후 200년경까지 쓰였다.

렉토/베르소(recto/verso)

모아놓은 낱장의 양면. 앞면이 '렉토', 뒷면이 '베르소'다. 코덱스 펼침면에서 렉토는 오른쪽 페이지, 베르소는 왼쪽 페이지다.

로만체(roman type)

북유럽의 고딕 블랙레터에 맞서 개발된 서체로, 이탈리아 인문주의자들은 블랙레터가 고딕적 중세에 빠져 있다고 느꼈다. 대문자는 (건물의 파사드에서 베낀) 로마의 명문을, 소문자는 카롤링거 필체를 바탕으로 삼았다. 인문주의자들이 로만체를 받아들인 것은 고전기 로마의 텍스트에 더 어울린다고 믿었기 때문이다.

머리띠(headband)

코덱스본의 책등 위아래에 꿰맨 끈으로, 중세에 내지가 닳지 않게 하려고 개발되었다. 아직도 쓰이기는 하지만 대개는 장식용이다.

면지(endsheet)

폴리오의 한쪽을 표지 안쪽에 붙이고(붙인면지, pastedown) 다른 쪽을 첫 페이지 이음매에 붙인 것(노는면지, flyleaf). 장식 효과와 더불어 표지를 펼쳤을 때 첫 페이지가 딸려 오게 한다.

목판(xylography)
나무판을 돋을새김으로 깎아 찍어내는 인쇄 방식.

무선철(perfect binding)
풀로 붙이는 제본 방식으로, 페이퍼백에 주로 쓴다.

문자도(文字圖, historiated initial)
채식 사본에서 구절의 첫 글자에 그려 넣은 작은 그림. 이런 글자는 주변 행의 다른 글자들보다 훨씬 커서 독자가 텍스트를 쉽게 찾아볼 수 있었다.

미도련(未刀鍊, deckle)
종이의 가장자리가 우툴두툴한 것을 말한다. 종이를 찢어 흉내 낼 수 있으나, 본디 제지의 정선(精選, screening. 이물질을 제거하는 것—옮긴이) 공정에서 펄프 일부가 틀 가장자리 아래에 배어 들어가는 현상을 일컫는다.

반달 색인(thumb index)
책배를 둥글게 잘라내어 이름표를 단 검색 도구. 사전이나 백과사전치럼 알파벳 순으로 나열된 책, 성서나 경전처럼 조목조목 구분되는 책에 흔히 쓰인다.

볼루멘(volumen)

로마인들이 두루마리를 일컫던 이름. 영어 '볼륨'(volume)의 어원이 된 라틴어 단어로, 제본한 페이지나 코덱스를 일컫는다.

불라(bulla)

수메르인들이 물품 영수증으로 쓴 진흙 용기. 둥근 공 모양으로, 물표를 겉에 찍은 뒤에 안에 넣고 밀봉했다. 물표 자국은 쓰기의 발전에서 중요한 단계다.

블록북(block-book)

목판을 깎아 인쇄한 중세 유럽의 책. 종교적 그림을 실었으며 해설문이나 두루마리 모양 말풍선, 맞은편 페이지에 설명하는 글을 달았다. 블록북은 활자의 발전에 중요한 역할을 한 것으로 추정되며 15세기 내내 인쇄되고 널리 판매되었다.

비망록(commonplace book)

책을 읽다가 문학의 인용구, 재담, 사실, 기타 정보를 적어둔 개인 문집.

상형문자(hieroglyphics)

고대 이집트의 그림문자 체계로, 그림을 가지고 사물과 소리를 둘 다 나타낼 수 있다. 어원은 '성스러운'(hieros) 것을 '새기다'(glyphein)라는 뜻의 그리스어다.

설형문자(cuneiform)

고대 메소포타미아의 문자 체계로, 갈대 첨필 끝으로 축축한 진흙에 자국을 낸다. 쐐기 모양에 빗댄 라틴어 '쿠네우스'(cuneus)에서 왔다.

성무일도서(book of hours)

성모 시각(The hours of the Virgin)에 독자가 개인적으로 전례를 드리기 위한 중세의 채식 기도서.

소문자(minuscule)

소문자 자형.

소트(sort)

글자, 구두점, 공백을 비롯한 낱 활자들.

손가락표(manicule)

검지손가락을 뻗은 주먹 모양의 약물. 필사본에서 처음 쓰이다가 학자들이 책에 주석을 달 때 활용했으며, 식자공들에 의해 표준화되어 15세기에 인쇄에 쓰이기 시작했다.

스크립티오 콘티누아(scriptio continua)

그리스와 로마의 글쓰기 방식으로, 띄어쓰기, 대문자, 구두법을 쓰지 않고 이어 써서 단어가 구분되지 않는다. 자모음 알파벳이 도입되면서 등장했으며 낭독을 위한 글이었다.

식자가(植字架, composing stick)
활자를 늘어놓는 연장으로, 너비를 조절할 수 있다. 여러 행을
꽂을 수 있는데, 사이에 납 막대를 끼워 간격을 둔다. 식자가에
배열된 활자는 상하좌우가 뒤집힌, 최종 텍스트의 거울상이다.

신관문자(hieratic)
상형문자를 글씨에 적용한 것.

아스키(ASCII)
정보 교환용 미국 표준 부호(American Standard Code for Infor-
mation Interchange) 영문명의 약자. 이 전산용 표준은 1960년
대 전신 부호에서 개발되었으며 글자를 컴퓨터가 읽을 수 있는
7비트 정수로 변환한다.

양피지(parchment)
동물 가죽을 씻고 늘이고 내구성이 좋아지도록 가공한 기록용
표면.

언셜체(uncial)
4~9세기에 필사본에서 쓰던 로만체 소문자를 바탕으로 삼은
둥근 대문자 필체.

연판(鉛版, stereotyping)
7세기부터 쓰인 방식으로, 손으로 조판한 활판을 혼응지에 지

형으로 떠서 페이지를 찍었다. 이 덕에 활자를 다시 사용하고
텍스트를 지속적으로 재인쇄할 수 있었다. 특히 주조식자기가
등장하기 전에 요긴하게 쓰였다.

옥타보(octavo)
큰 종이를 낱장이 여덟 장(열여섯 쪽)이 되도록 접은 것.

요지경책/터널책(peep-show/tunnel book)
접책 방식으로 합치거나 상자에 넣은 일련의 프레임을 이용하
여 장면에 원근감을 부여한 책.

워터마크(watermark)
제지 공정 가운데 정선 단계에서 초망에 디자인하여 종이에 자
국에 남게 하는 장식 기법. 13세기 이탈리아 제지술에서 비롯
했으며 수작업이나 기계로 종이를 만들 때 여전히 쓰인다. 파일
의 저작권 정보를 나타내는 디지털 표시를 일컫기도 한다.

음각(intaglio)
딱딱한 표면에 이미지를 새기고 잉크를 바른 뒤에 닦아내는 인
쇄 기법. 높은 압력으로 누르면 잉크가 골에서 빠져나와 맞은
편 표면에 묻는다.

이음말(catchword)
페이지 끝에 나오는 단어, 또는 필사본이나 인쇄본 코덱스의 접

지 번호로, 다음 페이지의 첫 단어를 나타낸다. 이음말은 인쇄기에 활판을 놓거나 코덱스를 장합하는 단서가 되었다.

이탤릭체(italic type)

15세기 베네치아에서 개발된 서체로, 이탈리아 르네상스 인문주의자들이 공책에 쓴 구불구불한 필체를 본떴다.

인슐라(insular)

7세기 아일랜드에서 비롯한 서체와 필사본 장식을 일컫는 용어. 이 단어는 이 기법의 출처를 일컫는데, 언셜체에 바탕을 둔 글자, 정교한 채식, 복잡하게 얽힌 형상 등 켈트적이라고 할 만한 영국제도의 특징에서 유래했다. 아일랜드 기독교인들은 인슐라를 잉글랜드에 전파했으며, 그곳에서 8세기에 유럽 전역으로 퍼졌다.

인큐내뷸러(incunabula/incunables)

인쇄술의 '요람기'인 1501년 이전에 유럽에서 제작된 코덱스본.

인터미디어(intermedia)

플럭서스 미술가이자 출판인 딕 히긴스가 만든 용어로, 다양한 미술 형식을 융합하여 개념적으로 통합함으로써 의미를 만들어내는 미술 작업.

잉키피트(incipit)

작품의 제목을 대신하는 문구로, 첫 구절인 경우가 많다. **잉키피트**라는 단어는 필경사가 텍스트의 도입부에 썼으며 라틴어로 '여기에서 시작한다'라는 뜻이다.

장서표(bookplate)

책 표지 안쪽에 붙여서 소유자를 나타내는 표.

장합(張合, collate/collation)

책의 접지를 순서대로 포개는 작업.

재매체화(remediation)

1999년에 제이 데이비드 볼터와 리처드 그루신이 자신들이 발전시키는 매체 형식들의 주고받기 과정을 묘사하려고 만든 용어. 뉴미디어는 옛 매체 형식을 차용할 수 있다. 애플의 인터페이스는 스큐어모픽(skeuomorphic. 한 제품의 필요한 기능을 위해 고안된 디자인이 이후 재료나 매체의 변화에 따라 재구실을 못하게 되더라도 특별한 기능 없이 미적 가치를 높이는 용도로 재사용하는 것 — 옮긴이) 아이콘을 이용하여 카메라 및 전화 앱을 표현하며, 책을 전도성 잉크로 인쇄하여 쌍방향 회로를 페이지에 구현하기도 한다.

전자 잉크(E Ink, electronic ink)

전하를 이용하여 흑백 미립자를 재배열함으로써 종이를 흉내

내는 화면. 내부 광원을 이용하지 않고 빛을 반사한다.

전자책 단말기(e-reader, electronic reader)
독서 전용 디지털 저장 장치로, 여러 디지털 포맷을 읽어 들이고 대량의 문서를 내부 메모리나 클라우드에 저장할 수 있다.

접지(signature)
포갠 폴리오를 제본하여 내지를 만들기 위해 모은 것. 책 조판에서는 쪽번호를 가리키는데, 본디 제본업자가 순서를 알 수 있도록 코덱스 묶음에 알파벳과 숫자로 표시한 것에서 비롯한다.

접책/콘서티나/첩장(accordion/concertina/sutra-folded book)
종이를 앞뒤로 접고 바깥 페이지에 두꺼운 종이나 판지를 붙여 만든 중국 책. 이렇게 접힌 주름은 현대의 여러 책 구조의 바탕으로 쓰이기도 하는데, 여기를 책등으로 삼아 페이지를 꿰매거나 접착한다.

좌우교대서법(boustrophedon)
행마다 좌우가 바뀌도록 쓰는 서법으로, 어원은 재그재그로 밭을 가는 농사법이다.

주문형 인쇄(print-on-demand, POD)
책을 미리 인쇄하지 않고 주문을 받아 인쇄하는 방식. 1990년대에 디지털 출력과 자동 제본이 발전하면서 21세기 초에 POD

출판업자들이 등장하기 시작했는데, 이들은 자기출판에 관심이 있는 소비자들에게 저렴한 가격에 출판 기회를 제공했다.

주서(朱書, rubrication)

텍스트에서 중요한 구절을 강조하려고 붉은 잉크로 표시하는 것. 이집트 필사본에서도 찾아볼 수 있으며 그리스와 로마의 필경사들에게 채택되어 중세 필사본에까지 전래했다. 이 관행은 초기 인쇄본에도 접목되었다.

주조식자기(hot metal typesetting)

주조와 식자를 결합한 기계로, 작업에 필요한 대로 활자의 행을 만들 수 있다. 식자공은 미리 주조한 글자들을 매번 식자기에 꽂을 필요가 없었다. 행을 타이핑하면 좌우가 정렬된 뒤에 기계가 활자를 찍었다. 라이노타이프와 모노타이프가 가장 잘 알려져 있지만 다른 기계도 제작되었다.

중철제본(中綴製本, saddle stitch)

폴리오 묶음의 이음매를 철하는 제본 방식.

증강현실(augmented reality, AR)

현실 공간을 디지털 미디어로 강화하는 기술로, 웹캠이나 스마트폰, 헤드셋으로 볼 수 있다. 증강현실이 가상현실과 다른 점은 오로지 컴퓨터로만 만든 환경에 빠져들게 하는 것이 아니라 실제 환경을 이용한다는 것이다.

채식 사본(illuminated manuscript)
손으로 쓴 텍스트를 장식 요소와 작은 그림으로 단장한 것으로, 종종 금박이나 은박을 씌우기도 한다. 힌두교와 불교 패엽경, 이슬람 필사본, 중세 유럽 필사본에서 찾아볼 수 있다.

책배(fore-edge)
제본한 책에서 책등의 반대편.

챕북(chapbook)
전지를 접어 만든 값싼 인쇄본. 16세기부터 19세기까지 **채프먼**이라는 도붓장수가 팔았다. 이 형식은 챕북 출판업자와 자기출판 작품을 통해 현대 시가 전파되는 데 중요한 역할을 했다.

첨필(stylus)
글자를 새기는 도구. 점토판용 첨필은 갈대를 쐐기 모양으로 잘라 만들었는데, 끄트머리와 옆면을 진흙에 눌러 도형과 선을 그렸다. 납판용 첨필은 뾰족한 쪽으로 글을 쓰고 뭉툭한 쪽으로 수정했다. 터치스크린 인터페이스에서 잉크 없이 글을 입력할 때 쓰는 입력 장치를 일컫기도 한다.

체이스(chase)
활판을 찍기 위해 고정하는 금속 틀.

카롤링거 소문자(Carolingian)

카롤루스(742~814년경)의 재위 기간에 필사 글쓰기를 표준화하려고 개발된 작고 둥근 서체. 15세기 인문주의자들은 이 서체가 고전기 로마에 더 가깝다고 생각하여 정식 문서의 바탕으로 삼았다.

케이스 제본(case binding)

천이나 가죽을 씌운 판지로 별도 제작한 표지에 내지를 접착하는 제본 방식.

코덱스(codex)

페이지의 한쪽을 묶고 표지를 씌운 것. 이 명칭은 '나무줄기'를 뜻하는 라틴어 **카우덱스**(caudex)에서 유래했는데, 본디 로마인들이 납판(푸길라레) 묶음을 가리키던 말이다.

코디폼 책(cordiform book)

펼치면 하트 모양이 되도록 자른 책. 책등 양쪽에 하트가 하나씩 생기도록 한 것도 있다. 프랑스 국립도서관에는 흥미로운 표본이 두 점 있다. 하나는 연가 시집인 『몽셰뉘의 노래』(Chansonniere de Jean de Montchenu, 1470. 도서관 웹사이트에 스캔본이 있음)이고 다른 하나는 15세기의 『아미앵 니콜라 블레리 성무일도서』(livre d'heures l'usage d'Amiens)다.

콜로폰(colophon)

타이포그래피, 디자인, 재료 등 책의 제작과 관련한 사항을 기술한 페이지. '마무리 획'을 일컫는 그리스어(κολοφών)에서 왔으며, 책 뒤쪽에 있어서 이런 이름이 붙었다.

콰이어(quire)

큰 종이를 접어 폴리오가 여러 장 겹치도록 만든 것.

쿼터니온(quaternion)

네 장을 접고 꿰매어 콰이어로 만든 것.

쿼토(quarto)

큰 종이를 낱장이 넉 장(여덟 쪽)이 되도록 접은 것.

키푸(khipu/quipu)

매듭을 이용한 안데스의 기록 체계로, 기원전 2500년으로 거슬러 올라가나 대부분의 현존 유물은 기원후 1400~1532년 잉카 문명의 것이다.

티툴루스(titulus)

콜로폰과 내용을 두루마리에 표시한 것으로, 두루마리를 (통에 세우거나 책장에 뉘어) 보관할 때 쉽게 확인할 수 있도록 한 쪽 끝에 붙였다.

팀판(tympan)

종이를 인쇄기에 밀어넣기 전에 올려놓는 양피지 조각.

파기나(pagina)

그리스인과 로마인이 파피루스와 양피지 두루마리에 글을 쓸 때 나눈 단. 두루마리에 따라서는 좌우가 아니라 위아래로 쓰기도 했는데, 이를 **트란스베르사 카르타**(transversa charta)라고 한다.

파라텍스트(paratext)

텍스트 바깥에서 해당 작품을 책으로 자리매김하는 요소들. 텍스트를 식별하고 탐색하는 데 도움이 되는 표제지, 색인, 쪽표제, 표지, 쪽번호, 타이포그래피 디자인 등이 포함된다.

파피루스(papyrus)

키페루스 파피루스의 줄기를 압착하여 만든 종이. 줄기의 조각들을 수직으로 포개고는 두드려 융합하면 글 쓰는 면은 결이 가로이고 반대면은 세로인 종이가 된다.

펼침면(opening)

제본한 책에서 마주 보는 두 면으로, 왼쪽을 '베르소', 오른쪽을 '렉토'라 한다. 이것은 디자인된 경험을 상정하지만, 접책 같은 일부 형태에서는 페이지를 폈을 때 예상치 못한 펼침면이 나타나기도 한다.

포티/패엽경(pothī/palm leaf manuscript)
긴네모꼴 페이지에 끈을 하나 이상 꿰어 나무판으로 덮은 책 구조. 본디 특별히 손질한 다라수 잎에 글을 썼으며, 예배의 형태이자 부처의 가르침을 전파하는 수단이었다.

폰트(font)
녹인 금속으로 주조한 한 벌의 활자 모음. 이 용어는 디지털 매체에 채택되었는데, 판매용 서체 종류를 일컫는다. 이에 반해 서체(typeface)는 제품이 아니라 개념을 가리킨다.

폴리오(folio)
종이나 양피지를 절반으로 접어 두 장/네 페이지로 만든 것.

폴립티크(polyptych)
납판의 나무 틀에 가죽 고리를 끼워 엮은 것. 로마인들은 중앙에 경첩을 단 폴립티크를 **코덱스**라고 불렀는데, 이것이 지금의 코덱스의 어원이 되었다.

표어문자(logogram)
단어나 개념을 직접 묘사하지 않고 표현하는 기호, 글자 또는 그림.

표음문자(phonogram)
소리를 나타내는 글자로, 여러 개를 엮어 단어를 표현한다.

표의문자(ideogram)

단어가 아니라 뜻을 나타내는 그림이나 기호.

푸길라레(pugillare)

속을 파고 납(蠟)을 채운 나무판을 일컫는 로마식 이름. 메소포타미아인과 그리스인도 썼다. 이 납판을 두 장 합치면 딥티크(dyptich), 세 장 합치면 트립티크(triptych), 여러 장 합치면 폴립티크가 되었으며, 가죽끈을 아코디언 모양으로 꿸 수도 있고 한쪽 방향으로만 꿸 수도 있었는데 후자에서 '코덱스'라는 이름이 유래했다.

푸길라레스 멤브라나이(membrana/pugillares membranae)

로마의 양피지 공책으로, 코덱스본의 중요한 전신으로 여겨진다. 종이 한 장을 휴대하기에 간편한 크기로 접어 필기와 초고 작성에 썼을 것이다.

프리스킷(frisket)

삐져나온 잉크가 페이지 가장자리에 번지지 않도록 인쇄 전에 종이 위에 올려두는 틀.

플럭서스(fluxus)

미술과 생활의 경계를 흐릿하게 하는 우연한 작업, 일회성 행위 예술, 개념미술, 참여적 작업에 관심을 가진 일군의 느슨한 미술가들. 플럭서스의 이상과 기법은 1958년 뉴 스쿨(New School for Social Research)에서 존 케이지가 진행한 실험적 작곡 워크숍에서 탄생했다.

필사본(manuscript)
손으로 쓴 책이나 문서. 라틴어로 '손'을 뜻하는 '마누스'(manus)와 '쓰다'를 뜻하는 '스크립투스'(scrptus)에서 왔다.

필사실(scriptorium)
기독교 수도권에서 수도사(와 일부 수녀)들이 일부 일반인들의 도움을 받아 필사본을 제작한 전용 공간. 수도사를 3~20명(평균 12명) 수용할 수 있었으나 수도원에 따라서는 훨씬 큰 곳도 있었다.

필체(hand)
필기 양식을 일컫는 용어. **폰트**와 **서체**라는 용어는 활자에서 유래했다.

할리퀴네이드(harlequinade)
변신책이나 뚜껑책이라고도 불리며 18세기 후반에 아동용으로 대량 생산되기 시작했다. 페이지의 위아래에 뚜껑이 있어서 들출 때마다 그림과 이야기가 달라진다.

활판(forme)
식자공이 인쇄를 위해 배열한 한 단의 텍스트. 위아래를 뒤집은 채로 오른쪽에서 왼쪽으로 배열하여 원고의 거울상이 되게 했으며 단의 높이와 좌우를 일정하게 만들기 위해 단어와 행 사이에 간격 띄우개를 끼워 넣었다. 활판은 인쇄를 위해 배열하고 준비한 한 페이지의 텍스트라고 말할 수 있다.

연대표

책의 기술과 책을 빚어낸 기술의 대략적 흐름

기원전(BCE)

3500	진흙 불라(수메르)
2800	설형문자 점토판(메소포타미아)
2600	상형문자 파피루스(이집트)
2500	알려진 최초의 키푸(페루). 대부분은 15세기 이후
2500	가죽에 글 쓰기(이집트)
2300	이난나 시편(엔헤두안나)
2100	길가메시
1900	프리스 파피루스(Prisse Papyrus, 문자가 기록된 최초의 파피루스 두루마리)
1600	간책(중국)
1600	양피지
1500	페니키아 알파벳(자음만)
1400	갑골문(중국)
1300	납판
700	최초의 비단 문서(중국)
668~612	아슈르바니팔 왕의 도서관
300	알렉산드리아 도서관
200	패엽경/포티(인도와 스리랑카)
200	아리스토파네스의 구두법 도입(로마)
200~200 CE	히브리어 토라 기록
197	페르가몬 노서관(디키)
170	페르가몬에서 양피지 생산법이 완성되다(터키)

100	마지(麻紙. 중국)
55	로마 양피지 공책/푸길라레스 멤브라나이
39	로마 최초의 공공 도서관

기원후(CE)

65~150	신약성서 기록
105	채륜의 종이 발명(중국)
150	코덱스
400~1300	비잔티움, 이슬람, 기독교 세계의 그리스 글자 보전 및 재생산 (르네상스를 촉발)
600~1000	이슬람권에서 학문과 책 생산 융성
600~1200	수도원의 필사본 생산
675	띄어쓰기(아일랜드)
700	접책(중국)
750	사마르칸트의 제지소
859	파티마 알 피흐리의 키자나트 알-카라윈(도서관, 모스크, 대학교) 설립. 세계 최초로 여겨지며 지금도 운영 중인 도서관
868	목판 인쇄(중국, 금강경)
1041	중국의 목활자와 진흙 활자(필승)
1050	드레스덴 코덱스, 아메리카 대륙에서 인쇄된 최초의 현존 서적(유카탄)
1078	유럽 최초의 제지소(스페인 사티바)
1377	구리 활자로『직지심체요절』인쇄(한국)
1420	블록북(유럽)
1437	요지경 상자(레온 바티스타 알베르티)
1450	인쇄기, 금속 활자, 유성 잉크(요하네스 구텐베르크)
1450~1501	유럽의 인큐내뷸러 시기
1456	구텐베르크 성서
1522	비텐베르크 성서
1501	알두스판
1709	앤여왕법으로 저작권 확립(잉글랜드)

1725	연판 인쇄법(윌리엄 게드)
1751	『백과전서』(드니 디드로)
1765	변신책/할리퀴네이드(로버트 세이어)
1774	도널드슨 대 베킷 재판으로 영구 저작권 폐기(잉글랜드)
1788	채색 인쇄(윌리엄 블레이크)
1790	미국 최초의 연방 저작권법
1798	석판화(알로이스 제네펠더)
1798	제지기, 연속 롤 용지(니콜라 로베르 특허)
1800	주철 인쇄기(찰스 스태너프)
1807	푸어드리니어 제지기 (존 갬블, 헨리 푸어드리니어, 실리 푸어드리니어)
1810	증기식 인쇄기(프리드리히 쾨니히)
1816	사진(니세포르 니에프스)
1830	평판 원통 인쇄기(프리드리히 쾨니히)
1838	주조기(데이비드 브루스)
1839	음화로 사진 인쇄(윌리엄 헨리 폭스 탤벗)
1868	키니오그래프/플립북(존 반스 리넷)
1878	그라뷔르(카렐 바츨라프 클리치)
1878	은박 원통 녹음(토머스 에디슨)
1879	사철 제본기(데이비드 M. 스미스)
1884	등사판(토머스 에디슨과 앨버트 블레이크 딕)
1886	라이노타이프(오토마르 메르겐탈러)
1886	베른저작권국제협정
1894	뮤토스코프(허먼 캐슬러)
1896	모노타이프(톨버트 랜스턴)
1897	「한 번의 주사위 던지기는 결코 폐기하지 못하리라, 우연을」 (스테판 말라르메)
1903	석판 오프셋 인쇄기(아이라 루벨)
1912	인터타이프
1913	『시베리아 횡단 열차와 어여쁜 프랑스 여인 산에 대한 산문』 (블레즈 상드라르와 소니아 들로네)

1919	『불행한 레디메이드』(마르셀 뒤샹)
1930	『레디』(밥 브라운)
1932	오디오북을 레코드판에 녹음(말하는 책)
1938	건식 복사(체스터 칼슨)
1945	미멕스(버니바 부시)
1949	『기계 책』(앙헬라 루이스 로블레스)
1950	인터타이프 포토세터 사진 식자기
1951	잉크젯 프린터(지멘스)
1955	세계저작권협약
1959	제록스 914 상업용 복사기
1961	『문학 소시지』(디터 로트)
1961	『작품 번호 1』(마르크 사포르타)
1961	『백조 편의 시』(레몽 크노)
1962	엔시클로페디아 메카니카(앙헬라 루이스 로블레스)
1963	『스물여섯 곳의 주유소』(에드 루셰이)
1967	하이퍼텍스트(테드 넬슨과 안드리스 판 담)
1967	『큰 책』(앨리슨 놀스)
1967	『연인』(에밋 윌리엄스)
1967	ISBN의 미국 도입
1971	프로젝트 구텐베르크(마이클 S. 하트)
1972	다이나북(앨런 케이)
1975	『책을 만드는 새로운 예술』(울리세스 카리온)
1975	『표지에서 표지까지』(마이클 스노)
1977	『ABC 카드에 무엇이든 인쇄합니다』(캐럴리 슈니먼)
1984	디지털 둠스데이 사업
1985	시디롬 도입
1986	프랭클린 스펠링 에이스
1987	이스트게이트시스템스 스토리스페이스(제이 데이비드 볼터, 마이클 조이스, 존 B. 스미스)
1992	보이저 익스팬디드 북스
1992	소니 데이터 디스크맨

1992	인치피트 전자책 단말기(프란코 크루뇰라 바레세와 이사벨라 리가몬티)
1994	「특징」(앤 해밀턴)
1994	「진행」(버즈 스펙터)
1996	인터넷 아카이브(브루스터 케일)
1997	이페이퍼/이잉크사(조지프 제이컵슨)
2000	암호화 내려받기 방식의 첫 대중용 전자책(스티븐 킹의 노벨라 『총알차 타기』)
2000	『담배 프로젝트』(슈빙)
2003	첫 휴대전화 소설(요시의 『딥 러브』)
2004	소니 리브리에 전자책 단말기
2004	구글 프린트 발표
2006	에스프레소 북 머신
2006	소니 리더
2006	『위험책: 자살 불꽃놀이』(차이궈창)
2007	애플 아이폰
2007	아마존 킨들
2009	반스앤노블 누크
2010	애플 아이패드
2011	인터넷 아카이브의 피지컬 아카이브
2013	미국디지털공공도서관

연대표 작성에 참고한 자료

Febvre, Lucien, and Henri-Jean Martin. *The Coming of the Book: The Impact of Printing, 1450~1800*, David Gerard(trans.). London: Verso, 1976.

Howard, Nicole. *The Book: History of a Technology*. Baltimore: Johns Hopkins University Press, 2009.

Howsam, Leslie. *The Cambridge Companion to the History of the Book*. Cambridge: Cambridge University Press, 2015.

Kilgour, Frederick G. *The Evolution of the Book*. Oxford: Oxford University Press, 1998.

Manguel, Alberto. *A History of Reading*. New York: Penguin, 1996. 한국어판은 『독서의 역사』(세종서적, 2016).

Norman, Jeremy. BookHistory.net (웹).

Suarez, Michael, and H. R. Woodhuysen. *Oxford Companion to the Book*. Oxford: Oxford University Press, 2010.

Tsien, Tsuen-Hsuin. *Written on Bamboo and Silk: The Beginnings of Chinese Books and Inscriptions*. Chicago: University of Chicago Press, 2004.

주

들어가며

1   Leah Price, "Dead Again," *The New York Times*, August 10, 2012, http://www.
     nytimes.com/2012/08/12/books/review/the-death-of-the-book-through-the-
     ages.html.

2   "codex, n.," OED Online, Oxford University Press, June 2017, www.oed.com/
     view/Entry/35593.

3   *Reading at Risk: A Survey of Literary Reading in America*, National Endowment for
     the Arts, June 2004, https://www.arts.gov/sites/default/files/ReadingAtRisk.
     pdf.

1 사물로서의 책

1   Frederick Kilgour, *The Evolution of the Book* (New York: Oxford University
     Press, 1998), 9.

2   Denise Schmandt-Besserat and Michael Erard, "Writing Systems," in
     Encyclopedia of Archaeology, vol. 3, Deborah M. Pearsall (ed.) (Oxford, UK:
     Academic Press, 2008), 2222~2234, Gale Virtual Reference Library, accessed
     July 20, 2017, doi: 10.1016/B978-012373962-9.00325-3.

3   같은 책.

4   Walter J. Ong, *Orality and Literacy: The Technologizing of the Word* (New York:
     Routledge, 2002), 85. 한국어판은 『구술문화와 문자문화』(문예출판사,
     2018).

5   Jean-Jacques Glassner, Zainab Bahrani, and Marc Van De Mieroop, *The
     Invention of Cuneiform: Writing in Sumer* (Baltimore: Johns Hopkins University
     Press, 2003), 112.

6   Betty De Shong Meador, *Inanna, Lady of the Largest Heart: Poems of the Sumerian High Priestess Enheduanna* (Austin: University of Texas Press, 2000), 134.

7   Ibid., 69, 70.

8   Alberto Manguel, *A History of Reading* (New York: Penguin, 1996), 181. 한국어판은 『독서의 역사』(세종서적, 2016).

9   Lucien X. Polastron, *Books on Fire: The Destruction of Libraries throughout History*, Jon E. Graham (trans.) (Rochester: Inner Transitions, 2007), 34.

10   Kilgour, *The Evolution of the Book*, 2021.

11   "The Flood Tablet," The British Museum Collection Online, accessed July 17, 2017, http://www.britishmuseum.org/research/collection_online/ collection_ object_details.aspx?objectId=309929&partId=1.

12   Kilgour, *The Evolution of the Book*, 24.

13   Schmandt-Besserat and Erard, "Writing Systems," 2229.

14   Douglas C. McMurtrie, *The Book: The Story of Printing & Bookmaking* (New York: Covici-Friede, 1937), 15.

15   Adam Blow-Jacobsen, "Writing Materials in the Ancient World," *Oxford Handbook of Papyrology* (Oxford: Oxford University Press, 2011), Oxford Handbooks Online, accessed July 17, 2017, doi: 10.1093/oxfordhb/978019 9843695.013. 0001.

16   Leila Avrin, *Scribes, Script, and Books: The Book Arts from Antiquity to the Renaissance* (Chicago: The American Library Association, 1991), 84.

17   Ibid., 85, 86.

18   Toni Owen, "Papyrus: Secret of the Egyptians," Brooklyn Museum, June 23, 2010, accessed July 17, 2017, https://www.brooklynmuseum.org/ community/blogosphere/2010/06/23/papyrus-secret-of-the-egyptians.

19   John H. Taylor, *Journey through the Afterlife: The Ancient Egyptian Book of the Dead* (Cambridge: Harvard University Press, 2010), 55.

20   Ibid., 267.

21 Avrin, *Scribes, Script, and Books*, 91.

22 Colin H. Roberts and T. C. Skeat, *The Birth of the Codex* (London: Oxford University Press, 1983), 49.

23 Henry Petroski, *The Book on the Bookshelf* (New York: Alfred A. Knopf: 1999), 24. 한국어판은『서가에 꽂힌 책』(지호, 2001).

24 Kilgour, *The Evolution of the Book*, 39.

25 Bonnie Mak, *How the Page Matters* (Toronto: University of Toronto Press, 2011), 12.

26 Avrin, *Scribes, Script, and Books*, 145.

27 John Willis Clark, *The Care of Books; an Essay on the Development of Libraries and Their Fittings, from the Earliest Times to the End of the Eighteenth Century* (Cambridge: Cambridge University Press, 1901), 28.

28 Petroski, *The Book on the Bookshelf*, 25. 한국어판은『서가에 꽂힌 책』.

29 Laurent Pflughhaupt, *Letter by Letter*, Gregory Bruhn (trans.) (New York: Princeton Architectural Press, 2007), 14.

30 Avrin, *Scribes, Script, and Books*, 146.

31 Liu Guozhong, *Introduction to the Tsinghua Bamboo-Strip Manuscripts*, Christopher J. Foster and William N. French (trans.) (Leiden: Brill, 2016), 2.

32 Ibid., 4.

33 Keith A. Smith, *Non-Adhesive Binding: Books without Paste or Glue*, vol. 1, revised and expanded ed., 5th printing (Rochester, NY: Keith Smith Books, 2007), 45.

34 Tsuen-Hsuin Tsien, *Written on Bamboo and Silk: The Beginning of Chinese Books and Inscriptions*, 2nd ed. (Chicago: The University of Chicago Press, 2004), 204; Guozhong, *Introduction*, 5.

35 Guozhong, *Introduction*, 5.

36 Tsien, *Written on Bamboo and Silk*, 204.

37   Ibid., 108, 109.

38   Ibid., 130.

39   J. S. Edgren, "The Book beyond the WestChina," in *A Companion to the History of the Book*, Simon Eliot and Jonathan Rose (ed.) (Malden, MA: Blackwell Publishing, 2007), accessed July 17, 2017, doi: 10.1002/9780470690949. ch7.

40   Guozhong, *Introduction*, 7.

41   Kilgour, *The Evolution of the Book*, 59.

42   Ibid., 67.

43   Michael Albin, "The Islamic Book," in *A Companion to the History of the Book*, Simon Eliot and Jonathan Rose (ed.) (Malden, MA: Blackwell Publishing, 2007), accessed July 17, 2017, doi: 10.1002/9780470690949.ch12.

44   Gary Urton and Carrie Brezine, "What Is a Khipu?," *Khipu Database Project*, August 2009, accessed July 17, 2017, http://khipukamayuq.fas.harvard.edu/WhatIsAKhipu.html.

45   Charles C. Mann, "Unraveling Khipu's Secrets," *Science* 309, no. 5737 (August 12, 2005): 10081009, accessed July 17, 2017, http://science.sciencemag.org/content/309/5737/1008.

46   Cecilia Vicua, "Knotations on a Quipu," in *Threads Talk Series*, Steve Clay and Kyle Schlesinger (ed.) (New York: Granary Books; Victoria, TX: Cuneiform Press, 2016), 82.

47   *Instruction Manual and Orientation to Various Meanings. "Chanccani Quipu* by Cecilia Vicua," Granary Books, accessed July 17, 2017, http://www.granary books.com/book/1150/Cecilia_Vicuna+Chanccani _Quipu 참조.

48   키푸를 7비트 숫자열로 보는 어턴의 이론은 *Signs of the Inka Khipu* (Austin: University of Texas Press, 2003)에 개략적으로 서술되어 있다.

49   John V. Murra, "Cloth and Its Functions in the Inca State," *American Anthropologist* 64, no. 4 (1962): 710~728.

50   "role, n.," OED Online, Oxford University Press, June 2017, accessed July 17,

2017, www.oed.com/view/Entry/166971.

51 Om Prakash Agrawal, "Care and Conservation of Palm-Leaf and Paper Illuminated Manuscripts," in John Guy, *Palm-Leaf and Paper: Illustrated Manuscripts of India and Southeast Asia* (Melbourne: National Gallery of Victoria, 1982), 84, 85.

52 Calvert Watkins, *American Heritage Dictionary of Indo-European Roots*, 3판 (Boston: Houghton Mifflin Harcourt, 2011), 92; Peter Stoicheff, "Materials and Meanings," in *The Cambridge Companion to the History of the Book*, Leslie Howsam (ed.) (Cambridge: Cambridge University Press, 2015), 75.

53 Edgren, "The Book beyond the West," 104.

54 Anne Burkus-Chasson, "Visual Hermeneurics and the Act of Turning the Leaf: A Genealogy of Liu Yuan's *Lingyan ge*," in *Printing and Book Culture in Late Imperial China*, Cynthia J. Brokaw and Kai-wing Chow (ed.) (Berkeley: University of California Press, 2005), 373, Oxford University Press Ebooks, accessed July 17, 2017, doi: 10.1525/california/9780520231269.001.0001.

55 Ibid., 374.

56 Ibid., 100, 101.

57 Edgren, "The Book beyond the West," 101.

58 Dorit Symington, "Late Bronze Age Writing-Boards and Their Uses: Textual Evidence from Anatolia and Syria," *Anatolian Studies* 41 (1991), 112.

59 Roberts and Skeat, *The Birth of the Codex*, 4.

60 Kilgour, *The Evolution of the Book*, 51.

61 Ibid.

62 Frederic G. Kenyon, *Books and Readers in Ancient Greece and Rome* (Oxford: Clarendon Press, 1932), 91.

63 *Collected Biblical Writings of T. C. Skeat.* (Leiden: Brill Academic Publishers, 2004), 45.

64 Kenyon, *Books and Readers*, 90.

65 Roberts and Skeat, *The Birth of the Codex*, 20.

66 Kilgour, *The Evolution of the Book*, 53.

67 Avrin, *Scribes, Script, and Books*, 174; Blow-Jacobsen, "Writing Materials," 23; William A. Johnson, "The Ancient Book," in *The Oxford Handbook of Papyrology*, Roger S. Bagnall (ed.) (New York: Oxford University Press, 2012), 265.

68 Avrin, *Scribes, Script, and Books*, 84.

69 Martin Andrews, "The Importance of Ephemera," in *A Companion to the History of the Book*, Simon Eliot and Jonathan Rose (ed.) (Malden, MA: Blackwell Publishing, 2007), doi: 10.1002/9780470690949.ch32.

70 Roberts and Skeat, *The Birth of the Codex*, 20.

71 Alan Cowell, "Grave Yields Psalms: World's Oldest?," *New York Times*, December 24, 1988, accessed July 17, 2017, http://www.nytimes.com/1988/12/24/arts/ grave-yields-psalms-world-s-oldest.html.

72 Manguel, *A History of Reading*, 48.

73 Peter Stallybrass, "Books and Scrolls: Navigating the Bible," in *Material Texts: Books and Readers in Early Modern England*, Jennifer Andersen and Elizabeth Sauer (ed.) (Philadelphia: University of Pennsylvania Press, 2001), 43.

74 Henri-Jean Martin, *The History and Power of Writing* (Chicago: University of Chicago Press, 1994), 121.

75 McMurtrie, *The Book*, 78.

76 Florence Edler de Roover, "The Scriptorium," in *The Medieval Library*, James Westfall Thompson (ed.) (New York: Hafner Publishing, 1939), 604606.

77 Kilgour, *The Evolution of the Book*, 71.

78 Avrin, *Scribes, Script, and Books*, 213.

79 오하이오 주립대학-대학 도서관 부큐레이터 에릭 J. 존슨(Eric J. Johnson)은 중세 필사본 양피지의 홈을 보여주는 빼어난 사진들을 수집했다. 이 사진들은 오하이오 주립대학-대학 도서관 블로그에서 볼 수 있다. "Scarring, Tears, Veins and Hair: The Imperfections of Medieval Parchment," *The Ohio State University University Libraries*, December 1, 2008, accessed July

17, 2017, https://library.osu. edu/blogs/rarebooks/2008/07-12-01/.

80   David Finkelstein and Alistain McCleery, *An Introduction to Book History* (New York: Routledge, 2005), 45.

81   Kilgour, *The Evolution of the Book*, 38.

82   Keith Houston, *The Book: A Cover-to-Cover Exploration of the Most Powerful Object of Our Time* (New York: W. W. Norton, 2016), 170.

83   더블린 트리니티 칼리지 웹사이트를 통해 스캔본을 구할 수 있다. "Book of Kells," Digital Collections, Trinity College Dublin, 2012, accessed July 17, 2017, http://digitalcollections.tcd.ie/home/index.php?DRIS_ID= MS58_003v.

84   "The Book of Kells," The Library of Trinity College Dublin, accessed July 17, 2017, https://www.tcd.ie/library/manuscripts/book-of-kells.php.

85   Martyn Lyons, *Books: A Living History* (Los Angeles: Getty Publications, 2011), 43. 한국어판은 『책, 그 살아 있는 역사』(21세기북스, 2011) 43, 44쪽.

86   Kilgour, *The Evolution of the Book*, 68~80.

87   Paul Saenger, *Space between Words: The Origins of Silent Reading* (Stanford: Stanford University Press, 1997), 9.

88   William A Johnson, "Bookroll as Media," in *Comparative Textual Media: Transforming the Humanities in the Postprint Era*, N. Katherine Hayles and Jessica Pressman (ed.) (Minneapolis: University of Minnesota Press, 2013), 106.

89   Ong, *Orality and Literary*, 59. 한국어판은 『구술문화와 문자문화』.

90   Plato, *Phaedrus* (section 275c), *Plato in Twelve Volumes*, vol. 9, Harold N. Fowler (trans.) (Cambridge, MA: Harvard University Press, 1925), Perseus Digital Library, accessed July 17, 2017, http://data.perseus.org/citations/urn: cts:greekLit:tlg0059. tlg012.perseus-engl:275c. 한국어판은 『파이드로스/메논』(숲, 2013) 121~123쪽.

91   Ong, *Orality and Literacy*, 9. 한국어판은 『구술문화와 문자문화』.

92   M. B. Parkes, "Reading, Copying and Interpreting a Text in the Early Middle Ages," in *A History of Reading in the West*, Guglielmo Cavallo and Roger Chartier

엮음 (Amherst: University of Massachusetts Press, 1999), 94~99. 한국어판은 『읽는다는 것의 역사』(한국출판마케팅연구소, 2006) 161~166쪽.

93   Saenger, *Space between Words*, 124~129.

94   Kilgour, *The Evolution of the Book*, 74, 75.

95   Lucien Febvre and Henri-Jean Martin, *The Coming of the Book: The Impact of Printing, 1450~1800*, David Gerard (trans.) (London: Verso, 1976), 19~21.

96   Saenger, *Space between Words*, 259~261.

97   David C. Lindberg, *The Beginnings of Western Science* (Chicago: The University of Chicago Press, 1992), 203. 또한 Johanna Drucker, "The Virtual Codex: From Page Space to E-space," The Book Arts Web, April 25, 2003, accessed July 17, 2017, http://www.philobiblon.com/drucker 참고.

2 내용으로서의 책

1   Eric Jager, *The Book of the Heart* (Chicago: University of Chicago Press, 2000), 83~85.

2   Kai-wing Chow, "Reinventing Gutenberg: Woodblock and Movable-Type Printing in Europe and China," in *Agent of Change: Print Culture Studies after Elizabeth L. Eisenstein*, Sabrina Baron, Eric Lindquist, and Eleanor Shevlin (ed.) (Amherst: University of Massachusetts Press, 2007), 180.

3   John Man, *Gutenberg: How One Man Remade the World with Words* (New York: John Wiley and Sons, 2002), 185.

4   Febvre and Martin, *The Coming of the Book*, 56.

5   Ibid., 51.

6   Ibid., 50.

7   Blaise Agera y Arcas, "Temporary Matrices and Elemental Punches in Gutenberg's DK Type," in *Incunabula and Their Readers: Printing, Selling and Using Books in the Fifteenth Century*, Kristian Jensen (ed.) (London: The British Library, 2003), 11.

8 McMurtrie, *The Book*, 237, 238.

9 Febvre and Martin, *The Coming of the Book*, 62, 63.

10 "Gutenberg Bible: Making the BibleHow Many," *British Library Treasures in FullGutenberg Bible*, accessed July 17, 2017, http://www.bl.uk/treasures/gutenberg/howmany.html.

11 "Fast Facts," *Harry Ransom CenterGutenberg Bible*, accessed July 17, 2017, http://www.hrc.utexas.edu/exhibitions/permanent/gutenbergbible/facts/#top.

12 Man, *Gutenberg*, 144.

13 Chow, "Reinventing Gutenberg," 189.

14 Adrian Johns, *The Nature of the Book: Print and Knowledge in the Making* (Chicago: University of Chicago Press, 1998), 324379에서는 초기 서지학자들이 활자의 발명을 놓고 벌인 국제적 경쟁을 자세히 묘사한다.

15 Joseph Dane, *What Is a Book?: The Study of Early Printed Books* (Notre Dame: University of Notre Dame Press, 2012), 8.

16 Walter Benjamin, "The Work of Art in the Age of Its Technological Reproducibility," in *Selected Writings, Volume 4: 19381940*, Howard Eiland and Michael W. Jennings (ed.) (Cambridge, MA: Belknap Press, 2003), 254. 한국어판은 『기술적 복제시대의 예술작품』(도서출판 b, 2017).

17 Richard Ovenden, "Bookplate," in *The Oxford Companion to the Book*, Michael F. Suarez and H. R. Woodhuysen (ed.) (Oxford: Oxford University Press, 2010), Oxford Reference, accessed July 17, 2017, doi: 10.1093/acref/9780198606536.001.0001.

18 Febvre and Martin, *The Coming of the Book*, 84.

19 Petroski, *The Book on the Bookshelf*, 26~28. 한국어판은 『서가에 꽂힌 책』.

20 Margaret M. Smith, *The Title-Page, Its Early Development, 1460~1510* (London: British Library, 2000), 27.

21 Febvre and Martin, *The Coming of the Book*, 84.

22 McMurtrie, *The Book*, 562~563.

23   Roger Chartier, "The Printing Revolution: A Reappraisal," in *Agent of Change: Print Culture Studies after Elizabeth L. Eisenstein*, Sabrina Alcorn Baron, Eric N. Lindquist, and Eleanor F. Shevlin (ed.) (Amherst: University of Massachusetts Press: 2007), 401.

24   William H Sherman, "On the Threshold: Architexture, Paratext, and Early Print Culture," in *Agent of Change: Print Culture Studies after Elizabeth L. Eisenstein*, Sabrina Baron, Eric Lindquist, and Eleanor Shevlin (ed.) (Amherst: University of Massachusetts Press, 2007), 79.

25   Andrew Piper, *Book Was There: Reading in Electronic Times* (Chicago: University of Chicago Press: 2012), 29. 한국어판은 『그곳에 책이 있었다』 (책읽는수요일, 2014) 59쪽.

26   Dane, *What Is a Book?*, 22.

27   Smith, *The Title-Page*, 56.

28   Petroski, *The Book on the Bookshelf*, 150. 한국어판은 『서가에 꽂힌 책』.

29   Ibid., 121~123.

30   Houston, *The Book*, 311.

31   Rowan Watson, "Some Non-textual Uses of Books," in *A Companion to the History of the Book*, Simon Eliot and Jonathan Rose (ed.) (Malden, MA: Blackwell Publishing, 2007), doi: 10.1002/9780470690949.ch35.

32   Finkelstein and McCleery, *An Introduction to Book History*, 53.

33   McMurtrie, *The Book*, 313~315.

34   Lyons, *Books: A Living History*, 75. 한국어판은 『책, 그 살아 있는 역사』 75쪽.

35   Stallybrass, "Books and Scrolls," 45.

36   Bradin Cormack and Carla Mazzio, *Book Use, Book Theory: 1500~1700* (Chicago: University of Chicago Library, 2005), 14, 15.

37   William H. Sherman, *Used Books: Marking Readers in Renaissance England* (Philadelphia: University of Pennsylvania Press, 2008), 37.

38   Cormack and Mazzio, *Book Use, Book Theory*, 23.

39   Robert Darnton, *Case for Books* (New York: Public Affairs, 2009), 150.

40   Johnson, "Bookroll as Media," 114.

41   Chartier, "The Printing Revolution," 398.

42   Houston, *The Book*, 318.

43   Lyons, *Books: A Living History*, 115. 한국어판은 『책, 그 살아 있는 역사』 114, 115쪽.

44   Nicholas Barker, *Aldus Manutius and the Development of Greek Script and Type in the Fifteenth Century* (New York: Fordham University Press, 1992), 114~116.

45   "The Aldine Republic of Letters," *Aldines at the Edward Worth Library*, accessed July 17, 2017, http://aldine.edwardworthlibrary.ie/apud-aldum/the-aldine-republic-of-letters/.

46   M. J. C Lowry, "The 'New Academy' of Aldus Manutius: A Renaissance Dream," *Bulletin of the John Rylands Library* 58, no. 2 (1976): 409.

47   Anthony Grafton, "The Humanist as Reader," in *A History of Reading in the West*, Guglielmo Cavallo and Roger Chartier (ed.), Lydia G. Cochrane (trans.) (Amherst: University of Massachusetts Press, 1999), 180.

48   McMurtrie, *The Book*, 213; Dane, *What Is A Book?*, 125.

49   Martin Davies, *Aldus Manutius: Printer and Publisher of Renaissance Venice* (Tempe: Arizona Center for Medieval and Renaissance Studies, 1999), 37.

50   Richard Altick, "From Aldine to Everyman: Cheap Reprint Series of the English Classics 1830~1906," *Studies in Bibliography* 11 (1958): 5.

51   Ibid., 8.

52   Febvre and Martin, *The Coming of the Book*, 162.

53   Elizabeth Armstrong, *Before Copyright: The French Book Privilege System 1498~1526* (Cambridge: Cambridge University Press, 1990), 12.

54   Mark Rose, "The Author as Proprietor," *Representations* 23 (Summer 1988): 57.

55 Elizabeth Judge, "Kidnapped and Counterfeit Characters: Eighteenth-Century Fan Fiction, Copyright Law, and the Custody of Fictional Characters," in *Originality and Intellectual Property in the French and English Enlightenment*, Reginald McGinnis (ed.) (New York: Routledge, 2009), 14.

56 Ibid., 52, 53.

57 Finkelstein and McCleery, *An Introduction to Book History*, 63.

58 "Copyright Timeline: A History of Copyright in the United States," Association of Research Libraries Website, accessed July 17, 2017, http://www.arl.org/focus- areas/ copyright-ip/2486-copyright-timeline#.VKMKJmTF9J0.

59 "Copyright Basics," *The United States Copyright Office*, May 2012, accessed July 17, 2017, https://www.copyright.gov/circs/circ01.pdf.

60 Lyons, *Books: A Living History*, 105. 한국어판은 『책, 그 살아 있는 역사』 105쪽.

61 Peter Shillingsburg, "Three- or Triple-Decker," in *The Oxford Companion to the Book*, Michael F. Suarez and H. F. Woudhuysen (ed.) (Oxford: Oxford University Press, 2010), Oxford Reference, accessed July 17, 2017, doi: 10.1093/acref/978019860 6536.001.0001.

62 Altick, "From Aldine to Everyman," 15.

63 Jeffrey S. Anderson, "Bindings," *Collecting Everyman's Library*, May 5, 2008, accessed July 17, 2017, http://everymanslibrarycollecting.com.

64 Louis Menand, "Pulp's Big Moment: How Emily Bront Met Mickey Spillane," *New Yorker*, January 5, 2015, accessed July 17, 2017, http://www.newyorker.com/ magazine/2015/01/05/pulps-big-moment.

65 Lyons, *Books: A Living History*, 173. 한국어판은 『책, 그 살아 있는 역사』 173쪽.

66 Jan Tschichold, *The New Typography: A Handbook for Modern Designers*, Ruari McLean (trans.) (Berkeley: University of California Press, 1995).

67 Richard Doubleday, "Jan Tschichold at Penguin BooksA Resurgence of Classical Book Design," *Baseline*, no. 49 (2006): 13~20.

68 Jost Hochuli (ed.), *Jan Tschichold, Typographer and Type Designer, 1902~1974*, Ruari McLean, W. A. Kelly, and Bernard Wolpe (trans.) (Edinburgh: National Library of Scotland, 1982), 35, Doubleday에서 재인용.

69 Beatrice Warde, "The Crystal Goblet, or Printing Should Be Invisible," in *The Crystal Goblet: Sixteen Essays on Typography* (Cleveland: World Publishing Company, 1956), Typo-L Listserv, accessed July 17, 2017, http://gmunch.home. pipeline.com/typo-L/misc/ward.htm.

70 Ibid.

3 아이디어로서의 책

1 Johanna Drucker, *The Century of Artists' Books* (New York: Granary Books, 1994), 1.

2 Ibid., 2.

3 Ibid., 1.

4 케셀스의 책들은 Kesselskramer Publishing에서 볼 수 있다. accessed July 17, 2017, http://www.kesselskramerpublishing.com/in-almost-every-picture/.

5 Craig Dworkin, *No Medium* (Cambridge, MA: MIT Press, 2013).

6 "Books," *Alisa Banks*, accessed July 17, 2017, http://www.alisabanks.com/artwork/books/.

7 "Press Release," Doc/Undoc, accessed July 17, 2017, https://docundoc.com/2014/07/06/press_release/.

8 William Blake, "Milton: A Poem in 2 Books," in *The Complete Poetry and Prose of William Blake*, David V. Erdman (ed.) (Berkeley: University of California Press), 95. 이 판은 윌리엄 블레이크 아카이브(The William Blake Archive)에 그의 채색본 도판과 함께 올라와 있다. accessed July 17, 2017, http://erdman.blakearchive.org/.

9 Ibid., 39.

10 Robert N. Essick and Joseph Viscomi, "An Inquiry into William Blake's Method of Color Printing," *Blake: An Illustrated Quarterly* 35, no. 3 (Winter 2002): 96.

11 "Illuminated Printing," *The William Blake Archive*, accessed July 17, 2017, http://www.blakearchive.org/staticpage/biography?p=illuminatedprinting.

12 W. J. T. Mitchell, *Picture Theory: Essays on Verbal and Visual Representation* (Chicago: University of Chicago Press, 1994), 89.

13 "Illuminated Printing," The William Blake Archive.

14 William Blake, *The Complete Poetry and Prose*, 692, 693.

15 Ibid., 771.

16 Simon Morley, *Writing on the Wall: Word and Image in Modern Art* (Los Angeles: University of California Press, 2003), 23.

17 Gary Frost, *Future of the Book: A Way Forward* (Coralville: Iowa Book Works, 2012), n.p.

18 Stphane Mallarm, "The Crisis in Poetry," in *Modernism: An Anthology of Sources and Documents*, Vassiliki Kolocotroni, Jane Goldman, and Olga Taxidou (ed.) (Chicago: University of Chicago Press, 1998), 126.

19 Stphane Mallarm, "The Book, Spiritual Instrument," Michael Gibbs 옮김, in *The Book, Spiritual Instrument*, Jerome Rothenberg and David Guss (ed.) (New York: Granary Books, 1996), Granary Books, 2001, accessed July 17, 2017, http://www.granarybooks.com/books/rothenberg/rothenberg5.html. 한국어판은 https://czarny.tistory.com/627.

20 1914년 인쇄본의 복제본을 프랑스 국립도서관(Bibliothque nationale de France)에서 볼 수 있다, http://gallica.bnf.fr/ark:/12148/bpt6k71351c/.

21 Stphane Mallarm, *A Roll of the Dice*, Jeff Clark and Robert Bononno (trans.) (Seattle: Wave Books), 2. 한국어판은 《외국문학》(열음사, 1997.12) 298쪽.

22 Ibid., 한국어판은 299쪽.

23 Ibid., 한국어판은 299쪽.

24 Ibid., 89. 한국어판은 240, 241쪽.

25 Ibid., 23. 한국어판은 255쪽.

26 Mallarm, "The Book, Spiritual Instrument."

27 Drucker, *The Century of Artists' Books*, 69.

28 Lucy Lippard, "The Artist's Book Goes Public," in *Artists' Books: A Critical Anthology and Sourcebook*, Joan Lyons (ed.) (Rochester, NY: Visual Studies Workshop, 1985), 45.

29 Janis Ekdahl, "Artists' Books and Beyond: The Library of the Museum of Modern Art as a Curatorial and Research Resource," *Inspel* 33, no. 4 (1999), 244.

30 Ulises Carrin, "The New Art of Making Books," in *Second Thoughts* (Amsterdam: VOID Distributors, 1980), 7.

31 Carrin, quoted in Guy Schraenen, "A Story to Remember," in *Dear Reader. Don't Read* (Madrid: Museo Nacional Centro de Arte Reina Sofia, 2015), 17.

32 Carrin, "The New Art of Making Books," 10, 13. 한국어판은 『책을 만드는 새로운 예술』(미디어버스, 2017), 11, 17쪽.

33 Ibid., 7. 한국어판은 9쪽.

34 Ibid.

35 Ibid., 14. 한국어판은 17쪽.

36 Ibid., 25. 한국어판은 30쪽.

37 Ulises Carrin, "From Bookworks to Mailworks," in *Second Thoughts* (Amsterdam: VOID Distributors, 1980), 25.

38 Ibid.

39 Garrett Stewart, *Bookwork: Medium to Object to Concept to Art* (Chicago: University of Chicago Press, 2011), xiv.

40 Ulises Carrin, "Bookworks Revisited," Bill Ritchie and Lynda Ritchie family Seattle Art Gallery, accessed July 17, 2017, http://www.seanet.com/~ritchie/

vtbookw. html.

41   Ong, *Orality and Literacy*, 129. 한국어판은 『구술문화와 문자문화』.

42   Clare Ford-Wille, "Peepshow Box," in *The Oxford Companion to Western Art*
      (Oxford: Oxford University Press, 2001), accessed July 17, 2017, doi:
      10.1093/acref/9780198662037. 001.0001.

43   Ralph Hyde, *Paper Peepshows: The Jaqueline & Jonathan Gestetner Collection*
      (Woodbridge, Suffolk, England: Antique Collectors' Club, 2015), 6.

44   Bill Wilson, "The Big Book," in *The Big Book*, Alison Knowles (Leipzig:
      Passenger Books, 2013), 44. 윌슨의 글은 원래 *Art in America* (7/8월호)에
      발표되었으며 1968년에 *Journal of Typographic Research*에도 실렸다.

45   스티븐 클레이(Steven Clay)와 로드니 필립스(Rodney Phillips)는 *A Secret
      Location on the Lower East Side: Adventures in Writing, 19601980* (New York: NYPL
      and Granary Books, 1998)에서 이런 출판사들을 추적한다.

46   Junker, Nicole L. Woods, "Object/Poems: Alison Knowles' Feminist
      Archite(x)ture," *X-TRA: Contemporary Art Quarterly* 15, no. 1 (2012): 8에서
      재인용.

47   Bruce Reed, "Unpublished review (1967)," in *The Big Book*, Alison Knowles
      (Leipzig: Passenger Books, 2013), 37. *Toronto Telegram* (1967)에 실으려던
      논문의 미발표 원고.

48   Caitlin Fisher, "Artist's Statement," ELO 2012 Media Art Show, accessed July
      17, 2017, http://dtc-wsuv.org/elit/elo2012/elo2012/Fisher.html.

49   The Selfie Drawings, accessed July 17, 2017, http://theselfiedrawings.com.

50   "The Mutoscope," *San Francisco Call* 84, no. 159 (November 6, 1898),
      California Digital Newspaper Collection, accessed July 17, 2017,
      https://cdnc.ucr.edu.

51   Michael Snow, *Cover to Cover* (Halifax, Nova Scotia/New York: Nova Scotia
      College of Art & Design/New York University Press, 1975). 실물을 볼 수
      없는 사람을 위해, 각 펼침면을 완벽하게 기록하며 텍스트를
      애니메이션화한 동영상에서 작가의 수법과 재미있는 결말을 볼 수 있다,
      https://vimeo.com/88029485.

52 Emmett Williams, *Sweethearts* (Berlin: Verlag der Buchandlung Walther Knig, [1967] 2010).

53 디자이너 민디 서(Mindy Seu)는 텍스트가 움직이는 「연인」(sweethearts) 디지털 버전을 발표했다. accessed July 17, 2017, http://sweetheartsweetheart. com.

54 Howard Lamarr Walls, *Motion Pictures, 1894~1912* (Washington, DC: Library of Congress Copyright Office, 1953).

55 "Soldier," *Editions Zdl*, accessed July 17, 2017, http://www.editions-zedele.net.

56 Watkins, *Indo-European Word Roots*, 63.

57 Bob Brown, "The Readies," in *In Transition: A Paris Anthology: Writing and Art from* Transition *Magazine 19271930* (New York: Anchor, 1990), 59.

58 Ibid.

59 Craig Saper, "Introduction," in *The Readies by Bob Brown*, Craig Saper (ed.) (Baltimore: Roving Eye Press, 2014), ix.

60 Craig Saper, *The Amazing Adventures of Bob Brown: A Real-Life Zelig Who Wrote His Way through the Twentieth Century* (New York: Fordham University Press, 2016), 58.

61 Andrew F. Smith, "Brown, Bob, Cora, and Rose," in *The Oxford Encyclopedia of Food and Drink in America*, vol. 2, Andrew F. Smith 엮음 (New York: Oxford University Press: 2013), 218.

62 Saper, "Introduction," xii.

63 "The Reading Machine," Readies, accessed July 17, 2017, http://www.readies. org.

64 *Spritz Inc.*, accessed July 17, 2017, http://spritzinc.com/.

65 Stewart, *Bookwork*, 83.

66 1476년판의 디지털본은 University of Oklahoma Libraries, *History of Science*에서 볼 수 있다. accessed July 17, 2017, https://hos.ou.edu/galleries //15thCentury/ Regiomontanus/1476/. 볼벨과 조합식 글쓰기(combinatorial writing)에 대한 영문학자 휘트니 트러틴(Whitney Trettien)의 훌륭한

연구는 *Computers, Cut-Ups, & Combinatory Volvelles: An Archaeology of Text-Generating Mechanisms*에서 읽을 수 있다. accessed July 17, 2017, http://whitneyannetrettien.com/thesis/.

67   Raymond Queneau, "Instructions for Use," in *One Hundred Million Million Poems*, John Crombie (trans.) (France: Kickshaws Press, 1983), n.p.

68   Ibid.

69   크노가 시도한 반복을 디지털로 구현한 버전이 여러 번역으로 온라인에 올라와 있는데, 여기서 다양하게 반복되는 텍스트를 쉽게 읽을 수 있다. "Cent mille millards de pomes," *Magnus BodinPsykologisk Illusionist*, 1997 참고. accessed July 17, 2017, http://x42.com/active/queneau.html.

70   *The Poetry of Robert Frost: The Collected Poems Complete and Unabridged* (New York: Henry Holt, 1979), 105. 한국어판은 『불과 얼음』(민음사, 2007) 46쪽.

71   이 책은 이제 작가 웹사이트에서 볼 수 없으나 아마존 서점에서 종이책으로 구할 수 있다. 다른 그래픽노블과 출간 예정인 독자 참여형 작업의 자세한 내용은 Shiga Books에서 볼 수 있다. accessed July 17, 2017, http://www.shigabooks.com.

72   Andrew Plotkin and Jason Shiga, "Meanwhile," accessed July 17, 2017, http://zarf home.com/meanwhile/.

73   "Dieter Roth Interactive Composition Generator," The55, accessed July 17, 2017, http://www.the55.net/_13/sketch/dieter_roth_a#.WDOf8KIrLMU.

74   Rebecca Knuth, *Libricide: The Regime-Sponsored Destruction of Books and Libraries in the Twentieth Century* (Westport: Praeger, 2003), 49.

75   Edward Ruscha (Christophe Cherix와의 인터뷰), The Museum of Modern Art Oral History Program, January 24, 2012, accessed July 17, 2017, https://www.moma.org/momaorg/shared/pdfs/docs/learn/archives/transcript_ruscha.pdf.

76   2017년에 작가가 작품을 만들고 폭발시킨 영상을 vimeo.com/18052124 에서 볼 수 있다.

77   "Cai Guo-Qiang, Danger Book: Suicide Fireworks," Ivory Press, accessed July 17, 2017, http://www.ivorypress.com/en/editorial/cai-guo-qiang.danger-book-suicide-fireworks.

78   Peter G. Wells, "Managing Ocean Information in the Digital EraEvents in Canada Open Questions about the Role of Marine Science Libraries," *Marine Pollution Bulletin* 83, no. 1 (2014): 14.

79   Thomas Fulton, "Gilded Monuments: Shakespeare's Sonnets, Donne's Letters, and the Mediated Text," in *Comparative Textual Media: Transforming the Humanities in the Postprint Era*, N. Katherine Hayles and Jessica Pressman 엮음 (Minneapolis: University of Minnesota Press, 2013), 225.

80   Stewart, *Bookwork*, 18.

81   Pierre Cabanne, *Dialogues with Marcel Duchamp* (New York: Da Capo Press, 1987), 61.

82   Petroski, *The Book on the Bookshelf*, 31.

83   *Wait, Later This Will Be Nothing: Editions By Dieter Roth*, Sarah Suzuki (ed.) (New York: The Museum of Modern Art, 2013), 87에 다시 실렸다.

84   Reynier Leyva Novo, *5 Nights*, "The Weight of History" 연작 가운데, Smithsonian Institution Hirschhorn Museum and Sculpture Garden, Washington, DC, "Masterworks from the Hirshhorn Collection," 2016년 6월 9일~2017년 9월 4일의 미술관 작품 설명.

85   Wallace Stevens, "The Planet on the Table," *Collected Poetry and Prose* (New York: Library of America, 1997), 450.

86   Buzz Spector, "On the Fetishism of the Book Object," in *Threads Talk Series*, Steve Clay and Kyle Schlesinger (ed.) (New York: Granary Books; Victoria, TX: Cuneiform Press, 2016), 59.

87   Rietje van Vliet, "Print and Public in Europe 16001800," in *A Companion to the History of the Book*, 엮음 Simon Eliot and Jonathan Rose (Malden, MA: Blackwell Publishing, 2007), doi: 10.1002/9780470690949.ch18, 253.

88   Jeffrey Todd Knight, "Furnished for Action," *Book History* 12, no. 1 (2009): 37~73에서는 르네상스 시대 독자들이 책을 어떻게 일종의 가구로 '이용'했는지를 훌륭하게 분류하고 분석했다.

4 인터페이스로서의 책

1   Lori Emerson, *Reading Writing Interfaces* (Minneapolis: University of Minnesota Press, 2014), 2.

2   Stallybrass, "Books and Scrolls," 46.

3   Matthew Kirschenbaum, "Bookscapes: Modeling Books in Electronic Space," Human Computer Interaction Lab 25th Annual Symposium, College Park, MD, 2008-05-29.

4   Michael E. Cohen, "Scotched," *The Magazine* #32 (December 19, 2013), accessed July 17, 2017, http://the-magazine.org/32/scotched.

5   Jay David Bolter and Richard Grusin, *Remediation: Understanding New Media* (Cambridge, MA: MIT Press, 1999).

6   Mark Kurlansky, *Paper: Paging Through History* (New York: W. W. Norton, 2016).

7   N. Katherine Hayles, *Writing Machines* (Cambridge, MA: MIT Press, 2002), 22.

8   Hayles, *Writing Machines*, 23.

9   Terry Harpold, *Ex-foliations: Reading Machines and the Upgrade Path* (Minneapolis: University of Minnesota Press, 2009), 3.

10 Matthew Rubery, *The Untold Story of the Talking Book* (Cambridge, MA: Harvard University Press, 2016), 31.

11 Frances A. Koestler, *The Unseen Minority: A Social History of Blindness in the United States* (New York: American Foundation for the Blind, 2004), accessed July 17, 2017, http://www.afb.org/unseen/book.asp.

12 "200 Years: The Life and Legacy of Louis Braille," *American Foundation for the Blind*, 2009, accessed July 17, 2017, http://www.afb.org/LouisBrailleMuseum/braillegallery.asp?FrameID=156.

13 Vannevar Bush, "As We May Think," in *The New Media Reader*, Noah Wardrip-Fruin and Nick Montfort (ed.) (Cambridge, MA: MIT Press, 2003), 37.

14   Petroski, *The Book on the Bookshelf*, 115; Harpold, *Ex-foliations*, 214.

15   Marie Lebert, *Project Gutenberg (19712008)*, 2008, accessed July 17, 2017, http://www.gutenberg.org/cache/epub/27045/pg27045-images.html.

16   *Free ebooksProject Gutenberg*, accessed July 17, 2017, https://www.gutenberg.org/.

17   Michael S. Hart, "The History and Philosophy of Project Gutenberg," August 1992, accessed July 17, 2017, http://www.gutenberg.org/wiki/Gutenberg: The_History_and_Philosophy_of_Project_Gutenberg_by_Michael_Hart.

18   Michael S. Hart, "How eTexts Will Become the 'Killer App' of the Computer Revolution," November 22, 2006, accessed July 17, 2017, https://www.gutenberg.org/wiki/Gutenberg:How_eTexts_Will_Become_the_ %22Killer_App%22_of_the_Computer_ Revolution_by_Michael_Hart.

19   오픈 라이브러리 소장 도서는 인터넷 아카이브와 전용 웹사이트(Open Library)에서 열람할 수 있다. accessed July 17, 2017, https://openlibrary.org.

20   "About the Internet Archive," The Internet Archive, accessed July 17, 2017, https://archive.org/about.

21   Brewster Kahle, "Why Preserve Books? The New Physical Archive of the Internet Archive," Internet Archive Blogs, June 6, 2011, accessed July 17, 2017, http://blog.archive.org/2011/06/06/why-preserve-books-the- new-physical-archive-of-the-internet-archive.

22   Brewster Kahle, "Help Us Keep the Archive Free, Accessible, and Reader Private," Internet Archive Blogs, November 29, 2016, accessed July 17, 2017, https://blog.archive.org/2016/11/29/help-us-keep-the-archive-free-accessible-and-private.

23   "Internet Archive: Bookmobile," The Internet Archive, accessed July 17, 2017, https://archive.org/texts/bookmobile.php.

24   "Google Books History," Google Books, accessed July 17, 2017, https://books.google.com/intl/en/googlebooks/about/history.html.

25   Tim Wu, "Whatever Happened to Google Books," *New Yorker*, September 11, 2015, accessed July 17, 2017, http://www.newyorker.com/business/currency/what-ever-happened-to-google-books.

26 James Somers, "Torching the Modern-Day Library of Alexandria," *The Atlantic*, April 20, 2017, accessed July 17, 2017, https://www.theatlantic.com/technology/archive/2017/04/the-tragedy-of-google-books/523320/.

27 "Google Books History."

28 "Docket Item 230 from the case *The Authors Guild v. Google, Inc.*," United States Courts Archive, October 16, 2015, accessed July 17, 2017, https://www.unitedstatescourts.org/federal/ca2/13-4829/230-0.html.

29 The Internet Archive's trove of Google Book scans is available at "Google Books," The Internet Archive, accessed July 17, 2017, https://archive.org/details/google books.

30 Mary E. Murrell, "The Open Book: Digital Form in the Making" (PhD diss., UC Berkeley, 2012), 89.

31 Mar Abad, "ngela Ruz Robles: la Espaola que vislumbr la era digital edn los aos 40," *Yorokobu*, accessed July 17, 2017, http://www.yorokobu.es/angela-ruiz-robles/.

32 "Incipit 1992," *Divisare*, accessed July 17, 2017, https://divisare.com/projects/185708-franco-crugnola-incipit-1992.

33 "The SoftBook System," SoftBook, December 2, 1998, accessed July 17, 2017, http://web.archive.org/web/19981202200925/http://www.softbook.com:80/softbook_sys/index.html.

34 Sian Cain, "Ebook Sales Continue to Fall as Younger Generations Drive Appetite for Print," *The Guardian*, March 14, 2017, accessed July 17, 2017, https://www.theguardian.com/books/2017/mar/14/ebook-sales-continue-to-fall-nielsen-survey-uk-book-sales?CMP=twt_books_b-gdnbooks.

35 Jonathan Segura, "Print Sales Stay Hot: Unit Sales of Print Books Rose 3.3% in 2016 over the Previous Year, Making It the Third-Straight Year of Print Growth," *Publishers Weekly* 264, no. 2 (2017): 4.

36 Gerard Genette, *Paratexts: Thresholds of Interpretation*, Jane E. Lewin (trans.) (Cambridge: Cambridge University Press, 1997), 13.

37 Drucker, "The Virtual Codex."

38 Frost, *Future of the Book*, 68.

39 Ted Striphas, *The Late Age of Print: Everyday Book Culture from Consumerism to Control* (New York: Columbia University Press, 2009), 92~95에서 ISBN의 역사와 도입 과정을 속속들이 알 수 있다.

40 "ISBN US," Bowker, accessed July 17, 2017, http://www.bowker.com/products/ISBN-US.html

41 Susan Lulgjuraj, "DBW '17: Why Are Print Sales Up?," TeleRead, accessed July 17, 2017, https://teleread.org/2017/01/17/dbw-17-print-books-ebooks.

42 Fiona Banner, "Legal Deposit," *Bomb Magazine* 112 (Summer 2010), accessed July 17, 2017, http://bombmagazine.org/article/3553/legal-deposit.

43 작가의 웹사이트 "Vanity Press"에서 이미지를 구할 수 있다, Fiona Banner, accessed July 17, 2017, http://www.fionabanner.com/vanitypress/isbnbook/index. htm.

44 Sven Birkerts, *The Gutenberg Elegies* (New York: Faber and Faber, 1994), 146.

45 "Human Interface Guidelines: Gestures," *Apple Developer*, accessed July 17, 2017, https://developer.apple.com/ios/human-interface-guidelines/interaction/gestures/.

46 이 노벨라는 앱 스토어에서 구입해야 하지만, 『엿보기』 웹사이트 (accessed July 17, 2017, http://prynovella.com)에서 소개글을 볼 수 있다.

47 "About Us," Editions at Play, accessed July 17, 2017, https://editionsatplay.withgoogle.com/#/about.

48 Dick Higgins and Hannah Higgins, "Intermedia," *Leonardo* 34, no.1 (2001): 53.

49 Dick Higgins, "A Preface," in *Artists' Books: A Critical Anthology and Sourcebook*, Joan Lyons (ed.) (Rochester, NY: Visual Studies Workshop Press, 1985), 11.

50 "The Gutenberg Parenthesis Research Forum," Southern Denmark University, 2007, accessed July 17, 2017, https://www.sdu.dk/en/om_sdu/institutter centre/ikv/forskning/forskningsprojekter/gutenberg_projekt/glog.

참고문헌

Agrawal, Om Prakash. "Care and Conservation of Palm-Leaf and Paper Illuminated Manuscripts." In *Palm-Leaf and Paper: Illustrated Manuscripts of India and Southeast Asia*, John Guy(ed.), 84~90. Melbourne: National Gallery of Victoria, 1982.

Agera y Arcas, Blaise. "Temporary Matrices and Elemental Punches in Gutenberg's DK Type." In *Incunabula and Their Readers: Printing, Selling and Using Books in the Fifteenth Century*, Kristian Jensen(ed.), 3~12. London: The British Library, 2003.

Albin, Michael. "The Islamic Book." In *A Companion to the History of the Book*, Simon Eliot and Jonathan Rose(ed.), 165~176. Malden, MA: Blackwell Publishing, 2007. Accessed July 17, 2017. doi: 10.1002/9780470690949.ch12.

Altick, Richard. "From Aldine to Everyman: Cheap Reprint Series of the English Classics 1830~1906." *Studies in Bibliography* 11 (1958): 3~24.

Andrews, Martin. "The Importance of Ephemera." In *A Companion to the History of the Book*, Simon Eliot and Jonathan Rose(ed.), 434~450. Malden, MA: Blackwell Publishing, 2007. Accessed July 17, 2017. doi: 10.1002/9780470690949. ch32.

Armstrong, Elizabeth. *Before Copyright: The French Book Privilege System 1498~1526*. Cambridge: Cambridge University Press, 1990.

Avrin, Leila. *Scribes, Script, and Books: The Book Arts from Antiquity to the Renaissance*. Chicago: The American Library Association, 1991.

Barker, Nicholas. *Aldus Manutius and the Development of Greek Script and Type in the Fifteenth Century*. New York: Fordham University Press, 1992.

Benjamin, Walter. "The Work of Art in the Age of Its Technological Reproducibility." In *Selected Writings, Volume 4: 1938~1940*, Howard Eiland and Michael W. Jennings(ed.), 251~283. Cambridge, MA: Belknap Press of Harvard University Press, 2003. 한국어판은 『기술적 복제시대의 예술작품』(도서출판 b, 2017).

Birkerts, Sven. *The Gutenberg Elegies*. New York: Faber and Faber, 1994.

Blake, William. *The Complete Poetry and Prose of William Blake*. David V. Erdman(ed.). Berkeley: University of California Press, 2008.

Blanchot, Maurice. *The Infinite Conversation*. Susan Hanson(trans.). Minneapolis:

University of Minnesota Press, 1993.

Bolter, Jay David and Richard Grusin. *Remediation: Understanding New Media*. Cambridge, MA: MIT Press, 1999.

Brantley, Jessica. "The Prehistory of the Book." *PMLA: Publications of the Modern Language Association of America* 124, no. 2 (2009): 632~639.

Brown, Bob. "The Readies." In *Transition: A Paris Anthology: Writing and Art from* Transition *Magazine 1927~1930*, 59~64. New York: Anchor, 1990.

Blow-Jacobsen, Adam. "Writing Materials in the Ancient World." In *Oxford Handbook of Papyrology*, Roger S. Bagnall(ed.), 3~ 29. Oxford: Oxford University Press, 2011. Oxford Handbooks Online. Accessed July 17, 2017. doi: 10.1093/oxfordhb/9780199843695.013.0001.

Burkus-Chasson, Anne. "Visual Hermeneutics and the Act of Turning the Leaf: A Genealogy of Liu Yuan's Lingyan ge." In *Printing and Book Culture in Late Imperial China*, Cynthia J. Brokaw and Chow Kai-wing(ed.), 371~416. Berkeley: University of California Press, 2005. Oxford University Press Ebooks. Accessed July 17, 2017. doi: 10.1525/california/9780520231269. 001.0001.

Bush, Vannevar. "As We May Think." In *The New Media Reader*, Noah Wardrip-Fruin and Nick Montfort(ed.), 35~48. Cambridge, MA: MIT Press, 2003.

Cabanne, Pierre. *Dialogues with Marcel Duchamp*. New York: Da Capo Press, 1987.

Carrin, Ulises. "The New Art of Making Books." In *Second Thoughts*, 6~22. Amsterdam: VOID Distributors, 1980. 한국어판은 『책을 만드는 새로운 예술』(미디어버스, 2017).

Carrin, Ulises. "From Bookworks to Mailworks." In *Second Thoughts*, 24~31. Amsterdam: VOID Distributors, 1980. 한국어판은 『책을 만드는 새로운 예술』(미디어버스, 2017).

Cavallo, Guglielmo, and Roger Chartier(ed.), *A History of Reading in the West*. Lydia G. Cochrane(trans.). Amherst: University of Massachusetts Press, 1999. 한국어판은 『읽는다는 것의 역사』(한국출판마케팅연구소, 2006).

"*Chanccani Quipu* by Cecilia Vicua." Granary Books. Accessed July 17, 2017. http://www.granarybooks.com/book/1150/Cecilia_Vicuna+Chanccani_ Quipu.

Chartier, Roger. "The Printing Revolution: A Reappraisal." In *Agent of Change: Print Culture Studies after Elizabeth L. Eisenstein*, Sabrina Alcorn Baron, Eric N. Lindquist and Eleanor F. Shevlin(ed.), 397~408. Amherst: University of Massachusetts Press, 2007.

Chen, Julie, and Clifton Meador. *How Books Work*. Berkeley, CA/Chicago IL: Flying Fish Press/Center for Book and Paper Arts, 2010.

Chow, Kai-wing. "Reinventing Gutenberg: Woodblock and Movable-Type Printing in Europe and China." In *Agent of Change: Print Culture Studies after Elizabeth L. Eisenstein*, Sabrina Baron, Eric Lindquist and Eleanor Shevlin(ed.), 169~193. Amherst: University of Massachusetts Press, 2007.

Clark, John Willis. *The Care of Books; an Essay on the Development of Libraries and Their Fittings, from the Earliest Times to the End of the Eighteenth Century*. Cambridge: Cambridge University Press, 1901.

Cormack, Bradin, and Carla Mazzio. *Book Use, Book Theory: 1500~1700*. Chicago: University of Chicago Library, 2005.

Dane, Joseph. *What Is a Book?: The Study of Early Printed Books*. Notre Dame: University of Notre Dame Press, 2012.

Darnton, Robert. *The Case for Books*. New York: Public Affairs, 2009.

Davies, Martin. *Aldus Manutius: Printer and Publisher of Renaissance Venice*. Tempe: Arizona Center for Medieval and Renaissance Studies, 1999.

Drucker, Johanna. "The Virtual Codex: From Page Space to E-space." The Book Arts Web, April 25, 2003. Accessed July 17, 2017. http://www.philobiblon.com/drucker.

Drucker, Johanna. *The Century of Artists' Books*. New York: Granary Books, 1994.

Dworkin, Craig. *No Medium*. Cambridge, MA: MIT Press, 2013.

Edgren, J. S. "The Book beyond the WestChina." In *A Companion to the History of the Book*, Simon Eliot and Jonathan Rose(ed.), 95~110. Malden, MA: Blackwell Publishing, 2007. Accessed July 17, 2017. doi: 10.1002/9780470690949. ch7.

Edler de Roover, Florence. "The Scriptorium." In *The Medieval Library*, James Westfall Thompson(ed.), 594~612. New York: Hafner Publishing, 1939.

Ekdahl, Janis. "Artists' Books and Beyond: The Library of the Museum of Modern Art as a Curatorial and Research Resource." *Inspel* 33, no. 4 (1999): 241~248.

Emerson, Lori. *Reading Writing Interfaces*. Minneapolis: University of Minnesota Press, 2014.

Essick, Robert N., and Joseph Viscomi. "An Inquiry into William Blake's Method of Color Printing." *Blake: An Illustrated Quarterly* 35, no. 3 (Winter 2002): 74~103.

Febvre, Lucien, and Henri-Jean Martin. *The Coming of the Book: The Impact of Printing, 1450~1800*, D. Gerard.(trans.). London: Verso, 1976.

Finkelstein, David, and Alistain McCleery. *An Introduction to Book History*. New York: Routledge, 2005.

Ford-Wille, Clare. "Peepshow Box." In *The Oxford Companion to Western Art*, Hugh Brigstocke(ed.). Oxford: Oxford University Press, 2001. Oxford Reference. Accessed July 17, 2017. doi: 10.1093/acref/9780198662037.001.0001.

Frost, Gary. *Future of the Book: A Way Forward*. Coralville: Iowa Book Works, 2012.

Fulton, Thomas. "Gilded Monuments: Shakespeare's Sonnets, Donne's Letters, and the Mediated Text." In *Comparative Textual Media: Transforming the Humanities in the Postprint Era*, N. Katherine Hayles and Jessica Pressman(ed.), 221~253. Minneapolis: University of Minnesota Press, 2013.

Genette, Gerard. *Paratexts: Thresholds of Interpretation*. Jane E. Lew-in(trans.). Cambridge: Cambridge University Press, 1997.

Glassner, Jean-Jacques, Zainab Bahrani, and Marc Van De Mieroop. *The Invention of Cuneiform: Writing in Sumer*. Baltimore: Johns Hopkins University Press, 2003.

Grafton, Anthony. "The Humanist as Reader." L. G. Cochrane (trans.). In *A History of Reading in the West*, Guglielmo Cavallo and Roger Chartier(ed.), 179~212. Amherst: University of Massachusetts Press, 1999. 한국어판은 『읽는다는 것의 역사』(한국출판마케팅연구소, 2006).

Guo-Qiang, Cai. Statement in *Shu: Reinventing Books in Contemporary Chinese Art*, Wu Hung and Peggy Wang(ed.), 26, 27. New York: China Institute Gallery, 2006.

Guozhong, Liu. *Introduction to the Tsinghua Bamboo-Strip Manuscripts*. C. J. Foster and W. N. French(trans.). Leiden: Brill, 2016.

Harpold, Terry. *Ex-foliations: Reading Machines and the Upgrade Path*. Minneapolis: University of Minnesota Press, 2009.

Hayles, N. Katherine. *Writing Machines*. Cambridge, MA: MIT Press, 2002.

Higgins, Dick. "A Book." *New Wilderness Letter* 11 (1982): 46, 47.

Higgins, Dick. "A Preface." In *Artists' Books: A Critical Anthology and Sourcebook*, Joan Lyons(ed.), 11, 12. Rochester, NY: Visual Studies Workshop Press, 1985.

Higgins, Dick, and Hannah Higgins. "Intermedia." *Leonardo* 34, no. 1 (2001): 49~54.

Hochuli, Jost(ed.), *Jan Tschichold, Typographer and Type Designer, 1902~1974*. Ruari McLean, W. A. Kelly, and Bernard Wolpe (trans.). Edinburgh: National Library of Scotland, 1982.

Houston, Keith. *The Book: A Cover-to-Cover Exploration of the Most Powerful Object of Our Time*. New York: W. W. Norton, 2016.

Hyde, Ralph. *Paper Peepshows: The Jaqueline & Jonathan Gestetner Collection*. Woodbridge, Suffolk, England: Antique Collectors' Club, 2015.

Jabs, Edmond. *The Little Book of Unsuspected Subversion*. Rosmarie Waldrop(trans.). Redwood City, CA: Stanford University Press, 1996. 한국어판은 『예상 밖의 전복의 서』(인다, 2017).

Jager, Eric. *The Book of the Heart*. Chicago: University of Chicago Press, 2000.

Johns, Adrian. *The Nature of the Book: Print and Knowledge in the Making*. Chicago: University of Chicago Press, 1998.

Johnson, William A. "The Ancient Book." In *The Oxford Handbook of Papyrology*,

Roger S. Bagnall(ed.), 256~281. New York: Oxford University Press, 2012.

Johnson, William A. "Bookroll as Media." In *Comparative Textual Media: Transforming the Humanities in the Postprint Era*, N. Katherine Hayles and Jessica Pressman(ed.), 101~124. Minneapolis: University of Minnesota Press, 2013.

Judge, Elizabeth. "Kidnapped and Counterfeit Characters: Eighteenth-Century Fan Fiction, Copyright Law, and the Custody of Fictional Characters." In *Originality and Intellectual Property in the French and English Enlightenment*, Reginald McGinnis(ed.), 22~68. New York: Routledge, 2009.

Kennedy, Amos Paul, Jr. "Social Book Building." In *Talking the Boundless Book*, Charles Alexander(ed.), 45~56. Minneapolis: Minnesota Center for Book Arts, 1995.

Kenyon, Frederic G. *Books and Readers in Ancient Greece and Rome*. Oxford: Clarendon Press, 1932.

Kilgour, Frederick. *The Evolution of the Book*. New York: Oxford University Press, 1998.

Kirschenbaum, Matthew. "Bookscapes: Modeling Books in Electronic Space." Human Computer Interaction Lab 25th Annual Symposium, College Park, MD, May 29, 2008. Accessed July 17, 2017. https://mkirschenbaum.files.wordpress.com/2013/01/bookscapes.pdf.

Knight, Jeffrey Todd. "Furnished for Action." *Book History* 12, no. 1 (2009): 37~73.

Knowles, Alison. *The Big Book*. Leipzig: Passenger Books, 2013.

Knuth, Rebecca. *Libricide: The Regime-Sponsored Destruction of Books and Libraries in the Twentieth Century*. Westport: Praeger, 2003.

Koestler, Frances A. *The Unseen Minority: A Social History of Blindness in the United States*. New York: American Foundation for the Blind, 2004. Accessed July 17, 2017. http://www.afb.org/unseen/book.asp.

Kurlansky, Mark. *Paper: Paging Through History*. New York: W. W. Norton, 2016.

Landow, George P. "Twenty Minutes into the Future: Or, How Are We Moving beyond the Book?" In *The Future of the Book*, Geoffrey P. Nunberg(ed.), 209~237. Berkeley: University of California Press, 1996.

Lebert, Marie. *Project Gutenberg (1971~2008)*. E-book, 2008. Accessed July 17, 2017. http://www.gutenberg.org/cache/epub/27045/pg27045-images.html.

Lewis, A. W. *Basic Bookbinding*. New York: Dover, 1957.

Lindberg, David C. *The Beginnings of Western Science*. Chicago: University of Chicago Press, 1992.

Lippard, Lucy. "The Artist's Book Goes Public." In *Artists' Books: A Critical Anthology and Sourcebook*, Joan Lyons(ed.), 45~48. Rochester, NY: Visual Studies Workshop, 1985.

Lowry, M. J. C. "The 'New Academy' of Aldus Manutius: A Renaissance Dream." *Bulletin of the John Rylands Library* 58, no. 2 (1976): 378~420.

Lyons, Martyn *Books: A Living History.* Los Angeles: Getty Publications, 2011. 한국어판은 『책, 그 살아 있는 역사』(21세기북스, 2011).

Mak, Bonnie. *How the Page Matters.* Toronto: University of Toronto Press, 2011.

Mallarm, Stphane. "The Book, Spiritual Instrument," Michael Gibbs (trans.). In *The Book, Spiritual Instrument,* Jerome Rothenberg and David Guss(ed.). New York: Granary Books, 1996. Granary Books, 2001. Accessed July 17, 2017. http://www.granarybooks.com/books/rothenberg/rothenberg5.html.

Mallarm, Stphane. *A Roll of the Dice.* Jeff Clark and Robert Bononno(trans.). Seattle: Wave Books, 2015. 한국어판은 《외국문학》(열음사, 1997.12)에 수록.

Mallarm, Stphane. "The Crisis in Poetry." In *Modernism: An Anthology of Sources and Documents,* Vassiliki Kolocotroni, Jane Goldman, and Olga Taxidou(ed.), 123~126. Chicago: University of Chicago Press, 1998.

Man, John. *Gutenberg: How One Man Remade the World with Words.* New York: John Wiley and Sons, 2002.

Manguel, Alberto. *A History of Reading.* New York: Penguin, 1996. 한국어판은 『독서의 역사』(세종서적, 2016).

Martin, Henri-Jean. *The History and Power of Writing.* Chicago: University of Chicago Press, 1994.

McKenzie, D. F. *Bibliography and the Sociology of Texts.* Cambridge, UK: Cambridge University Press, 1999.

McMurtrie, Douglas C. *The Book: The Story of Printing and Bookmaking.* New York: Covici-Friede, 1937.

Meador, Betty De Shong. *Inanna, Lady of the Largest Heart: Poems of the Sumerian High Priestess Enheduanna.* Austin: University of Texas Press, 2000.

Mitchell, W. J. T. *Picture Theory: Essays on Verbal and Visual Representation.* Chicago: University of Chicago Press, 1994.

Morley, Simon. *Writing on the Wall: Word and Image in Modern Art.* Los Angeles: University of California Press, 2003.

Murra, John V. "Cloth and Its Functions in the Inca State." *American Anthropologist* 64, no. 4 (1962): 710~728.

Murrell, Mary E. "The Open Book: Digital Form in the Making." PhD diss., UC Berkeley, 2012.

Ong, Walter J. *Orality and Literacy: The Technologizing of the Word.* New York: Routledge, 2002. 한국어판은 『구술문화와 문자문화』(문예출판사, 2018).

Ovenden, Richard. "Bookplate." In *The Oxford Companion to the Book,* Michael F. Suarez and H. R. Woodhuysen(ed.). Oxford: Oxford University Press, 2010. Oxford Reference. Accessed July 17, 2017. doi: 10.1093/acref/9780198606536.001.0001.

Parkes, M. B. "Reading, Copying and Interpreting a Text in the Early Middle Ages."

In *A History of Reading in the West*, Guglielmo Cavallo and Roger Chartier(ed.), 90~102. Amherst: University of Massachusetts Press, 1999. 한국어판은 『읽는다는 것의 역사』(한국출판마케팅연구소, 2006).

Petroski, Henry. *The Book on the Bookshelf*. New York: Alfred A. Knopf, 1999.

Pflughhaupt, Laurent. *Letter by Letter*. G. Bruhn(trans.). New York: Princeton Architectural Press, 2007.

Piper, Andrew. *Book Was There: Reading in Electronic Times*. Chicago: University of Chicago Press, 2012. 한국어판은 『그곳에 책이 있었다』(책읽는수요일, 2014).

Plato. *Phaedrus*. Section 275c, Perseus Digital Library. Accessed July 17, 2017. http://data.perseus.org/citations/urn:cts:greek Lit:tlg0059.tlg012.perseus-eng1:275c. 한국어판은 『파이드로스/메논』(숲, 2013)

Polastron, Lucien X. *Books on Fire: The Destruction of Libraries throughout History*. J. E. Graham(trans.). Rochester: Inner Transitions, 2007.

Pressman, Jessica. "The Aesthetic of Bookishness in Twenty-First Century Literature." *Michigan Quarterly Review* 48, no. 4 (2009): 465~482.

Price, Leah. *How to Do Things with Books in Victorian Britain*. Princeton, NJ: Princeton University Press, 2012.

Queneau, Raymond. *One Hundred Million Million Poems*. J. Crombie(trans.). France: Kickshaws Press, 1983.

Reed, Bruce. "Unpublished review (1967)." In *The Big Book*, Alison Knowles, 37, 38. Leipzig: Passenger Books, 2013.

Richards, I. A. *Principles of Literary Criticism*. San Diego: Harcourt Brace Jovanovich, 1985. 한국어판은 『문학 비평의 원리』(동인, 2005).

Roberts, Colin H., and T. C. Skeat. *The Birth of the Codex*. London: Oxford University Press, 1983.

Rose, Mark. "The Author as Proprietor." *Representations* 23 (Summer 1988): 51~85.

Roth, Dieter. *246 Little Clouds*. New York: Something Else Press, 1968.

Rubery, Matthew. *The Untold Story of the Talking Book*. Cambridge, MA: Harvard University Press, 2016.

Saenger, Paul. *Space between Words: The Origins of Silent Reading*. Stanford: Stanford University Press, 1997.

Saper, Craig. "Introduction." In *The Readies by Bob Brown*, Craig Saper(ed.), viixxv. Baltimore: Roving Eye Press, 2014.

Saper, Craig. *The Amazing Adventures of Bob Brown: A Real-Life Zelig Who Wrote His Way through the Twentieth Century* New York: Fordham University Press, 2016.

Schmandt-Besserat, Denise, and Michael Erard. "Writing Systems." In *Encyclopedia of Archaeology*, vol. 3, Deborah M. Pearsall(ed.), 2222~2234. Oxford, UK: Academic Press, 2008. Gale Virtual Reference Library. Accessed July 17, 2017. doi: 10.1016/B978-012373962-9.00325-3.

Schraenen, Guy. "A Story to Remember." In *Dear Reader. Don't Read*. Madrid: Museo Nacional Centro de Arte Reina Sofía, 2015.

Sherman, William H. "On the Threshold: Architexture, Paratext, and Early Print Culture." In *Agent of Change: Print Culture Studies after Elizabeth L. Eisenstein*, Sabrina Baron, Eric Lindquist, and Eleanor Shevlin(ed.), 67~81. Amherst: University of Massachusetts Press, 2007.

Sherman, William H. *Used Books: Marking Readers in Renaissance England*. Philadelphia: University of Pennsylvania Press, 2008.

Shillingsburg, Peter. "Three-or Triple-Decker." In *The Oxford Companion to the Book*, Michael F. Suarez and H. F. Woudhuysen(ed.). Oxford: Oxford University Press, 2010. Oxford Reference. Accessed July 17, 2017. doi: 10.1093/acref/9780 198606536.001.0001.

Skeat, T. C. *Collected Biblical Writings of T.C. Skeat*. Leiden: Brill Academic Publishers, 2004.

Smith, Andrew F. "Brown, Bob, Cora, and Rose." In *The Oxford Encyclopedia of Food and Drink in America*, vol. 2, Andrew F. Smith(ed.), 218, 219. New York: Oxford University Press, 2013.

Smith, Keith A. *Non-Adhesive Binding: Books without Paste or Glue*, vol. 1, revised and expanded ed., 5th printing. Rochester, NY: Keith Smith Books, 2007.

Smith, Keith A. "Struggling to See." In *Threads Talk Series*, Steve Clay and Kyle Schlesinger(ed.), 116~130. New York: Granary Books; Victoria, TX: Cuneiform Press, 2016.

Smith, Margaret M. *The Title-Page, Its Early Development, 1460~1510*. London: British Library, 2000.

Snow, Michael. *Cover to Cover*. Halifax, Nova Scotia/New York: Nova Scotia College of Art & Design/New York University Press, 1975.

Spector, Buzz. "On the Fetishism of the Book Object." In *Threads Talk Series*, Steve Clay and Kyle Schlesinger(ed.), 56~67. New York: Granary Books; Victoria, TX: Cuneiform Press, 2016.

Stallybrass, Peter. "Books and Scrolls: Navigating the Bible." In *Material Texts: Books and Readers in Early Modern England*, Jennifer Andersen and Elizabeth Sauer(ed.), 42~79. Philadelphia: University of Pennsylvania Press, 2001.

Stevens, Wallace. *Collected Poetry and Prose*. New York: Library of America, 1997.

Stewart, Garrett. *Bookwork: Medium to Object to Concept to Art*. Chicago: University of Chicago Press, 2011.

Stoicheff, Peter. "Materials and Meanings." In *The Cambridge Companion to the History of the Book*, Leslie Howsam(ed.), 73~89. Cambridge: Cambridge University Press, 2014.

Striphas, Ted. *The Late Age of Print: Everyday Book Culture from Consumerism to Control*. New York: Columbia University Press, 2009.

Suzuki, Sarah(ed.), *Wait, Later This Will Be Nothing: Editions By Dieter Roth*. New York: The Museum of Modern Art, 2013.

Symington, Dorit. "Late Bronze Age Writing-Boards and Their Uses: Textual Evidence from Anatolia and Syria." *Anatolian Studies* 41 (1991): 111~123.

Taylor, John H. *Journey through the Afterlife: The Ancient Egyptian Book of the Dead*. Cambridge, MA: Harvard University Press, 2010.

Tschichold, Jan. *The Form of the Book: Essays on the Morality of Good Design*. Hajo Jadeler(trans.). Vancouver, BC: Hartley & Marks, 1991.

Tschichold, Jan. *The New Typography: A Handbook for Modern Designers*. Ruari McLean(trans.). Berkeley: University of California Press, 1995.

Tsien, Tsuen-Hsuin. *Written on Bamboo and Silk: The Beginning of Chinese Books and Inscriptions*. 2nd ed. Chicago: University of Chicago Press, 2004.

Urton, Gary. *Signs of the Inka Khipu*. Austin: University of Texas Press, 2003.

van Vliet, Rietje. "Print and Public in Europe 16001800." In *A Companion to the History of the Book*, Simon Eliot and Jonathan Rose(ed.), 247~258. Malden, MA: Blackwell Publishing, 2007. doi: 10.1002/9780470690949.ch18.

Vicua, Cecilia. "Knotations on a Quipu." In *Threads Talk Series*, Steve Clay and Kyle Schlesinger(ed.), 76~85. New York: Granary Books; Victoria, TX: Cuneiform Press, 2016.

Vogler, Thomas. "When a Book Is Not a Book." In *A Book of the Book: Some Works and Projections about the Book and Writing*, Jerome Rothenberg and Steven Clay(ed.), 448~466. New York: Granary Books, 2000.

Walls, Howard Lamarr. *Motion Pictures, 1894~1912*. Washington, DC: Library of Congress Copyright Office, 1953.

Warde, Beatrice. "The Crystal Goblet, or Printing Should Be Invisible." *The Crystal Goblet: Sixteen Essays on Typography*. Cleveland: World Publishing Company, 1956.

Watkins, Calvert. *American Heritage Dictionary of Indo-European Roots*. 3rd ed. Boston: Houghton Mifflin Harcourt, 2011.

Watson, Rowan. "Some Non-textual Uses of Books." In *A Companion to the History of the Book*, Simon Eliot and Jonathan Rose (ed.), 480~492. Malden, MA: Blackwell Publishing, 2007. doi: 10.1002/9780470690949.ch35.

Williams, Emmett. *Sweethearts*. Berlin: Verlag der Buchandlung Walther Knig, [1967] 2010.

Wilson, Bill. "The Big Book." In *The Big Book*, Alison Knowles, 44, 45. Leipzig:

Passenger Books, 2013.

Woods, Nicole L. "Object/Poems: Alison Knowles' Feminist Archite(x)ture."
    X-TRA: Contemporary Art Quarterly 15, no. 1 (2012): 6~25.

더 읽을거리와 프로그램 소개

온라인상의 일차 자료

국제둔황프로젝트(International Dunhuang Project): 국제 기구 여덟 곳의 다국어 협력체로, 비단길 동부에서 출토된 사본과 유물의 이미지 및 정보를 제공한다. http://idp.bl.uk/

듀크 파피루스 자료관(Duke Papyrus Archive): 고대 이집트 파피루스 1400점의 디지털 스캔. http://library.duke.edu/rube nstein/scriptorium/papyrus/

디지털 스크립토리움(Digital Scriptorium): 미국 국내외 도서관의 중세·르네상스 필사본의 디지털판을 탐색할 수 있는 중앙 데이터베이스. http://bancroft. berkeley.edu/digitalscriptorium/

미시간 대학교 아티스트 북(University of Michigan Artists' Books): 미시간 대학교 도서관에 소장된 작품의 이미지와 설명으로, 분량이 1500점에 이른다. https://quod.lib.umich.edu/m/mlibrary1ic?page=index

설형문자 디지털 도서관 계획(Cuneiform Digital Library Initiative): 미국 국내외 30여 곳에 보관된 설형문자 점토판의 이미지와 텍스트를 제공하는 데이터베이스. http://cdli.ucla.edu/

아티스트 북 온라인(Artists' Books Online): 현대 아티스트 북을 스캔하는 버지니아 대학교 사업. http://www.artistsbooksonline.org/

의회도서관 세계디지털도서관(World Digital Library, Library of Congress): 미국 의회도서관과 유네스코에서 추진중인 사업으로, 전 세계 도서관 및 자료관의 문서를 디지털화하여 온라인으로 제공한다. https://www.wdl.org/en/

인터넷 아카이브 선사책 및 텍스트(Internet Archive eBooks and Texts):
　　스미스소니언 박물관, 뉴욕 공립 도서관, 의회도서관 등 전 세계 도서관의
　　협력체로, 스캔된 책을 제공한다. https://archive.org/details/texts

전자문학 선집 1~3(Electronic Literature Collections, volumes 13):
　　전자문학기구에서 생산한 전자문학 정전으로, 계속 갱신 중이다. http://
　　collec tion.eliterature.org

중세 필사본 디지털 지도(Digitized Medieval Manuscripts Map): 전 세계 필사본
　　스캔의 위치를 알려주는 표. http://digitize dmedievalmanuscripts.org/app/

초기 인쇄술 지도(The Atlas of Early Printing): 인큐내뷸러 시기 인쇄술의 전파를
　　시각화한 대화형 지도. http://atlas.lib.uiowa.edu/

희귀본 서고(Rare Book Room): 미국의 주요 도서관 및 박물관 소장품 중에서
　　'세계에서 가장 위대한 책들'의 고해상도 스캔을 제공한다.
　　http://rarebookroom.org/

이차 자료

Alexander, Charles(ed.). *Talking the Boundless Book: Art, Language, and the Book Arts*. Minneapolis: Minnesota Center for Books Arts, 1995.
Bodman, Sarah, and Tom Sowden. *A Manifesto for the Book*. Bristol: The Center for Fine Print Research, 2010.
Bright, Betty. *No Longer Innocent: Book Art in American, 19601980*. New York: Granary Books, 2005.
Bringhurst, Robert. *The Elements of Typographic Style*. Point Roberts, WA: Hartley and Marks, 2002.
Chartier, Roger. *The Order of Books: Readers, Authors, and Libraries in Europe between the 14th and 18th Centuries*. Redwood City: Stanford University Press, 1994.
De Hamel, Christopher. *Meetings with Remarkable Manuscripts*. New York: Penguin, 2016.
Dodd, Robin. *From Gutenberg to Opentype: An Illustrated History of Type from the Earliest Letterforms to the Latest Digital Fonts*. Vancouver: Hartley & Marx, 2006.
Finkelstein, David. *The Book History Reader*. New York: Routledge, 2006.

Gitelman, Lisa. *Paper Knowledge: Toward a Media History of Documents*. Durham, NC: Duke University Press, 2014.

Hayles, N. Katherine. *Electronic Literature: New Horizons for the Literary*. South Bend, IN: University of Notre Dame Press, 2008.

Howsam, Leslie. *Old Books and New Histories: An Orientation to Studies in Book and Print Culture*. Toronto: University of Toronto Press, 2006.

Kirschenbaum, Matthew. *Track Changes: A Literary History of Word Processing*. Cambridge, MA: Belknap Press of Harvard University Press, 2016.

Knight, Jeffrey Todd. *Bound to Read*. Philadelphia: University of Pennsylvania Press, 2013.

Lang, Anouk(ed.), *From Codex to Hypertext: Reading at the Turn of the Twenty-First Century*. Amherst: University of Massachusetts Press, 2012.

Levy, Michelle, and Tom Mole(ed.), *The Broadview Reader in Book History*. Ontario: Broadview, 2014.

Loizeaux, Elizabeth Bergman, and Neil Fraistat(ed.), *Reimagining Textuality: Textual Studies in the Late Age of Print*. Madison: University of Wisconsin Press, 2002.

Ludovico, Alessandro. *Post-Digital Print: The Mutation of Publishing since 1894*. Rotterdam: Onomatopee, 2012.

McLuhan, Marshall, and Quentin Fiore. *The Medium Is the Massage*. New York: Random House, 1967. 한국어판은 『미디어는 맛사지다』(커뮤니케이션북스, 2001).

Nunberg, Geoffrey(ed.), *The Future of the Book*. Oakland: University of California Press, 1996.

Pettegree, Andrew. *The Book in the Renaissance*. New Haven: Yale University Press, 2010.

Phillpot, Clive. *Booktrek: Selected Essays on Artists' Books since 1972*. Zurich: JRP Ringier, 2013.

Rothenberg, Jerome, and Stephen Clay(ed.), *A Book of the Book: Some Works and Projections about the Book and Writing*. New York: Granary Books, 2000.

Schnapp, Jeffrey. *The Library beyond the Book*. Cambridge, MA: Harvard University Press, 2014.

Stoicheff, Peter, and Andrew Taylor(ed.), *The Future of the Page*. Toronto: University of Toronto Press, 2004.

Suarez, Michael F., and H. R. Woudhuysen(ed.), *The Book: A Global History*. New York: Oxford University Press, 2014.

Tribble, Evelyn, and Anne Trubek(ed.), *Writing Material: Readings from Plato to the Digital Age*. New York: Longman, 2002.

미술관 및 아티스트 북 소장처

로버트 C. 윌리엄스 제지 박물관(Robert C. Williams Museum of Papermaking): MIT에서 설립했으며 현재는 조지아 공과대학에 위치한 이 박물관은 제지술의 역사와 기술을 상설 전시하며 종이 미술을 순회 전시한다. 제지의 역사와 관련된 귀한 장비와 표본을 소장하고 있다. 워크숍과 제지 프로그램도 개최한다. http://paper.gatech.edu/

리텐하우스 타운 사적지(Historic Rittenhouse Town): 영국령 북아메리카 최초의 제지소가 있던 곳으로, 관광객을 위해 18세기 산업 도시의 경관을 보전하고 있으며 책 및 종이 예술 워크숍을 제공한다. https://rittenho usetown.org/

새크너 시각시·구체시 자료관(Sackner Archive of Visual and Concrete Poetry): 1979년에 루스 새크너와 마빈 새크너가 설립했으며 세계 최대의 텍스트 기반 미술을 소장한 것으로 알려져 있다. 최근 소장품의 일부를 플로리다주 마이애미의 페레스 미술 박물관에 이전했다. 웹사이트에 소장품 목록이 게시되어 있다. http://ww3.rediscov.com/sacknerarchives/

인쇄박물관(Museum of Printing): 매사추세츠주 헤이버릴에 위치한 인쇄의 기술과 공예술을 보전하는 비영리 박물관으로 "전 세계 사진식자기, 폰트, 소모품을 유일하게 소장한"다고 자부한다. 정기적으로 워크숍을 개최한다. http://www.museumofprinting.org/

재피 북아트 센터(Jaffe Center for Book Arts): 아티스트 북, 브로드사이드, 이탈리아 미래파 출간물을 소장한 도서관 겸 미술관. http://www.library.fau.edu/depts/spc/jaffe.htm

해밀턴 목활자·인쇄 박물관(Hamilton Wood Type and Printing Museum): 해밀턴활자공방은 1880년에 설립되었으며 19세기 미국 최대의 목활자 생산업체였다. 지금은 목활자 보존에 전념하는 공방 겸 박물관으로, 작업실 임대, 인쇄기 체험, 제책 워크숍을 연중 운영한다. http://woodtype.org/

체험 프로그램

이 과정들은 미국에 국한되어 있지만, 인터넷 검색을 통해 전 세계의 수많은
서점, 미술관, 박물관, 워크숍 공방을 찾을 수 있다. 미국 외의 과정들을
훌륭하게 요약한 자료로는 웨스트오브잉글랜드 대학교 브리스틀 캠퍼스
출판공방연구소(Centre for Fine Print Research)의 세라 보드먼이 선별한
《북아트 뉴스레터》(http://www.bookarts.uwe.ac.uk/newsletters.html)를 권한다.
브라이어 프레스 온라인 커뮤니티(http://www.briarpress.org/)와 레터프레스
커먼스(https://letter presscommons.com/)에서는 수업, 인턴십, 장비를 제공하는
현지 인쇄소를 찾을 수 있다. Book_Arts-L 리스트서브와 필로비블리온
사이트도 필수 참고 자료다(http://www.philobiblon.com).

북아트·실험 출판 프로그램 및 워크숍

노스 베넷 스트리트 스쿨(The North Bennet Street School): 예술 제본과 보존을
    중심으로 2년제 전일제 제본 과정을 진행하며 아마추어와 전문가를
    대상으로 교육 과정을 운영한다. http://www.nbss.edu/

독립출판자료관(Independent Publishing Resource Center): 비영리 기관으로,
    워크숍과 자격증 과정을 운영하며, 저렴한 비용으로 인쇄·제본 설비를
    이용할 수 있다. http://www.iprc.org/

미국제본협회(American Academy of Bookbinding): 예술 제본 자격증 과정과
    통합 수업을 비롯하여 수준별 강좌를 제공한다. http://bookbinding
    academy.org/

미네소타 북아트 센터(Minnesota Center for Book Arts): 미술 형식으로서의 책을
    다루며 전시와 행사, 지원금, 상금 등을 통해 아티스트 북을 진흥한다.
    작업실 임대, 체류 프로그램, 청소년·성인 워크숍도 운영한다.
    http://www.mn bookarts.org/

밀스 칼리지(Mills College): 북아트 학부 부전공 과정 및 2년제 북아트 및
문예창작 미술석사 과정을 운영한다. 부설 기관인 북 센터에서 출간,
전시, 행사, 워크숍을 진행한다. 2016년부터 밀스 칼리지 서적·인쇄 기술
여름 학교에서 5일 과정 마스터 클래스, 전문가 세미나, 제본·인쇄
유경험자들 위한 강연 등을 제공한다. https://www.mills.edu,
https://millsbookartsummer.org/

북아츠엘에이(BookArtsLA): 비영리 단체로, 제지, 인쇄, 북아트 강좌와 청소년
여름 캠프를 진행한다. https://bookartsla.org/

샌프란시스코 북 센터(San Francisco Center for the Book): 1996년에
설립되었으며 미국 서해안 최초의 책 관련 비영리 기관이다. 수준별
워크숍을 운영하고 전시 및 행사를 주최하며 작업실을 임대한다. https://
sfcb.org/

센터 포 북아트(The Center for Book Arts): 1974년에 설립되었으며 "북아트와
관련한 미국 최초의 비영리 기관"이다. 전시, 대중 강연, 워크숍, 강좌를
진행한다. http://centerforbookarts.org/

시각 연구 워크숍(Visual Studies Workshop): 1969년에 설립된 미술가 공간으로,
여름 학교와 뉴욕주립대학교 브록포트 칼리지 미술석사 과정을 통해
책과 이미지 관련 강좌를 운영한다. 또한 전시, 프로그램, VSW 프레스의
출판을 통해 대중과 소통한다. http://www.vsw.org/

여성 스튜디오 워크숍(Women's Studio Workshop): 1974년에 설립된 저명한
비영리 기관으로, 여성 미술가를 대상으로 작업실 임대, 체류 프로그램,
여름 미술 워크숍을 진행하며 기성·신인 미술가의 한정판 책 제작을
지원한다. http://www.wsworkshop.org/

웰스 칼리지 북아트 센터 및 여름 학교(Wells College Book Arts Center and
Summer Institute): 인쇄 및 제본 설비를 갖추고 웰스 칼리지 학생들에게
자격증 과정을 제공하며 지역 주민을 대상으로 활판 인쇄와 북아트 관련
강좌, 워크숍, 심포지엄, 1주일 여름 집중 과정을 운영한다.

https://www.wells.edu/academics/book-arts-center

J. 윌러드 매리엇 도서관 북아트 프로그램(J. Willard Marriott Library Book Arts Program): 유타 대학교 학생을 위해 자격증 프로그램을 운영하며 인쇄, 판화, 제본을 배우려는 사람들을 위해 전시 및 지역 주민 대상 프로그램을 진행한다. http://www.lib.utah.edu/collections/book-arts/

트리플 캐노피 출판 집중 강좌(Triple Canopy Publication Intensive): 2주 멘토링·교육 프로그램에서 "복잡하게 얽힌 제작 및 유통망을 관통하고 인쇄 문화와 미술의 역사를 탐구하"는 출판물을 직접 제작한다. https://www.canopycanopy canopy.com/education

페이퍼 앤드 북 집중 강좌(Paper and Book Intensive): 미시간호 인근 옥스보(Ox-Bow) 미술가의 집에서 운영하는 연례 여름 체류 프로그램으로, 북아트와 보존의 전 분야에 대한 집중 워크숍과 공예 대담을 진행한다. 옥스보에서는 개인 작업을 위한 공간과 (책 구조를 비롯한) 다양한 분야의 1~2주 과정 워크숍을 제공한다. http://www.paper.bookintensive.org/, http://www.ox-bow.org/

펜랜드 공예 학교(Penland School of Craft): 1929년에 설립되었으며 미술가 체류 프로그램을 운영하고 책과 종이를 비롯한 다양한 매체에 대한 워크숍을 연중 진행한다. http://www.penland.org/

피라미드 애틀랜틱 미술 센터(Pyramid Atlantic Art Center): 1981년에 설립되었으며 체류 프로그램, 작업실 및 설비 임대, 인쇄·서적·종이 미술 워크숍을 진행한다. http://www.pyramidatlanticartcenter.org/

헤이스택 마운틴 공예 학교(Haystack Mountain School of Craft): 전시, 미술가 체류 프로그램, 북아트 체류 워크숍을 진행한다. http://www.haystack-mtn.org/

한국의 프로그램 소개

국립중앙도서관 디지털컬렉션: 국립중앙도서관에서 운영하는 디지털서고로, 고서 스캔본과 딱지 소설, 각종 잡지 창간호, 과거 교과서 등 오프라인에서 쉽게 접할 수 없었던 자료를 아카이빙한다. http://nlcollection.nl.go.kr

국립한글박물관: 한글 자료를 체계적으로 수집, 보존, 연구하고 한글의 문화적, 예술적 가치 알리는 전시를 기획한다. 다양한 교육 및 체험 프로그램도 운영하고 있다. 한편, 디지털한글박물관 사이트를 통해 한글의 간략한 역사와 각종 학술자료를 제공한다. https://www.hangeul.go.kr/

비플랫폼: '책을 만드는 서점'을 모토로, 서점 공간에서 책과 관련한 전시를 열고 드로잉, 판화, 제지, 팝업북, 북바인딩 등 다양한 워크숍을 진행한다. 서울시 마포구 합정동에 위치. https://blog.naver.com/b-platform

청주고인쇄박물관: 세계에서 가장 오래된 금속활자본 『직지심체요절』에 초점을 맞춰 활자인쇄술의 발전 과정을 되짚어볼 수 있다. 구텐베르크 인쇄기 축소 모형과 42행 성서 복제품도 만나볼 수 있다. http://jikjiworld.cheongju.go.kr

책과인쇄박물관: 활자 인쇄와 관련한 체험 중심의 전시를 진행한다. 활자 수만 개를 비롯 조판대와 주조기, 활자인쇄기뿐 아니라 디지털 방식으로 급변한 인쇄 환경에서 사라진 사진 식자기, 청타기, 수동 명함 인쇄기, 등사기, 타자기 등을 수집해 전시하고 있다. 또한 각종 고사와 근현대 소설 및 시집 초판본을 만날 수 있다. http://www.mobapkorea.com/

한글꼴큰사전: 길거리 간판, 광고, 신문, 잡지에서 찍은 글꼴의 사진이나 스캔 영상을 업로드해 글자를 추출하면 유사한 글꼴을 찾아준다. 한글 글꼴 3600종의 정보를 제공한다. https://hanfont.hangeul.go.kr

현대어린이책미술관: 책을 주제로 한 어린이 미술관. 상상력을 자극하는 기획 전시와 연계프로그램, 6000여 권의 국내외 그림책을 만날 수 있고, 작가와 함께 하는 워크숍, 어린이 교육 전문가들의 장단기

교육프로그램을 운영한다. https://www.hmoka.org/

활판인쇄박물관: 2016년까지 대구의 봉진인쇄소에서 가동되던 활판인쇄기와 재단기 등을 옮겨 왔으며, 정합기와 무선제본기 등 제책 장비 등도 전시한다. 활판인쇄 체험을 비롯해 책, 노트, 한지 만들기 등 다양한 프로그램을 진행한다. http://www.letterpressmuseum.co.kr/

찾아보기

용어

애머런스 보서크(Amaranth Borsuk) 지음

애머런스 보서크는 연구자이자 시인이자 북아티스트로, 인쇄 매체와
디지털 매체의 접점에서 작업한다. 디지털 팝업북 시집『페이지와 스크린
사이에서』(*Between Page and Screen*)를 지었으며, 국립예술기금위원회 확대
아티스트 북 지원금으로 공동 창작한『아브라』(*Abra*)는 한정판 종이책과
무료 iOS 앱으로 제작되어 최근에 '문학을 켜라'(Turn on Literature) 상을
받았다. 설치미술, 아트 북마크(art bookmarklet), 관객 참여형 작업 등을
공동으로 진행했으며 시집 다섯 권을 냈다. 보서크는 워싱턴 보셀 대학교
예술·과학협동과정 조교수이며 보스턴 미술관 문예창작·시학 부문
부관장을 겸임하고 있다.

노승영 옮김

서울대학교 영어영문학과를 졸업하고, 서울대학교 대학원 인지과학
협동과정을 수료했다. 컴퓨터 회사에서 번역 프로그램을 만들었으며 환경
단체에서 일했다. '내가 깨끗해질수록 세상이 더러워진다'라고 생각한다.
박산호 번역가와 함께『번역가 모모 씨의 일일』을 썼으며,『제임스 글릭의
타임 트래블』,『당신의 머리 밖 세상』,『헤겔』,『마르크스』,『자본가의 탄생』,
『천재의 발상지를 찾아서』,『바나나 제국의 몰락』,『트랜스휴머니즘』,
『그림자 노동』,『이렇게 살아가도 괜찮은가』,『새의 감각』등의 책을
한국어로 옮겼다. 홈페이지(www.socoop.net)에서 그동안 작업한 책들의
정보와 정오표를 볼 수 있다.

책이었고 책이며 책이 될 무엇에 관한
책

애머런스 보서크 지음
노승영 옮김

초판 1쇄 인쇄 2019년 9월 11일
초판 1쇄 발행 2019년 9월 20일

ISBN 979-11-86000-91-5 (03900)

발행처   도서출판 마티
출판등록   2005년 4월 13일
등록번호   제2005-22호
발행인   정희경
편집장   박정현
편집   서성진, 조은
마케팅   최정이
디자인   오새날

주소   서울시 마포구 잔다리로 127-1, 레이즈빌딩 8층 (03997)
전화   02. 333. 3110
팩스   02. 333. 3169
이메일   matibook@naver.com
홈페이지   matibooks.com
인스타그램   matibooks
트위터   twitter.com/matibook
페이스북   facebook.com/matibooks

세상은 한 권의 책이었다
— 소피 카사뉴-브루케 지음, 최애리 옮김

한 권의 성서를 만들기 위해 200마리 양과 18개월에 걸친 필경사의 고된 노동이 필요했지만 그만큼 책에 대한 열정으로 넘쳤던 중세는 책이 전부였던 시대였다. 화려하고 아름다운 수서본 수십 권의 컬러 도판과 함께 책에 목숨을 건 사람들의 이야기를 들어보자.

푸투라는 쓰지 마세요
— 더글러스 토머스 지음, 엘런 럽튼 추천사, 정은주 옮김

20세기의 아이콘인 서체 '푸투라'가 디자인, 상업주의, 정치, 문화와 생활에 미친 상징적이고 실제적인 영향력을 낱낱이 파헤친다. 푸투라를 사용한다는 것의 의미, 그에 따른 제약과 반대급부를 폭넓게 논한다. 이로써 우리는 서체가 가진 영향력이 어디까지인지 알 수 있다.

빌린 책, 산 책, 버린 책(1, 2, 3권)
— 장정일 지음

다독가로 이름난 소설가 장정일이 쓴 서평집 시리즈. 장정일은 독서를 파고들면 들수록 도통하는 것이 아니라 현실로 돌아오게 되어 있다고 말하며, 서평에 빗댄 현실 논평의 진수를 보여준다. 책의 가장자리와 현실의 가장자리 사이로 난 길을 걷는 그를 뒤좇다 보면 책도, 현실도 더 낯설게 다가온다.